桌面应急演练设计与案例

陈先锋　牛　奕　杜丽敬　王　喆　编著

武汉理工大学出版社
·武　汉·

图书在版编目(CIP)数据

桌面应急演练设计与案例 / 陈先锋等编著. -- 武汉 ：武汉理工大学出版社，2024.
12. ISBN 978-7-5629-7081-1

Ⅰ. D035.34

中国国家版本馆 CIP 数据核字第 20242JQ723 号

责任编辑：彭佳佳
责任校对：陈军东　杨祎晨
版式设计：正风图文
出版发行：武汉理工大学出版社
地　　址：武汉市洪山区珞狮路 122 号
邮　　编：430070
网　　址：http://www.wutp.com.cn
经　　销：各地新华书店
印　　刷：武汉兴和彩色印务有限公司
开　　本：787×1092　1/16
印　　张：14
字　　数：360 千字
版　　次：2024 年 12 月第 1 版
印　　次：2024 年 12 月第 1 次印刷
定　　价：52.00 元

凡购本书，如有缺页、倒页、脱页等印装质量问题，请向出版社发行部调换。

本社购书热线电话：027-87523148　027-87391631　027-87165708(传真)

前　　言

突发事件的频繁发生，严重威胁人民生命财产安全及社会稳定。为此，构建科学的应急管理体系，提升应对突发事件的能力，已成为全社会的共同任务。桌面应急演练作为风险管理与准备的有效工具，应运而生。

本书共分七章，第一章主要介绍了桌面应急演练的必要性、基本概念、分类、要求和系统要素。第二章详细说明了演练的规划与设计，包括准备、情景设计、流程设计和实施。第三章讨论了演练的评估与总结，包括基础知识、指标体系、评估方法和报告编写。第四章至第七章通过化工、洪涝、地质和燃气事故的案例，展示了应急响应流程和处理方法。附件部分提供了化工安全生产、防汛抗旱、地质灾害和燃气事故等应急预案，规定了应急组织、职责、预防、响应和后期处置，以提高应急效率和减少损失。

同时，也要特别感谢马赵磊、左晶、寇瑜、宗欣欣、熊艳兵、蔡琦、熊美丽等人为本书编撰做出的努力。希望通过本书，让更多的人了解桌面应急演练的重要性，掌握应急演练的基本方法和技巧，共同提升应对突发事件的能力，为构建更加安全、和谐的社会贡献自己的力量。

恳请读者不吝赐教，批评指正书中可能存在的遗漏与错误，以便我们及时修正并完善内容。

编　者

2024 年 11 月

目　　录

第一章
桌面应急演练概述

我国地域辽阔，人口众多，自然灾害、事故灾难、公共卫生事件等突发事件频发。突发事件的发生不仅会造成严重的生命财产损失，也会对国家、政府及企业的声誉和生产目标造成一定程度的影响。

应急演练作为模拟突发事件发生的应对演习，对于提高应对突发事件的风险意识、检验应急预案的可操作性、增强应急反应能力等方面具有重要意义。应急演练能在突发事件发生时有效减少人员伤亡和财产损失，迅速从各种灾难中恢复正常状态。

我国已经形成了一套完整的应急演练体系，包括了从国家到地方、从行业到企业的各个层面，都有相应的应急演练制度和规定。桌面应急演练，作为一种在模拟的危机情境中实施的演习方式，以其低成本、便利性强且无实际风险的特点，成为一种经济有效、广泛应用的演练形式，对提高参与者的危机意识和决策能力可提供重要助力。

第一节 应急演练概述

一、应急演练基本概念

根据《突发事件应急预案管理办法》(国办发〔2024〕5 号)，应急演练被定义为：各级人民政府及其部门、企事业单位、社会团体等组织相关单位及人员，依据有关应急预案，模拟应对突发事件的活动。

应急演练是应急管理准备阶段的一个重要环节，同预案编制、应急培训构成应急管理的动态循环，其意义主要表现在三个方面：

① 提高政府应对突发公共事件的快速反应能力、处置现场指挥协调能力以及综合运用各种资源保障应急工作开展。通过模拟真实情境，让政府部门在仿真环境中进行决策，即可锻炼决策者的快速反应与决策能力，也能提升跨部门、跨地区的协调合作能力；通用应急响应人员通过参与演练，使其熟悉应急操作流程，提高处理突发事件的实战能

力，加深理论知识与实践操作的结合；通过演练反馈，及时修订和完善应急响应机制，提高应急预案的适应性和弹性。

② 检验应急预案效果的可操作性。演练可以测试预案在应对各类突发情况时的可行性，确保预案的具体操作步骤的合理有效；发现预案中存在的潜在问题和缺陷，为预案的进一步修改提供直接的建议和改进方案；增强预案针对性，特别是针对特定区域、特定类型的突发事件，确保预案具有特定的应用条件和操作指导；通过不同情景的模拟，增加预案的普适性和灵活性，以适应多变的应急场景。

③ 增强公民危机意识和参与意识、培养民众快速高效处理危机的能力。通过媒体的宣传和社会公众的参与，让更多的人认识到突发事件的潜在威胁，提高公众的警觉性；教育公众了解如何在不同类型的突发事件中保护自身安全，提高自救互救能力；建立政府、企业、社会组织和公众之间的良好互动关系，形成社会协同的良好氛围，提高整个社会的韧性和恢复力。

二、应急演练发展现状

美国在应急演练方面的研究起步较早，特别是“9·11”事件后，美国对危机管理和突发事件应急救援更加重视，各种应急演练活动更是频繁开展，形成了比较健全的应急演练体系。日本是一个地震多发的国家，台风等自然灾害时有发生，日本人民的应急意识普遍较高并且十分重视应急自救，因此，日本具有非常强烈的危机意识，经常开展应急演练活动以完善防灾救灾机制、提高应急救援水平。英国自然条件优越，少有巨灾，但也是一个洪灾不断、生产安全事故隐患始终存在的国家，非常重视平时的应急处置准备工作，应急演练的开展由来已久，已形成了较为完善的应急演练工作模式。我国应急管理体系和能力现代化建设在“十四五”期间取得了重大进展，目前我国已经建立起较为完善的应急演练体系，并在不断优化和加强，以提高应对各类灾害事故的能力。美国、日本、英国及中国应急演练现状分析见表 1-1。

表 1-1　美国、日本、英国及中国应急演练现状分析

项目	特点	应急演练各项不同表现			
		美国	日本	英国	中国
参与主体	全员参与	应急层次结构为：美国紧急事务管理署→州、地方政府→非政府组织。州长、政府官员、各应急部门、社会公众等共同参与应急演练。	首相、灾害对策本部人员、全国群众参与，促进行政、企业、地区和社区居民以及志愿者团体等合作和相互救援。	以地方演练为主，由地方政府、警察、消防、医疗等应急部门联合企业进行演练，地区公众参与观摩。	一般由企业内部单独进行演练，必要时邀请政府官员参与观摩，社会公众较少参与。

续表1-1

项目	特点	应急演练各项不同表现			
		美国	日本	英国	中国
组织机构	职责明确、协调合作	各演练组织机构分工明确；演练总指挥为应急管理办公室或政府官员。	根据演练规模，按中央一都（道、府、县）一市（町、村）三级制调度相应演练组织机构。	属地管理，地方政府为主，设置演练组织机构。	以企业安全管理部门为主，设置领导小组、策划组、保障组、评估组等。
法制体系	有法可依	《美国联邦应急救援法案》、《紧急状态法》及《国家应急准备指南》对应急演练实施进行了相关规定。	《灾害对策基本法》提出了通过应急演练提高灾害应对能力，加大危机准备措施。	《民事紧急状态法》及其他规程文件对应急演练体系建设作出了相关规定。	《中华人民共和国突发事件应对法》规定了突发事件的定义、分级、应对体制、预防、监测、处置、救援、恢复、法律责任等内容。
演练依据	科学、有效	应急计划在美国应急系统中具有头等重要位置，制定紧急灾难救济计划是美国政府所提供的公共安全服务中的一个重要组成部分，且形成了一套科学完备的应急计划体系。应急演练活动以应急计划为依据进行落实。	应急演练依据主要包括两个方面内容：一是应急管理指南，二是应急预案及指南。	应急计划书由各级应对灾害主责部门负责，由多部门共同制定，都是事件导向，而非部门导向。演练主要是以应急计划书、各应急指南和标准为依据。	已经建立起较为完善的应急演练体系，但是目前，在应急演练中缺乏明确、科学、客观可量化的评估标准。缺乏科学指标意味着组织无法及时评估其训练效果，并确定改进方向。
技术支持	科技化、信息化	建立了各项应急响应系统，包括信息联络系统、灾害信息搜救系统、地理信息系统、事故后果分析与模拟预测系统、信息披露和媒介应对系统等，给应急演练开展提供了较大的技术支持。	建立了信息网络系统、环境信息手机发布系统、灾害评估系统、应急管理系统、地图信息系统、灾情信息系统、可视信息系统、灾害管理通信支持系统、灾害响应对策支持系统等，大大提高了应急演练的有效性。	建立了“金级标准”演练一培训系统，计算机网络信息系统以及集成的数字化、网络化技术等，有助于应急演练的有效开展。	应急演练技术支持涵盖了从硬件设备、软件工具到专业人才培养和实战演练平台的全方位服务，确保了应急演练的有效性和实用性。

三、应急演练的分类

① 按组织形式划分,应急演练可分为桌面演练和实战演练。

② 按内容划分,应急演练可分为单项演练和综合演练。

③ 按目的与作用划分,应急演练可分为检验性演练、示范性演练和研究性演练。

不同类型的演练相互组合,可以形成单项桌面演练、综合桌面演练、单项实战演练、综合实战演练、示范性单项演练、示范性综合演练等。

四、应急演练的基本要求

应急演练应遵循以下原则:

① 符合相关规定:按照国家相关法律法规、标准及有关规定组织开展演练。

② 依据预案演练:结合生产面临的风险及事故特点,依据应急预案组织开展演练。

③ 注重能力提高:突出以提高指挥协调能力、应急处置能力和应急准备能力组织开展演练。

④ 确保安全有序:在保证参演人员、设备设施及演练场所安全的条件下组织开展演练。

五、应急演练系统要素

应急演练系统在各类突发安全事件频发的当下,其重要性日益凸显。它不仅为应对突发公共安全事件提供预案支持,而且通过模拟真实场景,有效提升了全社会的应急响应能力与协同作战水平。

1. 应急演练系统的架构解析

应急演练系统是一个涵盖了预案管理、情景模拟、决策支持、效果评估等多功能于一体的综合性平台。首先,预案管理模块依据各类可能发生的紧急情况,科学制定并动态更新应急预案。其次,情景模拟模块运用虚拟现实、大数据等先进技术,模拟真实情境,使参演人员身临其境。再者,决策支持模块结合历史数据与实时信息,为指挥决策提供有力参考。最后,效果评估模块通过对演练过程和结果的全面复盘,以数据驱动的方式持续优化和完善应急预案。

2. 应急演练系统的运行机制

应急演练系统采用闭环管理模式,从预案编制开始,到演练实施、效果反馈、预案修订,形成一个完整的应急安全全生命周期。在演练过程中,系统可以实时监测各环节执行情况,确保所有参与者按照预定程序行动,并能够在遇到突发状况时迅速调整方案,锻炼应急队伍的快速反应和协同处置能力。

3. 应急演练系统在实战中的效能体现

近年来,在提升专业救援队伍、企业相关人员应急处置的进程中,应急演练系统展现出了显著的实战效能。例如,在重大自然灾害预警与救援中,基于该系统的预演使得救援力量能够提前熟悉现场环境,精准部署人力物力,大幅缩短了应急响应时间,提高了救援效率。同时,通过不断地演练和反思改进,也提升了政府部门、企事业单位乃至公众的应急知识技能和心理素质。

第二节 认识桌面应急演练

一、桌面演练基本概念

桌面推演也称桌面演练,是指参演人员利用地图、沙盘、流程图、计算机模拟、视频会议等辅助手段,针对事先假定的演练情景,讨论和推演应急决策及现场处置,以提高应急管理和处置能力的过程。

桌面推演通常在室内进行,针对预先设定的事件情景以口头交流方式对事件处置流程、角色职责、多方协同与决策等内容进行推演,通过模拟场景和事件的处置过程来促进参演人员掌握应急职责和程序,提高参演人员的风险感知能力、信息研判能力和解决问题能力。

相比于实战演练,桌面推演不需要实际调动组织力量,具有投入少、风险小、操作性强、省时省力、形式灵活且不受场地限制等优点,被广泛地应用于军事、应急管理、教育培训等领域,并发挥着重要作用。例如,在军事领域,沙盘、兵棋和仿真等桌面推演技术可以逼真地反映实际作战过程,从而为作战计划和指挥决策等提供科学依据;在应急管理领域,桌面推演通过模拟应对突发事件的活动,可达到检验应急预案、完善应急准备、锻炼应急队伍、磨合应急机制、普及应急知识等综合效果;在教育培训领域,桌面推演通过角色扮演、案例分析、情景模拟等手段,可实现学员在理论知识、专业技能、沟通协调和团队合作等方面的综合培训。

二、桌面应急演练的内容

桌面应急演练的内容主要包括事件的触发、发展预测、应急响应、处置和恢复等环节。具体包括:事件发生前的预警和监测,事件发生后的信息报告、决策指挥、资源调配、处置执行和评估反馈等。

桌面应急演练的目的是通过模拟演练,检验应急预案的可行性和有效性,提高应急响应的速度和质量,同时加强各部门之间的协调配合和信息沟通,提高应对突发事件的能力。其意义主要在于:

① 提高应对能力。通过桌面应急演练,可以发现应急预案中存在的问题和不足,及时进行改进和完善,提高应对突发事件的能力。

② 检验预案可行性。桌面应急演练可以检验应急预案是否可行，针对演练中发现的问题，及时调整和优化预案，提高预案的有效性和可操作性。

③ 加强协调配合。桌面应急演练可以加强各部门之间的协调配合和信息沟通，提高应急响应的速度和质量。

④ 提高人员素质。桌面应急演练可以提高应急管理和处置人员的业务素质和管理水平，使他们在面对突发事件时能够更加沉着冷静、有条不紊地进行处置。

三、桌面应急演练的特点

桌面应急演练是一种模拟突发事件应对过程的演练方式，具有以下优点：

① 成本效益。相比于实战演练，桌面演练不需要实际调动组织力量，因此投入较少、风险小、操作性强，是一种省时省力的演练方式。

② 灵活性。桌面演练不受场地限制，形式灵活，可以针对预先设定的事件情景进行口头交流和推演。

③ 风险控制。由于不需要实际操作，桌面演练可以安全地进行，避免了实际操作可能带来的风险。

④ 教育与培训。桌面演练可以作为教育培训的一种手段，通过角色扮演、案例分析等方式，提高学员的理论知识、专业技能、沟通协调和团队合作能力。

⑤ 预案检验与完善。桌面演练有助于检验应急预案的可行性，发现问题并进行改进，提高应急预案的实用性和可操作性。

然而，桌面应急演练也存在一些缺点：

① 真实性不足。由于缺乏实际操作，桌面演练可能无法完全模拟真实事件的复杂性和不确定性，导致真实性差、可信度低。

② 缺乏紧迫感。桌面演练可能无法给参与者带来真实的压力和紧迫感，影响演练效果。

③ 技术依赖性。桌面演练依赖于辅助工具如计算机模拟和视频会议等，如果技术应用不当，可能会影响演练质量。

④ 评估难度。桌面演练后缺乏全面准确的评估机制，可能无法真正评估演练的质量和效果。

⑤ 交流机制不足。演练后缺乏有效的交流机制，无法将演练结果及时反馈给参与者和有关部门，影响持续改进。

为了提高桌面应急演练的效果，可以适当采取以下措施：

① 着重保证演练的真实性和紧迫感，通过深入调研和精确情景刻画来提升演练的真实性。

② 注重演练的实用性和科学性，确保演练内容与实际情况相符，并及时进行总结和提出改进建议。

③ 建立全面准确的评估和交流机制，确保演练的质量和效益，并促进演练经验和教训的分享和应用。

四、桌面应急演练的适用范围

桌面应急演练的范围可以涵盖各种可能发生的突发事件，包括自然灾害、事故灾难、公共卫生事件和社会安全事件等，适用范围如下：

① 政府应急管理部门。政府应急管理机构采用三维虚拟现实技术构建的应急演练系统，可模拟地震、火灾、洪涝、恐怖袭击等各类灾害情景，使救援人员、指挥中心人员熟悉应急响应程序，检验应急预案的科学性和可行性。

② 企事业单位。企业特别是化工、能源、交通等行业，运用应急演练系统开展安全生产事故应急演练，如泄漏、爆炸、交通事故等，评估企业自身的应急准备水平，确保关键岗位人员能够在紧急情况下迅速启动应急预案，有效控制事态发展。

③ 公共安全教育。学校、社区利用应急演练系统，针对火灾逃生、反恐防暴、疫情防控等多种情况进行模拟教学，提高全体师生及居民的安全意识和自救互救能力。

④ 医疗急救体系。医疗机构通过应急演练系统模拟大规模伤病救治、传染病防控等场景，强化医护人员的专业技能训练，提升院内院外急救资源调度和协作能力。

⑤ 交通运输领域。铁路、民航等运输行业，使用先进的显控系统进行实战演练，以确保在发生突发事件时，能够快速启动应急指挥机制，合理调配人力物力资源，保障旅客生命财产安全和社会秩序稳定。

⑥ 数字化服务试点。各地政府及相关部门也在推进应急演练的数字化转型，例如北仑区防汛防台应急演练数字化应用服务，通过演练平台，实现了线上线下的联动演练，提高了预案的执行效率和针对性。

五、桌面应急演练系统组成

桌面应急演练系统是基于丰富的操作互动、视景仿真、多点触控的展示设备，是融合音、视频和各类媒体的统一指挥和协作平台。该平台可以搭建多种典型事故的数字化三维现场，建立导调系统、处置系统、评估系统、指挥系统和观摩系统等一体化模拟培训系统；可实现指挥调度、应急预案桌面推演和基于 VR 技术的现场操作培训，以及安全知识普及、深度体验、多人协同作业和安全应急处置技能学习等目的。同时，应急预案演练平台可以对多个应急预案内容进行生动、形象、直观的展示，并通过现场演练，提出该应急预案的缺陷和不足，为完善应急预案提供科学依据；充分利用计算机软件、数字化动画等技术，创建不同场景的应急预案，以游戏的形式，推演应急预案，验证应急预案的可行性；实现应急预案的数字化创建，通过推演，对应急预案进行评估。

桌面应急演练系统通常由以下几个关键部分组成：

① 技术支持。桌面应急演练系统利用地图、沙盘、流程图、计算机模拟、视频会议等辅助手段，构建一个逼真的应急处置环境。

② 系统组成。系统一般包含导调端、指挥端、执行端、评估端、观摩端五大角色区分端口，用以训练各级决策与指挥人员、事故处置人员，并检验和评估应急预案的可操作性

和实用性。

③ 情景构建。系统能够基于灾害数值和人员行为数据，在虚拟空间中模拟灾害发生、发展的过程以及人员可能的反应，实现情景的多样性、逼真性、可重复性。

④ 演练流程。桌面推演的流程包括接警调度、联调联战、信息报送、灾情升级（变化）、报告全勤指挥部、调派（申请）增援、辅助决策、舆情监控等环节。

⑤ 角色与职责。系统中的角色包括演练领导小组、演练总指挥、副总指挥、总策划、副总策划、文案人员、评估人员、控制人员、参演人员、模拟人员、后勤保障人员以及观摩人员，各自承担不同的职责。

⑥ 技术应用。随着信息技术的发展，桌面推演类软件和信息平台陆续开发，集成地理信息系统、虚拟现实、三维场景建模、仿真系统等技术，提高了桌面推演的真实感和有效性。

⑦ 评估与反馈。桌面演练还包括一个评估与反馈机制，通过评估专家对演练准备、组织、过程控制、人员表现、总结讲评等方面进行全过程、全方位的评估。

⑧ 软件平台。桌面应急演练系统可能包括自主知识产权技术，支持多人异地协同登录，线上开展推演演练，并提供海量情景模拟功能。

⑨ 个性化定制。系统模式灵活可调整，支持业务情景、场景、多种数据等个性化定制开发服务。

⑩ 前沿技术。桌面推演技术将不断深入和拓展，并向集成平台开发、跨国演练合作、虚拟现实结合等方向发展，利用 3D 仿真、人工智能、大数据分析等技术为实现桌面演练更真实、更有效、更全面的需求不断发展完善。

桌面应急演练系统旨在提高参演人员的风险感知能力、信息研判能力和解决问题能力，同时检验和完善应急预案，为实际应急事件的处置提供有力的支持和训练。

第二章

桌面应急演练规划与设计

桌面应急演练规划与设计是指通过系统化、科学化的方法，对应急演练活动进行全面的规划、设计和准备的过程。这一过程包括明确演练的目标和范围，分析潜在风险与威胁，设计贴近实际的应急情景，规划详细的演练流程。

第一节 演练准备

演练准备环节中包含的事件复杂、多面且节奏紧凑，包括演练组织机构的设立、演练方案的编写、演练方式的确定、参演人员的组成、演练需求物资的配备等。该环节是演练是否成功的重要组成，是桌面演练能否达到参演人员熟悉应急预案、掌握应急处置流程并做出有效应急指挥决策的基础环节。

做好演练准备需要明确演练的目的和演练要求，在筹备演练时，尽量收集借鉴演练案例和应急预案，同时清楚参演部门或人员的职能职责和背景信息，做好基础资料的收集和准备工作。

一、组织机构

一场桌面推演，在项目确定（立项）之后，应当及时成立专项工作团队，工作团队是临时性的，推演任务完成以后会解散。工作团队一般包括：

① 领导小组。负责确定总指挥和指挥部的人选，决定推演的规格层次，批准整场演练的策划方案及实施、终止等重大决策。一般由主办单位领导层组成。

② 策划小组。负责推演的核心内容策划，并对推演工作的目标和效果达成负责。一般应包括：行业专家、应急专家和工作人员。

③ 参演队伍。负责参与推演策划，并根据单位的职责认真参与推演。由主办方能提供、协调的本灾种相关的应急抢险力量组成，参演队伍应力求全面，尽量避免缺席。

④ 辅助、模拟人员。辅助人员包括主持人、导调、时间掌控、摄影摄像、音响效果等人员，负责提供推演所需的器材设备；模拟人员负责扮演记者、伤员、被疏散群众等人员，只

在交互式桌面推演中会有安排，一般的桌面推演较少涉及。

⑤ 评估人员。由行业专家、应急专家组成，负责演练评估。

⑥ 后勤保障人员。会务、安保等人员，负责后勤保障工作。

二、需求分析

需求分析工作的目标是建立演练需求基线，进行有效的需求分析需要收集大量的数据，数据量越大，分析的结论越接近现实需求，也更利于开展后续工作。

需求分析的主要工作内容包括：全面分析和评估应急预案，实地调研各参演部门的应急职责、应急指挥调度程序和各单位应急处置工作流程；了解应急队伍和应急装备、物资的实际情况，以准确评估现有的应急能力水平；参照法律法规对应急能力的要求，主办、参演等各方对本次推演的期望，以及拟安排的场地、设施等硬件条件，找出目标与现状的差距，形成明确的需求分析结果。

推演需求分析通常可采用自由化面谈＋结构化面谈、调研表等方式开展，需要事先设计面谈表等专用工具。上述方式方法可以帮助理顺工作思路，形成明确的需求分析结果。

需求分析的结果一定要明确回答上述问题，并且得到相关领导和主要参演部门的确认。

三、案例分析

从广泛的历史灾害事故数据库中，精选出与本次演练主题紧密相关、具有代表性和警示意义的案例。随后，从灾害类型、发生原因、影响范围、应对措施、救援效果等多个维度对案例进行全方位审视，确保分析的全面性和深入性。

对于每个精选的案例，深入分析其成功应对的要素，如快速响应机制、有效协调沟通、充足资源保障等，并深入挖掘导致失败或不足的根本原因，如预警不足、决策失误、信息不畅等。通过正反两面的对比，为演练提供宝贵的经验和教训。

四、目的明确

在上述调研的基础上提炼桌面推演工作的目的，明确需要通过推演解决的问题，有针对性地确定推演目标，提出推演的初步内容和主要科目。

桌面推演的工作目标主要包括基础信息确认、理顺机制、确定流程、提升人员能力等方面内容，每项内容又可以细分为若干分项，比如理顺机制，可以包括应急响应机制、信息报送机制、信息共享机制等若干分项。

目标描述应力求精准，比如针对“快速响应能力”应对各个指标提出时间要求，针对现场指挥人员的“风险感知能力”也应提出考核标准。目标描述可借助构建各种模型、绘制思维导图、协作图等专业工具来表达。

五、任务分解

将演练目标分解成任务清单，明确策划导调、参演部门、模拟辅助、演练评估、后勤保障等各相关单位的职责清单和任务清单。

职责清单和任务清单均以参演单位为主体。职责清单主要描述各参演单位在本次情景构建情况下，参与应急处置的职责，可以用统一的格式列出，并附以操作指令，作为各部门在参演时候的辅助资料，独立于演练方案另成文件；任务清单主要围绕整个桌面推演活动，策划导调、参演部门、模拟辅助、演练评估、后勤保障等全部单位均应编制任务清单。桌面推演因为规模较小，任务清单可以并入演练方案，不形成独立的文件。

六、物资准备

根据演练的具体需求，需要准备最新的应急预案及详细的演练脚本，这些文件是桌面演练的基石，指导着整个演练的流程和步骤。同时，还需要准备相关的多媒体资料，如预先录制的视频、音频或图片，用以模拟真实的应急场景，增强参与者的代入感。此外，演示材料如 PPT、地图、流程图等也是不可或缺的，它们将帮助我们清晰地展示演练的各个环节，引导参与者进行深入讨论。

物资方面，虽然桌面演练不涉及实地操作，但为了确保演练的真实性和互动性，仍可以准备一些必要的物资。例如，模拟电话、对讲机或即时通信软件等通讯设备，可以模拟真实的沟通环境，让参与者感受到应急响应中的信息传递压力。此外，还可以准备笔记本、白板、白板笔等文具，用于记录关键信息、绘制流程图或总结讨论要点。对于需要使用电子设备的环节，需要提前进行充电和调试，确保设备在演练中能够正常运行。

在器材与工具的管理上，首先，对所有关键器材进行了备份，以防在演练过程中出现意外情况。其次，提前对所有器材进行了测试和调试，确保其功能正常且符合演练需求。对于使用电池的器材，也必须准备充足的备用电池以防万一。最后，实施签领制度对统一发放的器材进行管理，确保每件器材都有明确的责任人，并在签收时简要说明使用方法，以减少误操作和损坏的风险。

七、场地准备

桌面推演通常优选会议室或应急指挥中心作为场地，组织者需提前实施细致的实地考察，以识别潜在问题并评估可整合利用的资源。在此基础上，应依据预计参与人数及演练场景的具体需求，精心规划并提前布置会议空间，包括但不限于桌椅的摆放。

布局设计时，应确保指挥官席位位于会场中央且视线开阔，以便于指挥与协调。各参演单位应按照既定顺序环坐周围，既便于交流互动，也利于展示团队协作。为提升辨识度与效率，各参演单位及关键功能区（如“指挥部”“应急管理局”“消防救援支队”等）应设置清晰醒目的标识牌或桌签，同时可增设“观摩区”或“媒体区”，为观摩人员及媒体记者提供专门的观察与记录空间。

此外，还应考虑技术设备的配置，如投影仪、音响系统、通讯设备等，确保信息传输畅通无阻，演练过程能够高效、顺畅地进行。同时，制定详细的演练流程与规则，明确各参演单位的职责与任务，以及应急情况下的沟通机制与决策流程，为演练的成功实施奠定坚实基础。

八、其他准备

1. 人员培训

包括明确培训目标以提升应急意识、专业知识和技能，设计涵盖理论讲解、情景模拟、案例分析和技术实操的多样化培训内容，创新采用线上线下结合、互动式教学及实战化演练等培训方式。

2. 宣传动员

通过内部邮件、公告栏、会议等多种形式进行宣传动员，提高员工对演练的重视程度和参与积极性。邀请组织高层领导发表讲话，阐述演练的重要性和意义，进一步激发员工的参与热情。设立演练奖项和表彰机制，对表现突出的个人和团队给予奖励和表彰，以资鼓励。

第二节 情景设计

演练情景设计是对假想事件按其发生过程进行的叙述性说明，即针对假想事件发展过程，设计出一系列突发和次生、衍生事件，让参演人员在演练过程中身临其境，对情景事件变化做出真实的应急反应。

一、情景构建原则

由于桌面推演主要采用仿真学原理模拟重大事故或者突发事件，在进行情景构建时，需要注意以下原则：

① 科学性：情景构建必须建立在科学的基础之上，通过深入研究历史灾害案例、分析当前灾害趋势以及利用先进的模拟技术，确保推演场景既符合灾害发生的自然规律，又能够准确反映应急响应的实际需求。同时，注重数据的准确性和可靠性，为推演提供坚实的科学依据。

② 真实性：在设计场景时，为了增强桌面推演的真实感和有效性，情景构建需紧密贴合实际。这包括模拟真实的灾害场景，考虑灾害发生时的天气条件、地形地貌、人口密度

等因素；模拟真实的应急响应流程，包括信息报告、指挥决策、资源调配、救援行动等环节；模拟真实的参训人员心理状态，如紧张、焦虑、疲惫等，以考验其在极端情况下的应对能力。

③ 针对性：针对不同类型的灾害（如地震、洪水、火灾、恐怖袭击等）和不同的应急响应阶段（如预警期、应对期、恢复期等），设计具有针对性的推演内容和目标。通过聚焦关键问题、挑战和薄弱环节，促使参训人员能够深入思考和讨论，从而提出更加有效的应对策略和措施。

④ 系统性：将灾害应对的各个环节和要素纳入其中，形成一个完整的推演体系。这包括明确应急响应的目标和任务、建立科学的应急响应机制、完善应急指挥体系、加强应急队伍建设等方面。通过模拟灾害发生、发展、应对和恢复的全过程，促进协同配合和信息共享，提高整体应急响应水平。

⑤ 可操作性：为了确保桌面演练的顺利进行和有效实施，情景构建还需注重可操作性。包括设计清晰明确的演练流程和任务分工、提供必要的材料和工具、制定详细的演练规则和评分标准等方面。同时，还应重视参训人员的培训和指导工作，确保其能够熟练掌握演练流程和操作方法。通过优化演练流程、简化操作步骤、提供实时反馈等措施，降低参训人员的操作难度和认知负担，提高其参与度和积极性。

⑥ 安全性：包括确保推演活动不会对参训人员的人身安全造成威胁、不会对演练场地和设施造成损坏等方面。为此，需要制定详细的安全措施和应急预案，如设置安全隔离区、配备专业安全人员、提供必要的安全防护装备等。同时，还应加强安全教育和培训工作，提高人员的安全意识和自我保护能力。在推演过程中，应密切关注参训人员的身体状况和心理状态变化，及时采取相应措施确保其安全健康。

二、情景筛选

在桌面应急演练的情景筛选过程中，需要根据演练的目的、目标受众、资源条件以及可能面临的潜在风险等多个因素进行综合考虑。以下是一些情景筛选的关键步骤和要点：

① 明确主要目的。通常包括提升应急响应能力、检验应急预案的有效性、加强跨部门协作等。根据目的的不同，可以选择不同类型的突发事件作为演练情景，如自然灾害（地震、洪水）、技术事故（设备故障、数据泄露）、公共卫生事件（疫情暴发、食物中毒）等。

② 分析目标受众。不同的受众群体（如政府部门、企事业单位、学校社区等）可能面临不同的风险和挑战。因此，在选择演练情景时，需要考虑目标受众的实际需求和关注点，确保演练内容与其实际工作紧密相关。

③ 评估资源条件。包括人力、物力、财力以及技术支持等方面。在选择演练情景时，需要评估现有资源是否能够满足演练需求，避免因为资源不足而影响演练效果。

④ 考虑潜在风险。通过分析可能发生的突发事件及其后果，可以筛选出具有代表性

和挑战性的演练情景。这些情景应能够真实反映目标受众在应急响应过程中可能遇到的问题和困难，以便通过演练找到解决方案。

三、情景细化

在桌面应急演练的情景细化过程中，需要精心规划事件背景、发展过程、参与角色与资源调配等内容；设定明确的事件起因、时间地点与初步影响，模拟事件逐步升级的过程与突发情况；分配多种职能角色，明确职责，组建高效团队。同时，考虑资源有限性，设计调配策略，增加挑战性，确保演练贴近实际。具体而言，可以采用以下情景细化方法：

① 事件背景构建。基于历史案例与未来趋势预测，运用情景分析法，构建具有代表性和前瞻性的应急事件背景。这包括明确事件的起因、初始影响范围及潜在的发展路径，以形成对危机情境的深刻理解。

② 发展过程模拟。采用时间轴或流程图等工具，分阶段细化事件的发展过程。每个阶段都需详细描述关键事件点、决策节点以及可能的转折点，确保演练过程中能够真实模拟危机演进的复杂性和不确定性。

③ 参与人员角色分配。根据应急管理体系中的角色划分，为演练参与者分配具体角色，并明确各角色的职责、权限及相互间的协作关系。同时，通过角色卡片或剧本等方式，帮助参与者深入理解背景及行为。

④ 资源调配策略。基于资源有限性理论，设计资源调配策略，包括人力、物力、财力及信息资源的分配与调度。考虑资源获取的难易程度、优先级及替代方案，确保在模拟过程中能够真实反映资源调配的挑战与决策过程。

⑤ 情景动态调整。引入反馈机制与灵活性设计，允许在演练过程中根据参与者的表现及反馈，适时调整情景发展轨迹或增加突发情况，以检验和提升团队的应变能力与决策水平。

第三节 流程设计

一、确定演练目标

首先要明确演练的目的和预期效果。目标可以是测试应急响应计划的有效性、检查团队成员的熟练程度，或者提高团队在特定场景下的协作能力等。明确的目标有助于为演练提供方向，并帮助团队成员了解他们在演练中的角色和任务。

二、确定场景和角色

选择一个具体的应急场景作为演练背景。事故应急救援桌面推演系统可以设置复杂多变的事故场景，并针对实际情况进行有效的数据查询和预案推演，并为每个团队成员分配一个角色。这些角色可能包括应急指挥官、通讯人员、技术专家等，根据场景的复杂程度和目标来确定参与演练的人员数量。每个团队成员都应该清楚自己在演练中的职责，并在模拟过程中扮演好自己的角色。

一旦真实的重大事故发生，在报警阶段，各种报警信息往往混乱而不一致，有群众报警、有事故伤员报警、有 GPS 自动报警、有迅速赶到现场的公安交警报警等。在进行桌面推演时，扮演担任各级负责人也应在相应时间段内进入指挥中心。桌面推演也可设在几个办公室里分别担任省、市、县几级应急指挥中心，随着事故进程，应急指挥部有可能会相应调整或合并，有的将前移至事故现场。设计推演场景时应充分考虑这些因素。

三、制定演练计划

编制详细的演练计划，包括时间安排、角色分工和任务分配；确定演练的起始点、发展过程和结束条件，并考虑可能出现的各种情况；计划应该考虑到每个阶段的目标、行动方案和评估标准，以确保演练的有效性和可靠性。

四、模拟演练过程

按照事先制定的计划进行演练，模拟实际的应急情况。团队成员应按照各自的角色分工进行行动，并使用各种模拟工具、沙盘、流程图等辅助手段，创造真实的环境。在推演过程中，参与者根据各自的角色和职责，模拟和分析可能发生的事件和情景，进行讨论和交流。团队成员应保持冷静、沉着应对，认真回答自己应采取的措施及沟通细节，并注意观察和记录关键信息。这可以帮助我们更好地理解和评估各种可能性，为应对未来的情况做好准备。

一般演练可分为以下流程。

1. 演练启动流程

启动信号：明确演练开始的信号和方式。

初始状态设定：设定演练的初始状态，包括紧急事件的类型、发生地点、影响范围等。

背景介绍：简要介绍演练的背景、目的和规则。

2. 应急响应流程

初步评估：模拟紧急事件发生后的初步评估过程，包括信息收集、风险评估等。

预案启动：根据评估结果启动相应的应急预案。

资源调配：模拟资源调配过程，包括人力、物力、财力等资源的调配和配置。

现场处置：模拟现场处置过程，包括紧急救援、疏散安置、信息发布等。

后期恢复：模拟后期恢复工作，包括善后处理、总结评估等。

3. 评估与反馈流程

根据演练结果，评估团队成员在应急情况下的表现和应对能力；分析观察记录的数据，总结演练中的亮点和不足之处，并提出改进建议；评估应考虑到团队的协作能力、响应速度、决策质量等方面，并对每个成员的表现给予客观评价；总结应详细列出演练的成果、经验教训以及改进措施，为今后的演练提供参考。

4. 改进与优化流程

根据评估和总结的结果，向团队成员提供反馈是至关重要的。反馈应包括对优点和不足之处的表扬与指正，以便团队成员了解自己的表现并做出改进。针对不足之处，应提供相关的培训和训练课程，以加强团队成员的应急响应能力。培训内容可以包括应急预案的解读、沟通技巧、决策能力、应急措施等方面的知识，以确保团队在面对真实事件时能够迅速、有效地响应。

五、观察和记录

在演练过程中，观察每个环节的执行情况，并记录团队成员的表现、沟通情况、决策方式等。这有助于及时发现演练中出现的问题以及改进点，并为后续的评估和总结提供依据。观察者可以记录关键事件、决策点和其他重要细节，以便后续分析。

第四节 演练实施

要对桌面演练方案进行整体设计，以实现知识培训、技能培训、态度培训三者的有机结合。在既定的时间和地点，按照方案开展桌面推演。一般分为开始、正式实施、演练结束或终止、演练后反馈等环节。

一、开始阶段

一般由主持人介绍推演的基本情况、领导或总指挥发表动员讲话，然后正式启动推演。如果是双盲演练，则可以由警报或者警情信息进行导入。这里要注意：导入的警情信息一定要说明“现在开始发布双盲演练信息”或“本条信息是演练信息”。

① 场地布置：演练规划团队必须在演练前实地考察和布置演练场，实战型演练场地布置须考虑会合地点、救援路线、救援指挥区域、演练区域安全和保密等。

② 演练前介绍：讨论型演练设有演练情景的多媒体展示，实操型演练可在发放演练文件时简单介绍演练安排、参演人员及必要的指导和管理服务信息。

③ 管理（指导）、现场评估和记录：在讨论型演练中，管理者饰演导师的角色维持讨论。在实操型演练中，管理者要管理好设备和人员，及时给参与者通告信息并指挥其行动。

二、演练操作

一般是按照计划的脚本实施推演，极少数推演过程中会临时增设一部分盲演的内容。常见的几种推演方式如下：

① 宣贯式。属于入门级的推演，由策划单位根据策划方案编制台词，各参演部门只需按顺序对念台词即可。适用于从未开展过演练的单位，或是为了实战演练做准备。

② 研讨式。针对构建的事件情景，在主持人的推进下，各参演部门按顺序展开对事件的分析研讨。一般从部门职责、个人需求等方面进行多轮分析，最终汇总分析结果并提出有效、可行的应急措施。

③ 考核式。在设定突发事件的情景下，策划方按顺序抛出问题，各参演部门以口头、书写或者电脑操作的方式进行答复。这种演练方式类似于考试，需要事先准备“考题”。

④ 协作完成式。针对构建的事件情景，策划方抛出问题，需要多个部门协同完成任务，且任务完成有先后逻辑顺序，某单位的失误可能会造成另一单位的损失。这种推演要求较高，需要各参演单位协作共赢，也需要资深的策划人员。

除了宣贯式以外，其他推演方式均有导调、计时等控制人员参与。再次强调，演练过程中，不再对构建的事件情景发出质疑。

上述推演方式在操作熟练的基础上，还可以适当辅以各种技巧，以增加推演深度、挑战性和趣味性。如下所列：

① 场景递进。在单一场景的基础上，由导调人员根据推演的进度，逐步推出新的突发事件场景，展开新一轮的推演。新的场景往往是基于原有场景，结合自然规律演化而来，也可根据各部门的应急处置情况进行适当调整。相比单一场景的推演，递进场景一般用时更长，推演阶段分明。由于有场景变换和时间压力，使得情景前后连贯，内容更为丰富。

② 情景交互。在演练过程中加上各种社会角色的本色出演，比如有人出于各种目的不接受疏散安排、网络上出现尖锐的言论、缺乏抢险所需的器材装备等。交互的情景更加逼真，参演人员不仅要处置险情，还要面对各种人物的要求，压力相对较大，也更贴近实战。

三、现场导调

现场导调对于保证演练活动顺利开展至关重要。从以往演练实践看，在示范性演练中，因为有详细的脚本，事先进行过多次培训和预演，在演练实施过程中，现场导调相对轻松，但要注意应对可能出现的意外情况。因为在此类演练中，各参演单位都是按照预先写好的脚本执行任务，不会主动参与脚本内容以外的事件处置，这就需要现场导调及时鉴别发现演练现场出现的演练方案规定科目和内容以外的意外情况，并及时协调部署，及时处置，确保演练顺利进行。在检验性演练中，现场导调是整个演练活动顺利实施的关键所在，需要应对更多的突发情况，需要不断根据现场情况变化注入事件消息，调控演练进程，引导演练按预定方向进行。

演练的现场导调工作分为两个层面。第一个层面是现场导调员，他负责整体演练进程的调控。导调人员要提前编制参训人员手册和导调手册，科学设置灾情信息，向参训人员说明桌面推演的要求、背景和初始灾情，启动桌面推演，模拟各类信息来源，承担必要的引导和推动工作，组织演练讲评总结工作。第二个层面是由应急管理等相关方面的专家组成的现场点评专家组，该专家组一方面负责各研讨环节的现场点评，另一方面负责在演练出现异常情况下，及时通过专家点评的方式委婉地进行纠偏。

导调评估组一般设置组长 1 名、副组长 1 名、导调评估员 3 名以及评估专家若干名。具体分工职责如下：

1. 导调评估组组长

① 管理推演的筹备、推进和实施，督导推演评估和能力提升。

② 负责部署人员分工，控制演练进程。

③ 处理参训人员偏离既定演练目标的行为及其他突发情况。

④ 组织桌面推演总结讲评。

2. 导调评估组副组长

① 组织编写导调评估工作手册、参训手册和评估总结等演练文件。

② 指导推演场景设置、情景模拟，监督各推演模块的推进。

③ 监督指导导调评估员的工作开展。

3. 导调评估员

① 设置推演科目、设计推演情景、制定评估标准。

② 扮演各类信息发布人员，发布导调信息，评估参训人员应对措施。

③ 在导调评估组组长（副组长）的指挥下，发布干扰信息。

4. 评估专家

由业务方面专家对演练准备和组织、演练过程控制、参训人员表现、总结讲评等方面开展全过程、全方位的评估。

之所以这样设计，是因为现场导调员与其他回答问题的参演人员可能都是部门领导，在有高层领导莅临观摩的情况下，由现场导调员直接纠偏往往容易让人产生生硬不连贯的感觉。而通过专家点评补充的方式辅助纠偏，则比较隐蔽，利于保持总体演练进程的流畅性。在实际演练过程中，如遇个别部门参演人员在回答问题时因紧张等原因将问题明显答错的情况，专家组的现场点评便发挥了预期作用，确保整个演练最终顺利完成。

四、演练执行

在桌面演练过程中，演练执行人员按照应急预案或应急演练方案发出信息指令后，参演单位和人员依据接收到的信息，回答问题或模拟推演的形式，完成应急处置活动。通常按照四个环节循环往复进行：

1. 注入信息

导调员通过多媒体文件、沙盘、消息单等多种形式向参演单位和人员展示应急演练场景，展现生产安全事故发生发展情况。参训人员接到导调员的初始信息后，立即做出反应，命令各席位快速处理信息并及时汇报。

导调员可根据灾情设置需要变化各环节出现顺序、出现次数，并可根据考核目的所需缩减部分环节，以达到有针对性考核的目标。

2. 提出问题

在每个演练场景中，由导调员在场景展现完毕后根据应急演练方案提出一个或多个问题，或者在场景展现过程中自动呈现应急处置任务，供应急演练参与人员根据各自角色和职责分工展开讨论。讨论问题可以由个人从其业务职能和/或组织和角色的角度回答，然后在小组中进行讨论。脚本信息可以由导调员一次性向所有参演人员传递，然后各小组参考国家预案或其他响应计划来对问题进行讨论。有时参演人员接收消息后独立进行处理，代表其单位做出决策。

3. 分析决策

根据执行人员提出的问题或所展现的应急决策处置任务及场景信息，参演单位和人员分组开展思考讨论，形成处置决策意见。

4. 表达结果

在组内讨论结束后，各组代表按要求提交或口头阐述本组的分析决策结果，或者通过模拟操作与动作展示应急处置活动。在讨论环节，应安排一个或多个评估人员记录讨论、决策、重要观点和意见。

各组决策结果表达结束后，导调人员可对演练情况进行简要讲解，接着注入新的信息。

五、演练结束及反馈

要有正式宣布演练结束的环节，一般是首席导调员宣布演练结束，各部门经过应急处置，向现场指挥部报告完成任务。现场指挥官向总指挥提请应急结束，获批后宣布应急结束，并宣布推演结束。

推演结束后，应听取各参演部门的反馈进行总结，这些反馈中有许多来自一线的实战经验，相当宝贵，反馈情节应该以收集资料为主，所以氛围应该是鼓励发言，不能相互反对。

参演部门的反馈之后，一般是评估员反馈及专家点评。点评专家一般包括行业专家和演练专家。演练后的反馈评估工作包括三个层面：首先是各单位自我认识的提高方面，主要是通过对比分析各单位最初提交的各问题的书面答案、预演中的现场回答以及真正演练时的现场回答，评价其认识提高程度；其次是其基本态度和业务能力评价，主要是根据各参演单位现场表现的积极程度以及事后提交的部门总结的情况进行评价；最后是应急处置能力评价，主要是对于被临时追加提问的单位，可通过其对临时场景和问题作出的响应评价其应急处置能力。

第三章 桌面应急演练评估与总结

桌面应急演练评估是基于演练结果和相关观察记录，通过比较演练实际情况与演练目标、参演人员完成情况与演练任务来对桌面应急演练进行整体、全面、客观评估的过程。全面而深入的评估不仅能检验演练的合理性与有效性，还能及时发现存在的问题与不足，为后续改进提供依据。

本章首先介绍了桌面应急演练评估的内容，以霍尔“三维结构”为系统方法论，确定评估指标体系设计思路，并通过桌面应急演练的实例，具体展示了如何建立桌面应急演练评估指标体系；其次介绍了常用的桌面应急演练评估方法，重点展示了专家评估法和检查表评估法的工作程序；最后介绍了演练评估报告应该包括的一些基本内容及桌面应急演练评估报告表的一般形式。

第一节 应急演练评估基础知识

桌面应急演练评估指标体系是评估的核心，通过指标体系可以得出演练从准备到实施再到总结的全过程质量和效果，为应急预案的改进和完善提供了重要依据。本节以霍尔“三维结构”为系统方法，确定评估指标体系设计思路，并以地震灾害为例，介绍如何构建桌面应急演练评估指标体系。

一、应急演练评估的概念

应急演练评估是指对组织或个体进行应急演练的效果、流程、准备情况等方面进行全面评估和分析的过程。这一过程旨在通过系统观察和记录演练活动，比较演练人员表现与演练目标要求，发现潜在的问题和不足之处，进而为改进应急预案提供依据，提高应急响应能力和应对突发事件的能力。应急演练评估通常包括演练目标达成情况、演练过程评价、演练准备评估、指挥调度能力评估、信息传递和协调配合评估以及演练效果评估等多个方面。

桌面应急演练评估是特指针对桌面演练这一非实战、讨论型演练模式进行的评估活动。评估过程中,评估人员会观察讨论过程,记录参与者的表现,评估信息传递的准确性和及时性,以及各参与单位之间的协调配合情况。通过桌面应急演练评估,可以发现应急预案中的不足,提高决策层面对突发状况的应对能力,优化内部协调机制,为实际应急响应工作提供有力支持。

综上所述,应急演练评估是一个全面、系统的过程,而桌面应急演练评估则是这一过程中针对特定演练模式(桌面演练)的专项评估活动。两者共同服务于提升组织的应急响应能力和应对突发事件的能力。

二、应急演练评估流程

桌面应急演练评估通常可分为三个阶段:评估准备、评估实施和评估总结三个阶段。

1. 评估准备阶段

第一步,设立一个评估机构,并指定有关的评估人员,成员通常是应急管理专家或具有评估演习和应急响应经验的专业人员,通常称为演习评估员。经过培训后,评估员可自行设计评估计划,撰写评估报告,全面进行演习的准备、组织与执行、安全责任检查等各方面的评估工作,并提供建议。

第二步,在对评估工作要求进行分析的基础上,编制评估计划。

第三步,制定评估标准、选择评估方法。评估员可以通过观察演练过程,记录实践活动,总结经验不足,来比较实际演练与理想之间的差距。

2. 评估实施阶段

根据评估准备阶段的安排,评估员应提前到达目的地并做好相应的准备。演练正式开始后,评估员通过观察现场,记录和收集相关数据信息等方式观察参演人员的表现,可在不影响桌面应急演练进行的情况下向参演人员进行提问,同时对演练过程中出现的问题进行记录,按照评估指南和表格打分,及时记录评估结果。

3. 评估总结阶段

在桌面应急演练结束后,演练组织人员、参与人员和评估人员应先对现场发生的情况进行点评,总结过程中的优点和需要改进的地方,根据评估记录表上记录的情况交换意见,明确问题所在并提出改进意见。

评估人员根据收集的资料,按照评估相关指导文件撰写评估报告。评估报告的内容一般包括应急预案的合理性、现场演练的具体情况、指挥人员的指挥能力、演练场所的设施条件、参与人员的应急能力等。评估报告撰写完成后,应发送给每一位参与人员,参与人员根据评估报告分析自己的不足并提出整改意见。

第二节　应急演练评估指标体系

一、应急演练评估思路

1. 霍尔“三维结构”

霍尔“三维结构”又称硬系统方法论，是美国通信工程师和系统工程专家霍尔（E.H. Hall）于 1969 年提出的一种系统工程方法论。霍尔“三维结构”基于时间维、逻辑维和知识维三个维度来管理、刻画、统筹整个系统工程活动（图 3-1）。其中，时间维表示系统运行从开始到结束的顺序活动，大致包括七个阶段。逻辑维是基于时间维的每一个阶段内所要进行的工作内容和应该遵循的思维程序，包括明确问题、确定目标、系统综合、系统分析、优化、决策、实施七个逻辑步骤。知识维则列举在时间维和逻辑维中需要运用的各种知识和方法，如管理、艺术、法律等。

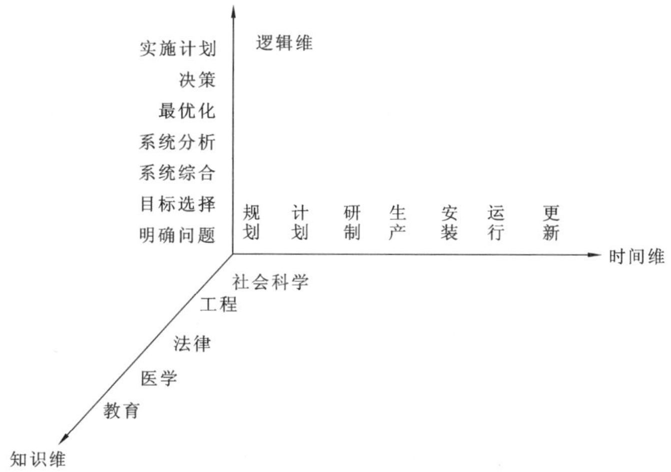

图 3-1　霍尔“三维结构”

霍尔“三维结构”提供了一种思维方法，能全面、形象、客观地表达出系统工程的整个过程和框架，并且每个过程都有自己的控制节点和目标，每个过程之间又具备时间顺序和逻辑性，共同组成一个有机变化的整体。因此霍尔“三维结构”可以广泛运用于实际问题，尤其是桌面应急演练评估指标体系的逻辑框架构建。

2. 指标体系设计思路

霍尔提出的“三维结构”理论可用于指导各类突发事件的桌面应急演练评估指标体系设计与构建，基于时间维、逻辑维、知识维的指标体系设计思路如下。

（1）时间维

时间维表示系统的活动顺序，用于评估对象发生和发展的各个阶段，不仅遵循对象的发展规律，而且能有针对性地关注对象在每个时间节点的完成情况。根据桌面应急演练发展的规律，时间维涵盖演练的完整过程，从时间序列的角度分析，包括演练前、演练中和演练后三个阶段。

（2）逻辑维

逻辑维主要指评估指标设计的逻辑结构。首先，识别评估对象，对桌面应急演练应当面向不同对象设计不同指标；第二，要根据评估对象，分析其评估目标、范围，以确定演练的评估内容；第三，根据评估内容，寻找评估切入点，确定评估项目；第四，寻找评估项目的依据，包括相关应急预案、法律法规、演练指南等相关标准或要求；第五，根据评估项目的属性特征，选择恰当的评估方法。第六，根据评估依据和方法，确定评估项目的定量或定性详细评估标准。这便是桌面应急演练评估指标体系设计的逻辑结构。

（3）知识维

在霍尔“三维结构”模型中，知识维是在时间维和逻辑维框架中所需的理论、方法和手段。知识维涵盖桌面应急演练评估指标体系的所有相关知识，应熟悉桌面应急演练设计准备、实施、评估过程中所必须掌握的应急管理专业知识、法律法规、社会学、管理学和相关评估方法等。

桌面应急演练涉及人员较多，而演练的评估往往是由评估人员来考评的，具有相当的专业性。但考虑到演练中评估人员并没有实际参与，可能会忽略演练中的一些细节。真正的演练评估必须考虑参演人员的感受，这是一个重要的评估主体。因此对桌面应急演练的评估除了专业评估人员给出的专业度评估之外，还需要参与者给出的满意度评估。参与者通过亲身经历整个演练过程，能够真实给出演练满意度的反馈。因此，桌面应急演练评估指标体系的设计包含两个主体部分：一是专业度评估（包括专家评估和技术评估），专家评估是指专家在演练全程参与中给予的专业度评估，技术评估是实际情况的确定评估；二是参与者满意度评估，是由参演人员结合自身实际对演练做出的主观评估。

综上，桌面应急演练的评估指标体系设计构建基于两个主体，以霍尔“三维结构”中的逻辑维、时间维、知识维的立体思维结构为指导，依据国内外桌面应急演练指标研究、突发事件应急预案和桌面应急演练指南的要求以及桌面应急演练的影响要素和流程来确定评估指标体系，具体设计思路如图 3-2 所示。

3. 指标体系结构

桌面应急演练的评估指标体系应当符合结构性，主要指其指标构成具有整体性，指标之间不重复却有联系。从评估指标体系的第一级指标到最后一级指标，每一级指标整体构成都可以全面反映和制约上一级指标，每一级指标之间都相互关联、相互影响。根据桌面应急演练效果评估指标体系的设计思路可以将指标体系分为三层：

（1）一级指标

基于桌面应急演练的基本流程，结合桌面应急演练的发生发展的规律，评估应包括

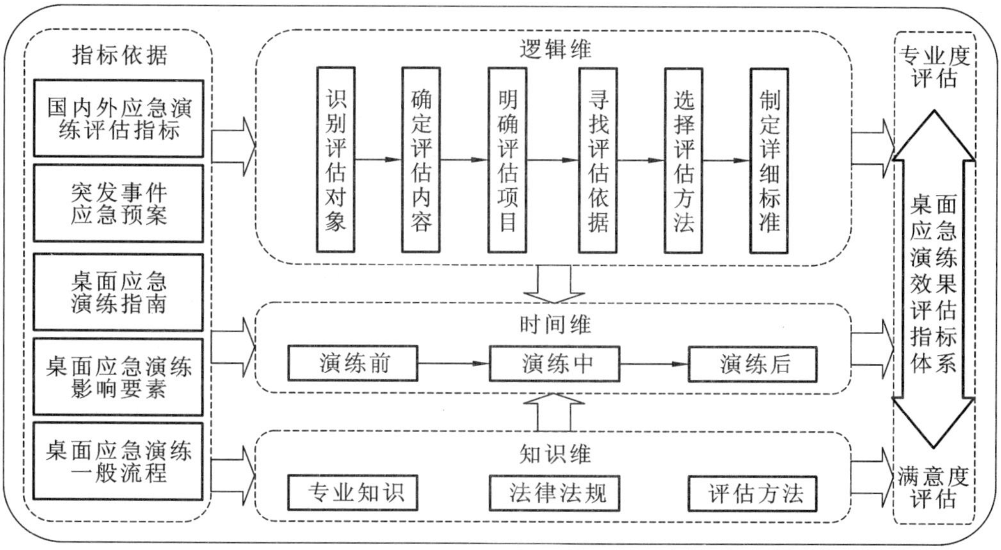

图 3-2 桌面应急演练效果评估指标体系的设计思路

演练的全过程，分为演练前、演练中和演练后三个一级指标。

（2）二级指标

二级指标是一级指标的具体分解，在专业度评估指标体系中，二级指标的来源主要依据各类突发事件应急预案和桌面应急演练指南中的相关规定和描述，充分考虑评估的全面性和演练各环节的联系，突出各类突发事件应急处置的特点和影响因素。演练前，包括演练计划、演练方案、演练动员培训和演练保障，基本按照演练准备的步骤进行。演练中，包括应急启动、指挥部署、应急处置和演练执行保障，其中应急启动、指挥部署和应急处置是按照预案规定的突发事件处置流程来设置，而演练执行保障是演练模拟过程中的辅助性工作，是演练顺利进行和完成的保障。演练后的指标选取符合时间维和逻辑性，首先对演练进行总结，然后根据总结落实情况。

在满意度评估指标体系中，二级指标主要基于一级指标的主要事件，演练前主要是对培训满意度的调查。演练中则根据参与情况分为整体完成演练任务情况和个人完成演练任务情况两部分。演练后的提高情况也需要考虑到整体与个人的逻辑关系。

（3）三级指标

三级指标是二级指标的具体任务描述，是可以评估、比较或量化的指标。各指标选取依据国内外桌面应急演练评估指标、各类突发事件应急预案、桌面应急演练指南和桌面应急演练影响因素，共同构成二级指标，互不重叠。

4. 指标体系框架设计

本节对桌面应急演练评估指标体系的设计框架分为专业度评估和满意度评估两个部分，具体评估指标体系见图 3-3 和图 3-4 所示。

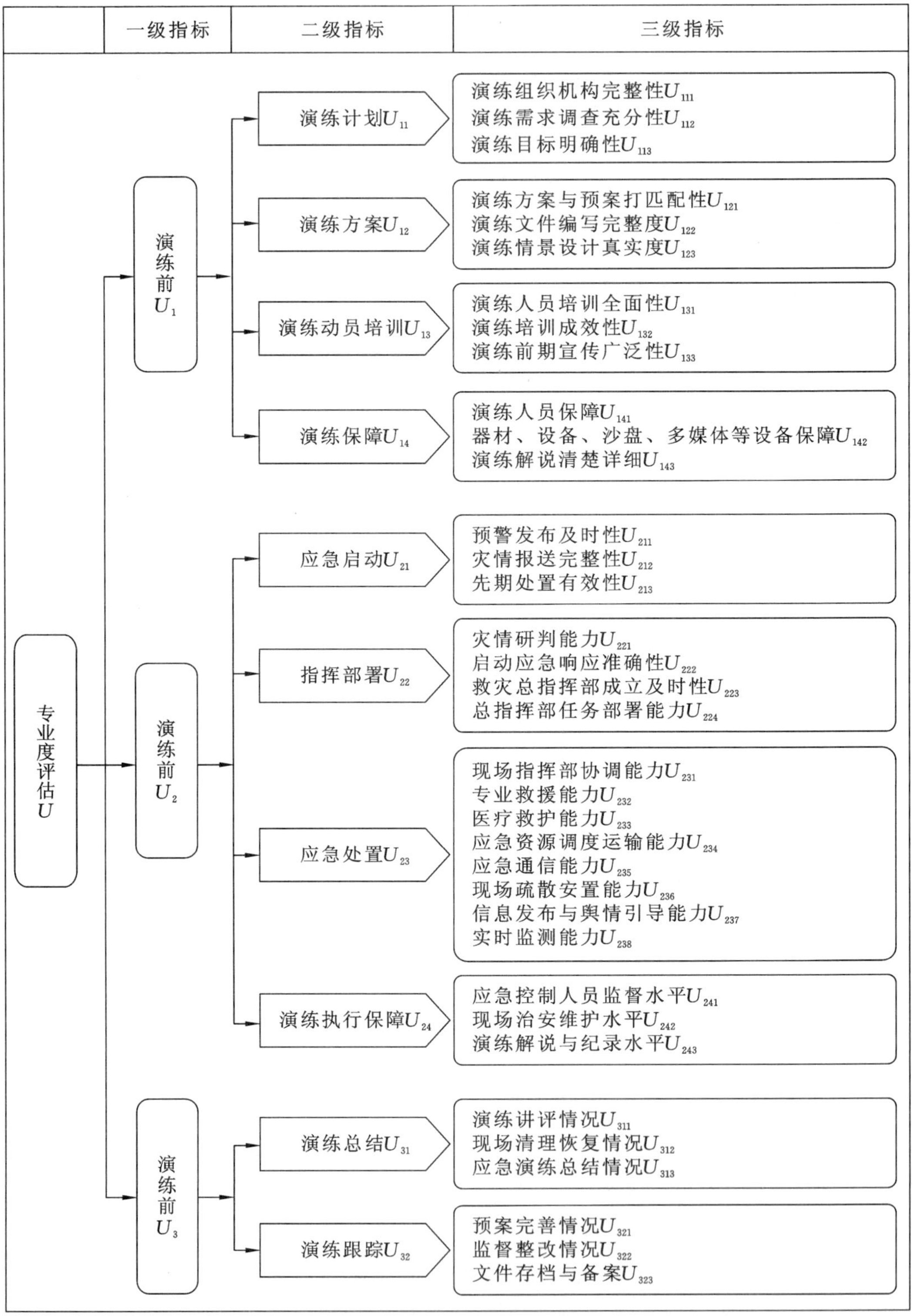

图 3-3　桌面应急演练专业度评估指标体系框架图

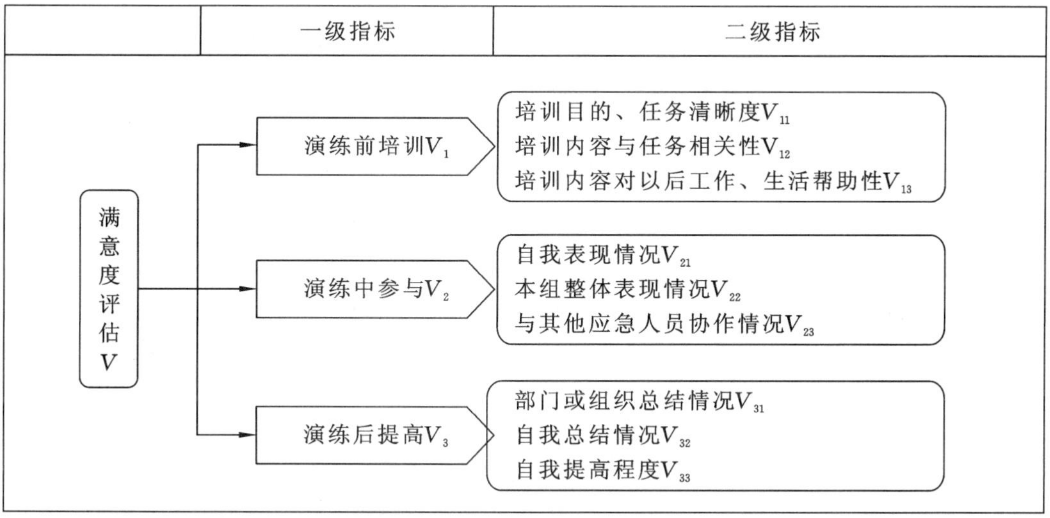

图 3-4　桌面应急演练满意度评估指标体系框架图

二、应急演练评估指标体系内容

1. 专业度评估

（1）演练前

演练前是指桌面应急演练的设计准备阶段，是整个桌面应急演练活动顺利开展的重要前提，在实际工作中基本按照如下步骤展开。

① 演练计划

演练组织机构完整性：演练开展应当在应急预案确定的指挥机构领导下组织，指挥领导小组下设策划组、保障组和评估组。该指标主要考察小组人员是否配备充足、职责安排是否合理。演练策划组肩负着演练设计、协调和宣传的任务，工作重、责任大。保障组负责协调相关物资装备、准备场地道具、维持现场秩序和人员安全等工作。评估组负责对演练进行全方位评估。

演练需求调查充分性：桌面应急演练包含的项目较多、涉及的机构和人员较广，同时，各地区各部门的情况和需求不一样。因此，在确定演练目标前，要系统调查本地应急管理工作中的薄弱环节、新型救援技术或装备的使用情况和专业队伍的发展情况，形成调查分析报告，为演练项目的设置提供依据。

演练目标明确性：演练目标是组织演练需要完成的任务或效果。一次完整的演练在不同阶段有不同的目标，对于不同的参演人员和机构也有不同的要求，同时桌面应急演练涉及多个演练项目。因此，在分析演练需求的前提下，要明确演练的各项目标，并在演练方案中予以体现。

② 演练方案

演练方案与预案的匹配性：演练方案应当依据国家应急预案以及地方、部门相关预案进行设计编写。一方面应急预案对于演练方案具有指导作用;另一方面实际演练操作可以检查预案中存在的问题,对应急预案进行修正完善。因此,该指标主要评估演练方案是否与预案规定一致,是否存在不合理内容。

演练文件编写完整度:演练文件是演练实施的指导性文件,是发放给参与人员及相关部门的实操手册,以确保所有参与人员掌握演练情景和演练任务。根据《桌面应急演练指南》要求,演练文件主要包括演练人员手册、演练控制指南、演练脚本、演练评估指南、演练宣传方案5个文件。

演练情景设计真实度:在具体设计前,应当通过查找资料和实地调查切实了解本地灾害分布和危险因子,综合讨论本次桌面应急演练要模拟的灾情。设计演练情景时应尽可能模拟灾害真实情况,相关的模拟情景事件要通过详细的情景说明书进行描述。

③ 演练动员培训

演练人员培训全面性:在演练培训开始前,要制定一个详细的培训计划,确定参与对象、培训内容和方式。一方面要向参与人员传达基本演练背景、演练规则等通用内容,确保所有参与人员了解演练背景、熟悉演练规则等。另一方面由于不同参与人员在演练中扮演的角色和承担的职责不同,因此要根据演练文件针对性对参与人员进行培训。

演练培训成效性:在演练培训结束阶段需对受培训人员进行效果测评,具体可采取集中考试和评估人员随机抽查的方式,结果用百分制的形式体现,确保培训落到实处(演练培训成效性=通过人员/参加考试人员)。

演练前期宣传成效性:在组织桌面应急演练时,要提前策划宣传教育方案,确保宣传教育活动有规模、有效果、有影响。

④ 演练保障

演练人员保障:演练人员主要包括应急演练全流程所需要的组织人员、观摩人员、演练人员、评估人员等。组织人员由应急演练领导小组全体成员组成;观摩人员则是从有关部门调来的人员、外部机构和旁观演习进程的听众;演练人员指在应急演练中针对演练情景或者模拟事件,做出自己在真实情境中可能做出反应的行为者;评估人员就是负责对演练的进度进行观察和记录,对应急演练各环节完成状况进行评估,检验演练是否符合其目的和要求等内容的工作人员。

器材、设备、沙盘、多媒体等设备保障:对演练现场布置、设备等各种器材充分准备,运用多媒体、沙盘、地图、文件等形式展示应急演练场景,增加桌面演练中对应急处置工作进程展示的可视化水平,满足演练要求,更好地发挥桌面演练的优势,模拟实战演练中难以实现的应急处置场景,以达到应急演练的各项目标。

演练解说清楚详细:设置专人负责应急演练的解说工作,对演练背景、演练进程、参演人员职责分工进行解说,观摩者和评估者通过解说了解演练进展,掌握模拟事件的处置流程,要求演练解说应根据事态发展实时跟进,清晰准确地进行详细解说,从演练开始直至结束。

(2) 演练中

演练中是真正模拟地震发生时开展相关应急响应活动的阶段,重点分为"应急启动、指挥部署、应急处置这三个步骤,演练执行保障则是确保这三个步骤顺利完成的基础。

① 应急启动

预警发布及时性：该指标主要考察灾害预警系统的有效性。灾害预警指在出现灾情或险情时，与灾害波及范围赛跑，及时向公众发布警报。在实际灾害发生时，要利用一切传播途径，如广播、电视、网络等向公众发布风险警示，拉响警报，为公众争取逃生时间。如果学校发生灾害，可参照相关应急疏散演练指南的规定，拉响警报信号，持续一定时间，再停顿，反复进行。该指标主要检验警报发出的及时性、持续性和覆盖性。

灾情报送有效性：灾后应当进行灾情速报，根据相关规定，灾害发生地的相关部门要尽快了解灾区影响和大致破坏情况，在规定时间内及时向上级相关部门进行灾情速报（时间、地点、灾害类型及等级）。灾情报告是指灾区所在县级以上地方人民政府及时将灾情信息报上级人民政府，必要时可越级上报。在桌面应急演练的信息传递过程中，主要评估演练人员是否及时报送消息，信息传递是否清楚准确，要素是否齐全。

先期处置有效性：灾害发生后的先期处置是指受灾群众的自救互救和当地政府的现场紧急处置工作。受灾群众的自救互救对于减轻灾害伤亡意义重大，桌面应急演练可以有针对性训练群众的避险和逃生能力。同时，事发地政府和相关部门要第一时间赶赴现场，组织、协调、动员应急救援队伍和当地群众开展以抢救生命为主的先期处置工作。

② 指挥部署

灾情研判能力：灾害发生后，相关部门需快速评估灾害烈度，提出灾害趋势判定的初步意见，为决策提供依据。该指标主要检验灾害烈度评估系统、技术的运用情况。

启动应急响应准确性：根据灾害发生级别，由相应级别的政府部门启动分级响应程序。该指标主要检验在接到报警后，是否立即核实灾情，根据灾害分级标准，研判灾情级别并及时发布通告。

救灾总指挥部成立及时性：在启动应急响应后，需第一时间成立救灾总指挥部，明确演练总指挥、副总指挥、现场指挥等人员，下达应对和处置救援的各项任务和行动。评估该指标可以有效检验政府在灾后的指挥和响应能力。由于桌面应急演练和真实情况有所差别，且演练脚本是按照演练方案预先设定，因此，救灾总指挥部成立时间通常比真实情况更加高效、快速，一般应控制在 5 分钟左右。

总指挥部任务部署能力：总指挥部成立后，由总指挥主持召开紧急会议，部署救灾工作。总指挥部下设多个工作组，由应急成员单位派出专人到总指挥部集中办公。该指标主要检验救灾总指挥部的统筹指挥和工作部署能力。

③ 应急处置

现场指挥部协调能力：现场指挥部负责灾害应急现场处置的指挥协调相关事宜，下设多个小组，包括抢险救灾、医疗卫生、社会治安、灾害监测、宣传、基础设施保障等，进一步明确任务和分工。现场指挥部主要负责组织相关应急小组开展应急行动，同时指导各应急小组之间沟通、协同、资源共享。由于灾害具有不确定性，救援复杂程度高，因此在演练时，可适当安排突发情况来检验指挥部的紧急应变能力。

专业救援能力：灾害发生后，消防救援队伍和志愿服务队的救援能力在现场抢险过程中发挥着重要作用，是否能抓住黄金救援时期，需要有专业的救援队伍和先进的救援装备。该指标主要评估救援人员数量是否与灾害等级吻合、是否掌握救援技能和程序、是否具备较快的行动能力、是否熟练使用救援设备和运用最新救援技术等。

医疗救护能力：医疗紧急救护是灾害救援的重要部分。该指标主要评估医疗机构人员的救护能力和医疗设施的准备情况。针对医疗人员主要考察赶赴现场的时间、正确及时救护伤员的能力和与医院配合医治的能力。演练中，医疗人员应保证专业，并在规定时间内赶到现场。灾害中常见的伤病应作为演练重点，医疗设施准备则包括满足临时治疗的医疗服务能力和转运伤员的运输能力。

应急资源调度运输能力：应急资源的调度运输在灾害发生后往往是一个难点。如何在最短时间确定物资需求量、分析周围物资储备情况并得出最优调度方案，如何在物资库存紧张情况下灵活选择供应商，如何在交通瘫痪情况下抢修开辟新通道等，都是检验应急资源调度能力的标准。演练中还应检验是否划定应急资源调度运输区域，并开辟物资运输专门通道。

应急通信能力：灾后通信可能瘫痪，但应急救援和指挥协调需要通信系统保障。该指标考察移动通信设备的支持能力，如应急移动通信指挥车、数字对讲系统和卫星电话等的使用情况。

现场疏散安置能力：灾害发生时，迅速有效疏散人群是关键。该指标主要考察演练疏散的时间控制、疏散通道选择、疏散秩序维持和避难场所安置能力。学校疏散演练可参照相关规定执行。震后应立即启用或设置临时避难场所，转移和安置受灾群众，提供救济物品。

信息发布与舆情引导能力：新媒体时代，信息传播广泛，灾害发生后媒体的宣传和报道直接影响群众反应。因此，应急管理部门应与新闻媒体有效沟通合作，通过主流新闻媒体向公众发布消息，传播正确信息，引导舆情。该指标主要评估应急人员是否组织媒体准确、及时、有效发布灾情和救灾信息。

实时监测能力：灾后，监测工作组要开展现场监测和统计工作，组织专家现场勘查灾情险情，对灾害损失进行调查并快速评估。先进的流动观测设备和系统是保障监测精确性的基础，因此该指标可以用于检验流动设备的可用性。

④ 演练执行保障

应急控制人员监督水平：在桌面应急演练过程中，应急控制人员肩负着保证桌面应急演练按流程顺利完成的重要任务。应急控制人员应对分布在现场关键区域的演练人员进行全方位的监督和控制，同指挥官协调演练进度，以确保演练朝预定目标进行。当桌面应急演练出现偏差时，应急控制人员应当与演练指挥官及时沟通，纠正错误，必要时可终止演练。

现场治安维护水平：桌面应急演练安全保障组要负责演练现场秩序维持和警戒工作，保障桌面应急演练不受影响。

演练解说与记录水平：在模拟灾害发生时，需要演练解说员将整个演练过程串联起来。现场演练人员是否对演练背景解说清晰准确，是否与演练进程实时同步是指引演练顺利进行的关键。同时，演练解说也可针对演练过程中的重要处置步骤和救援设备的使用向观摩人员做详细解释。在演练过程中，安排专人负责记录演练的重要时间节点、演练过程及突发情况。

（3）演练后

一次演练的经验并不在于整个演练的逼真程度，而是通过演练发现问题、检验队伍、改进预案、提高能力。在桌面应急演练结束后，除了清理恢复现场外，还应当对本次演练进行详细认真的总结反思，为地震应急管理工作进一步完善提供依据。

① 演练总结

演练讲评：演练讲评是在总指挥宣布演练结束后，针对演练的情况进行的总结和讲评。在总指挥讲评后，可安排总策划或专家组组长进行专业角度的讲评，或者由每个小组自行总结。该指标主要考察讲评是否涵盖演练目标完成情况、参演人员表现、演练方案的合理性及演练保障水平等方面。

现场清理恢复情况：指演习结束后的整理工作，包括清点人数、检查设备、清理现场污染物、回收相关仪器和资料，绝不允许任何可能造成人员伤害和物资损耗的东西遗留在桌面应急演练现场。

桌面应急演练总结情况：演练文案组负责将演练记录、影像资料、现场讲评整理成系统、完整的总结报告，并指出演练存在的问题，提出完善和整改建议。演练参与单位也可对本次演练情况进行总结。总结报告完成后立即召开总结大会或下发文件，将本次演练的成果和经验教训分享给参演机构和相关人员，时间控制在演练后 1 个月内。

② 演练跟踪

预案完善情况：演练总结报告中揭示了预案在指导应急处置中存在的不合理处，并指出了整改方案。预案编制部门应当认真开展预案修订完善工作，确保本地区应急预案能更好指导应急救援工作。

监督整改情况：针对总结报告中提出的整改意见，相关组织和部门要制定改进计划，明确要改进的行动或物资、采取行动的具体负责人和具体措施、期望的完成时间等。演练策划组安排专人监督整改措施的进展情况。

文件存档与备案：桌面应急演练组织机构负责将演练方案、演练实施阶段的影音、记录资料、演练总结与评估报告、演练后续情况按要求进行存档和备案。

2. 满意度评估

（1）演练前培训

培训组织工作专业性：培训组织工作的好坏直接影响参与者的培训效果，培训方式和培训课程设计是否“专”“精”，培训的后勤保障工作是否“好”“细”，都是参与者能直观感受的。

培训内容与任务相关性：培训应当基于演练需求，在将演练的目的、背景、一般流程交代清楚的情况下，有针对性地对相同或类似任务的参演人员进行培训。参演者作为培训对象，对培训内容与演练时完成任务的相关性有直观认知。该指标主要考察培训中的内容是否在实际演练中都有所运用。

培训内容对以后工作、生活的帮助性：该指标主要评估培训的实用性。比如在培训过程中，有些参演人员是模拟受灾群众的角色，学习了如何在地震发生时正确逃生，那么在以后生活、工作中遇到突发情况便懂得如何自救互救；又如专业地震救援队伍在培训中不仅学习了最新救援设备的使用技能，而且排练了震后紧急救援的工作流程，在灾害发生时，便能熟练、快速、有效抢救受灾群众。

（2）演练中参与

自我表现情况：该指标主要反映自我完成参演任务的情况。比如是否服从指挥指令，积极参与演练并认真完成任务；在任务完成后是否听从安排，不扰乱现场秩序等。

本组整体表现情况：该指标评估本组应急成员的整体表现情况。比如是否出现因本组成员出现失误而影响本组履行职责的情况等。

与其他应急人员协作情况：该指标主要评估自身与其他应急人员在需要合作的任务中是否配合默契，通力协作。比如医疗人员和救援人员在一起营救和转移伤员时是否顺利。

（3）演练后提高

部门或组织总结情况：该指标主要考察在桌面应急演练结束后，自身所在部门或单位的总结情况。比如是否召开内部总结讲评大会提出整改计划，评估落实情况。

自我总结情况：该指标主要指自己在演练后是否进行个人总结，分享心得教训，针对不足之处是否有完善和修正。

自我提高程度：该指标需要总体评价自己在这次演练后对地震应急相关工作或应急知识的认识和提高程度。

由于灾害的类型、成因多样，桌面应急演练的科目千差万别。因此，此处指标体系的选择只能选取具有代表性的通用指标，在针对具体应急综合演练时可能会有考虑不全的情况，在实际工作中，可对指标进行相应的调整。

第三节 常用评估方法

在确定了桌面应急演练评估的内容和思路之后，选择科学合理的评估方法至关重要。不同的评估方法各有特点，适用于不同类型的桌面应急演练评估场景。本节将详细介绍几种常用的桌面应急演练评估方法，重点介绍专家评估法（Delphi 法）、检查表评估法（SCA 安全检查表法）以及其他定性与定量评估方法。这些方法各具优势，能够从不同角度、不同层次对桌面应急演练进行全面、系统、客观地评估，为桌面应急演练的总结与改进提供科学依据。

一、专家评估法（Delphi 法）

1. 定义与起源

专家评估法是一种围绕某一主题或问题，征询有关专家或权威人士的意见和看法的调查评估方法。该方法最早由美国兰德公司(RAND Corporation)在20世纪40年代提出并应用于技术预测,后逐渐扩展到政治、经济、文化和社会发展的各个领域。Delphi的名称源自古希腊神话中阿波罗神殿所在地德尔斐,象征着预见未来的能力。该评估法仅依靠主客观两方面资料进行分析,具有简便易操作、适用范围广、效果较好的优点。

2. 特点

匿名性:专家在评估过程中保持匿名,避免相互间的影响,确保意见的独立性和客观性。

反馈性:评估过程经过多轮反馈,每轮调查评估后整理归纳专家意见并反馈给所有专家,以便他们根据综合意见调整自己的看法。

统计性:最终评估结果通过统计方法处理,如中位数法,反映多数专家的共识,同时考虑少数派观点。

集思广益:通过多轮征询,汇聚多位专家的智慧和经验,提高评估结果的准确性和可靠性。

3. 工作程序

(1) 成立专家组

评选出不低于10位业内具有较高权威且经验丰富的专业人士组成专家评审团。

(2) 设计调查表

将被评价的目标分解为相互独立的评价指标,建立一套评价指标体系,并将其编制成问卷或表格,以电子邮件或其他方式的形式向每位专家成员分发。

(3) 整理分析调查表

当专家填写完调查问卷或调查表后,将所有调查数据进行综合分析,收集相关数据资料与专家的意见,并设计一份新的调查表,分发给专家再次填写,填好后,再次进行分析,经过3～5次的调查,得出相对一致的结论后,可以结束该阶段的调查分析。

(4) 得出结果

对专家评审小组的最终调查问卷进行整理、分析、汇总,得出最终的评估结论。

由于专家调查法邀请的专家涵盖了不同的行业,并且在各自的专业领域都有相当的研究和实践经验,所以他们的结论通常都是非常详尽的。但是,由于要进行多轮的调查,评估者可能会出现疲劳、注意力不集中、耗时较长、花费较大等问题。

二、检查表评估法(SCA安全检查表法)

1. 定义

检查表法是一种依据相关标准、规范,对工程、系统中已知的危险类别、设计缺陷以及与一般工艺设备、操作、管理有关的潜在危险性和有害性进行判别检查的方法。它通过预先制定的检查表,系统地识别和评价系统或设备中可能存在的危险因素,以确保系统安全。它是系统安全工程中一种最基础、最简便、应用最广泛的系统评价方法。检查表法在桌面应急演练评估中的应用，可以确保桌面应急演练的全面性、系统性和规范性，提高应急管理工作的效率和水平。

2. 编制依据

（1）法律法规与标准规范

桌面应急演练的检查表编制必须遵循国家及地方关于应急管理、安全生产等方面的法律法规，确保演练活动的合法性和规范性。不同行业有其特定的桌面应急演练标准和规范，这些标准和规范为检查表的编制提供了重要的参考依据，确保演练内容符合行业要求。

（2）应急管理与演练指南

国家及地方政府发布的应急管理政策、指南等文件，为桌面应急演练的组织、实施和评估提供了总体框架和指导原则。专业机构或行业协会发布的桌面应急演练指南与标准，详细规定了演练的内容、流程、评估方法等，是编制检查表的重要参考。

（3）以往演练经验与案例

一方面应总结以往桌面应急演练的经验教训，分析存在的问题和不足，将这些信息纳入检查表编制过程中，以提高演练的针对性和实效性。另一方面应借鉴行业内外的成功桌面应急演练案例，分析其优点和亮点，结合实际情况，编制出更具操作性和实用性的检查表。

（4）系统安全分析结果

通过系统安全分析方法（如事故树分析、故障模式与影响分析等），识别出可能导致突发事件的不安全因素，将这些因素作为检查表中的重点评估内容，确保演练能够覆盖所有关键环节和潜在风险点。

（5）桌面应急演练目标与需求

一方面根据实际情况和应急管理需求，明确桌面应急演练的目标和重点任务，为检查表的编制提供明确的方向。另一方面针对不同类型的突发事件（如火灾、泄漏、自然灾害等），分析其对应急响应能力的具体需求，确保检查表能够全面评估应急准备情况。

3. 编制步骤

建立编制小组：成员应包括熟悉系统各方面的专业人员，确保检查表的全面性和准确性。

搜集资料：包括安全法规、标准、制度及系统过去发生过的事故资料等。

划分单元：按功能或结构将系统划分成若干个子系统或单元，逐个分析潜在的危险因素。

列出检查要点和检查项目清单：根据系统特点，列出全面的检查要点和项目清单。

编制复查表：包括危险、有害因素明细，是否落实了相应设计的对策措施，能否达到预期的安全指标要求等。

4. 特点

系统性：安全检查表对系统或设备的各个部分逐一检查，确保无遗漏。

明确性：检查项目和内容明确具体，便于检查和记录。

标准化：检查表可作为安全检查的标准化工具，提高检查效率和质量。

预防性：通过提前识别和评价潜在危险因素，采取预防措施，避免事故发生。

5. 检查表示例

以地震灾害为例，结合霍尔“三维结构”，设计地震灾害桌面应急演练检查评估表，根据检查评估内容的不同，分发给专家和参演人员，用于评估本次桌面应急演练的专业度和满意度，如表3-1和表3-2所示。

表3-1　桌面应急演练专业性评估检查表（专家用）

序号	阶段	评价要素	评价内容	检查结果	赋值
1	演练前	1.演练计划	演练组织机构完整性：是否包含策划部、保障部、评估组等关键部门？		
2			演练需求调查充分性：是否有详细的调查分析报告支持演练目标设定？		
3			演练目标明确性：演练目标是否清晰、具体，并在演练方案中明确体现？		
4		2.演练方案	与预案匹配性：演练方案是否严格依据《国家地震应急预案》等相关预案设计？		
5			演练文件编写完整度：是否包含演练人员手册、控制指南、脚本、评估指南、宣传方案？		
6			情景设计真实度：情景设计是否模拟真实地震情况，同时考虑周边环境和安全因素？		
7		3.演练动员培训	培训全面性：培训计划是否详细，覆盖所有参演人员及角色？		
8			培训成效性：是否进行了效果测评，并记录了测试结果？		
9			前期宣传成效性：是否提前策划宣传教育活动，增强民众意识？		
10		4.演练保障	机构与队伍保障：参演机构和队伍是否全面覆盖，职责是否明确？		
11			场地与经费保障：演练场地选择是否合理，经费使用是否合规？		
12			通信与物资保障：通讯和物资是否准备齐全，是否有备用设备？		
13			人员安全保障：是否配备个体防护装备和现场安全保障组？		

续表3-1

序号	阶段	评价要素	评价内容	检查结果	赋值
14	演练中	1.应急启动	地震预警发布及时性：预警系统是否有效，信息传达是否及时？		
15			震情报送有效性：信息传递是否准确、及时，要素是否齐全？		
16			先期处置有效性：自救互救和现场紧急处置是否有效？		
17		2.指挥部署	灾情研判能力：是否快速评估地震烈度，提出初步意见？		
18			应急响应启动准确性：响应级别是否准确，程序是否合规？		
19			指挥部成立及时性：指挥部是否及时成立，成员配置是否合理？		
20			任务部署能力：是否明确各工作组任务，有效指挥调度？		
21		3.应急处置	现场指挥部协调能力：现场指挥是否顺畅，资源分配是否合理？		
22			救援能力：救援队伍是否专业，装备是否齐全？		
23			医疗救护能力：医疗人员是否专业，设备是否完备？		
24			资源调度运输能力：应急资源调度是否合理，运输是否畅通？		
25			通信能力：通信系统是否可靠，信息传递是否顺畅？		
26			疏散安置能力：疏散时间是否达标，避难场所是否有效？		
27			信息发布与舆情引导能力：信息发布是否准确及时，舆情引导是否有效？		
28			地震监测能力：地震监测设备是否可用，数据是否准确？		
29		4.演练执行保障	监督水平：应急控制人员是否有效监督，确保演练顺利进行？		
30			治安维护水平：现场治安是否良好，秩序是否维护得当？		
31			解说与记录水平：演练解说是否清晰，记录是否完整？		

续表3-1

序号	阶段	评价要素	评价内容	检查结果	赋值
32	演练后	1.演练总结	演练讲评:是否全面总结演练情况,提出改进意见?		
33			现场清理恢复情况:现场是否清理完毕,设备是否归位?		
34			总结报告:总结报告是否系统完整,问题是否指出明确?		
35		2.演练跟踪	预案完善情况:预案是否根据演练结果进行了修订?		
36			监督整改情况:整改措施是否落实,进度是否监控?		
37			文件存档与备案:相关资料是否按规定存档备案?		

表 3-2 桌面应急演练满意度评估检查表(参演人员用)

序号	阶段	评价要素	评价内容	检查结果	赋值
1	演练前培训	1.培训组织工作专业性	培训流程是否顺畅,组织是否有序?		
2			培训后勤保障是否到位,是否满足需求?		
3		2.培训内容与任务相关性	培训内容是否紧贴演练任务需求?		
4			培训过程中是否清晰解释了演练背景和流程?		
5		3.培训内容对工作的帮助性	培训内容对日常工作或应急响应是否有实际帮助?		
6	演练中参与	1.自我表现情况	是否积极参与演练,认真完成任务?		
7			是否服从指挥,遵守演练规则?		
8		2.本组整体表现情况	本组是否顺利完成任务,有无失误?		
9			团队成员间是否协作良好?		
10		3.与其他应急人员协作情况	是否与其他应急人员配合默契,协作顺畅?		

续表3-2

序号	阶段	评价要素	评价内容	检查结果	赋值
11	演练后提高	1.部门或组织总结情况	部门或组织是否召开了总结会议，提出了整改计划？		
12			整改措施是否明确，有无具体落实计划？		
13		2.自我总结情况	个人是否进行了演练后的总结反思？		
14			是否分享了心得教训，提出了改进建议？		
15		3.自我提高程度	演练后，对相关知识或技能的理解是否加深？		
16			是否有信心和准备更好地应对类似情况？		

三、层次分析法（AHP 法）

层次分析法（AHP）是一种定性与定量相结合的复杂因素决策分析方法，由美国运筹学家萨蒂教授于 20 世纪 70 年代初提出，广泛应用于策略规划、资源管理、冲突分析等领域。该方法通过分解复杂问题为不同的组成因素，并根据因素间的相互关联影响以及隶属关系将因素按不同的层次聚集组合，形成一个多层次的分析结构模型。然后，利用少量的定量信息使决策过程数学化，为求解多准则或无结构特性的复杂决策问题提供简便的决策方法。

在桌面应急演练评估中，AHP 法通过建立层次结构模型，包括目标层、准则层和方案层，构造判断矩阵，并进行层次单排序及一致性检验，最后进行层次总排序及一致性检验，以确定各因素的权重和排序。

AHP 法具有系统性、灵活性、定量与定性相结合以及可操作性强等特点，能够根据不同的桌面应急演练需求和目标，灵活调整层次结构和判断矩阵，全面考虑并避免遗漏重要因素，使得评估结果更加客观、科学，易于被决策者理解和接受，便于在实际桌面应急演练评估中应用。

四、模糊综合评价法

模糊综合评价法是在 1960 年代中期模糊数学诞生后逐步发展起来的。它由美国加利福尼亚大学著名的控制论专家扎德教授提出，很快在国内外得到了广泛认可。

模糊综合评价基于隶属函数和模糊数学，通过建立因素之间的关系来确定权重值，它可以量化一些边界不清、不易定量的因素，并从多个角度对评估事项的隶属情况进行综合评价。该方法既可用于评价方案的优劣，也可用于比较、优选方案。后来，不断地有其他学者扩大了研究范围。1983年，荷兰科学家 Van Laargoven 创新地提出一种新的模糊评判法，他将三角模糊数用来表示模糊判断，并进行对数最小二乘法的运算，结果显示采用这种方法也可以求得元素的排序。

目前，模糊理论和其应用均取得了很大进步。这种方法也经常应用于日常的训练评估研究中，它允许对许多未明确定义或难以量化的因素进行定量分析，并从多个角度对评估状态进行全面评估。

模糊评价方法的一般步骤是：确定要评估的因素→确定评语集合→执行单因素评估→确定权重和总结评估。值得注意的是，当顶层目标是比较和优选这些方案时，通常有多个评估解决方案的选项，但是当底层只有一项时，意味着只有一种评价方案可以选择，此时最高级别的目标变成了评估该方案的好坏。采用综合模糊评价法，首先需要对每个待评价的解决方案进行单独评价，然后选择最佳解决方案。由于模糊综合评价法的最终评估结果是基于对评价体系各个因素的评价，而每个评估因素又由下一级的若干评估因素确定，所以评估结果应是多因素评价集成了下层结果的评估。因此，模糊评估必须从评估系统的最底层开始。

五、灰色评估法

灰色评估法以灰色系统理论为基础，由我国学者邓聚龙教授提出，旨在处理信息不完全、不确定的系统问题。该方法通过量化处理系统中的灰色信息，实现对系统状态的半定性半定量描述，其特点在于能够处理具有模糊性、不确定性和相对性的评价因素，有效弥补了传统评估方法在应对复杂、动态系统时的不足。

在应用灰色评估法时，首先需依据专家经验或行业标准确定评价的等级和灰色分类，以反映评价对象在不同维度上的表现水平，并细化等级之间的界限。随后，建立灰色评价模型，确定各评价因素的权重，反映其在整体评价中的重要程度，并通过构建白化权函数将实测值转化为对应灰类的隶属度。最后，通过加权求和等方法计算出综合评价结果，不仅反映评价对象在整体上的表现水平，还能揭示其在不同维度上的优劣势，并根据评价结果提供改进建议，帮助决策者制定针对性的优化措施。

六、人工神经网络评判方法

人工神经网络理论自1970年代初期开始发展，因其出色的适应性、非线性处理能力和鲁棒性，已被广泛应用于各个领域。作为一种智能数据处理方法，其核心优势在于利用神经网络理论和方法的自学习、自组织和自适应特性。通过训练模式，神经网络能够不断调整参数，使得网络模型能够随着输入变量或输出函数的改变而自动学习并记住数据的变化，从而更新模型。这种评价方法既智能又多层次，能够将许多复杂的问题转化为单个神经网络进行求解，尤其适用于处理非常复杂的实际综合评价问题。该方法能够较为客观、全面地反映各训练样本的基本现状，且运算速度快、适用范围广泛，能够更好地模拟人类的思维模式。同时，在指标体系完整且各指标间相互影响显著的情况下，该方法能够实现自我学习和自我调节，因此能够对某些复杂问题做出更加准确的分析判断，并得到高精度的结果。

然而，需要注意的是，该方法需要大量样本数据作为支撑，并且所建立的数学模型可能存在一定的复杂性。此外，传统的BP算法由于收敛速度慢、容易出现局部极小问题以及难以为非线性系统构建准确的数学模型等局限性，在实际运用中需要进行大量的实验训练，因此在工程领域中的使用相对较少。尽管如此，随着研究的不断深入和算法的不断改进，人工神经网络在未来有望在更多领域发挥更大的作用。

七、云模型评估方法

云模型是由李德毅院士于1995年提出的一种描述复杂系统非线性特征的建模方法。该模型能够更有效地将定性和定量分析结合起来，从而较为准确地表达事物之间的相互联系。自云模型提出以来，众多学者对其进行了深入研究，并取得了丰硕的成果。云模型已成功应用于训练评估、智能系统等多个领域，展现出强大的应用潜力。作为一种新兴的建模方法，云模型通过抽象和组织数据对象的属性和关系等信息，根据云重心的变化来检测评估对象的状态信息，形成了具有层次结构的模型体系。这一特性使得云模型能够将不易定性的指标转化为定量指标，为综合评价问题提供了新的解决方案。云理论的提出源于数据挖掘领域，它体现了定量与定性之间的转换问题。在处理既需要基于大量定量数据基础，又需要以具有不确定性的自然语言评价形式进行体现的综合评价问题时，云模型评估法展现出了其独特的优越性。传统的评估方法在处理此类评价指标的不确定性和模糊性上存在一定的局限，而云模型则能够很好地解决这个问题，实现定性评价与定量计算的有机结合。这一特点使得云模型在复杂系统的综合评价中具有广泛的应用前景。

第四节 应急演练评估报告

在完成桌面应急演练的评估之后，需依据评估结果，全面总结本次演练的经验教训，尤其要深入分析演练中存在的不足之处，并据此撰写评估报告。预案编制组织单位应迅速组织编写预案修订工作计划，同时，积极督促各相关单位严格按照计划要求，高效完成应急预案的修订工作。演练评估报告包括但不限于以下内容：

① 演练基本情况：演练组织及承办单位，演练时间、地点和形式，演练模拟的环境事件情景，主要应急响应行动等；

② 演练评估过程：评估工作的组织实施和主要工作安排等；

③ 演练情况分析：依据演练评估表记录，从演练的准备及组织实施情况、演练效果及目标实现、参演人员表现及演练成本效益分析等方面剖析好的做法及存在的问题；

④ 评估结论：对演练组织实施情况进行综合评价，并给出评估结论。评估结果为不合格的应重新组织演练，并针对演练全过程中暴露出的问题或漏洞进行完善和改进；

⑤ 改进的意见和建议：对演练评估中发现的问题提出整改的意见和建议。

桌面应急演练评估报告表的一般形式如表 3-3 所示。

表 3-3　桌面应急演练评估报告表

<table>
<tr><td colspan="4">演练概要</td></tr>
<tr><td>演练时间</td><td></td><td>演练地点</td><td></td></tr>
<tr><td>演练目的</td><td colspan="3"></td></tr>
<tr><td>情景设置</td><td colspan="3"></td></tr>
<tr><td>演练形式</td><td colspan="2">□桌面扮演 □实操演练 □示范演练</td><td>□综合演练 □专项演练</td></tr>
<tr><td>牵头单位</td><td></td><td>参演机构</td><td></td></tr>
<tr><td colspan="4">演练评估</td></tr>
<tr><td>演练评估时间</td><td></td><td>演练评估地点</td><td></td></tr>
<tr><td>评估专家组成员</td><td colspan="3"></td></tr>
<tr><td>评估结论</td><td colspan="3"></td></tr>
<tr><td colspan="4">演练总结及改进措施</td></tr>
<tr><td>演练总结
（主要成效及问题）</td><td colspan="3"></td></tr>
<tr><td>改进措施</td><td colspan="3"></td></tr>
</table>

第四章

化工事故应急桌面演练案例

第一节 化工事故概述

一、化工事故定义

化工生产突发事故是指在化工企业的生产、加工、储存、运输等过程中，由于各种不可预见或难以完全控制的因素，突然发生的、对人员生命健康、财产安全、生态环境等造成或可能造成严重危害或损失的紧急事件。这些事件往往具有突发性、紧急性、破坏性和不确定性等特点，对化工企业的正常运营和社会稳定构成严重威胁。具体来说，化工生产突发事故可能包括但不限于以下几种情况：

1. 火灾与爆炸事故

由于易燃易爆物质的泄漏、静电火花、明火、设备故障或操作失误等原因，导致火灾或爆炸的发生，迅速蔓延并造成人员伤亡、设备损坏和环境污染。例如，2019 年 3 月 21 日，江苏省盐城市响水县某化工有限公司发生特别重大爆炸事故，造成 78 人死亡、76 人重伤，640 人住院治疗，直接经济损失 19.86 亿元。事故的直接原因是：天嘉宜公司旧固废库内长期违法贮存的硝化废料持续积热升温导致自燃，燃烧引发爆炸。

2. 有毒有害物质泄漏事故

在化工生产过程中，有毒有害的液体、气体或固体物质因设备破裂、管道泄漏、操作不当等原因意外释放到环境中，对人员健康、生态环境造成危害。例如，2024 年 5 月 18 日，山西某煤化工有限责任公司的尿素车间液氨缓冲罐气相管线卡具注胶加固过程中，液氨突然泄漏，导致 2 名作业人员及现场 1 名巡检人员中毒晕倒。事故造成 2 人死亡，1 人受伤。事故原因为企业对异常工况处置不当、装置打卡子带“病”运行、隐患未及时消除、作业现场人员管控不到位等突出问题。

3. 化学反应失控事故

在化学反应过程中，由于温度、压力、浓度等参数控制不当，导致反应速度过快、温度过高、压力骤增等异常情况，进而引发爆炸、火灾或有毒物质释放。1999 年 3 月 30 日，湖北省荆州市某化工厂在生产过程中发生爆炸事故，造成 4 人死亡，直接经济损失 45 万元。事故的直接原因是：该企业不清楚原料理化特性，反应釜也未设流量计，不能控制进料速度，造成环氧乙烷进料速度过快，来不及与丙炔醇反应而在釜内积聚，导致釜内压力迅速上升，冲破爆破片，高压气体急剧喷出产生静电引发爆炸。

4. 设备故障事故

化工生产设备在长期运行过程中，由于磨损、腐蚀、老化等原因，出现性能下降、失效或破裂等情况，导致物料泄漏、火灾、爆炸等事故的发生。2024 年 5 月 9 日，湖北省襄阳市某化工有限公司硝化棉煮洗车间煮洗锅底部排水阀内漏导致水位下降，煮洗锅内硝化棉缺水，在高温蒸汽持续加热下，硝化棉剧烈分解发生爆炸。事故造成 3 人死亡。

5. 自然灾害引发的事故

如地震、洪水、雷电等自然灾害对化工企业造成破坏，导致设备损坏、物料泄漏等次生灾害的发生。例如，2008 年四川汶川大地震期间，某有限公司的化工厂遭受严重破坏，数千吨硫黄燃烧，液氨储罐连接的管道发生破裂，内部的液氨全部泄漏，造成了严重的环境污染和人员伤亡。

6. 人为因素导致的事故

包括操作失误、违章作业、安全意识淡薄等人为因素引发的化工生产事故。例如，2011 年 3 月 27 日，安徽省安庆市某化工有限责任公司制造车间 3 号低温氯化釜发生爆炸，同时引发车间局部火灾，造成当班人员 3 人死亡、1 人轻伤。事故的直接原因是：当班操作工误操作，在准备补加二甲基甲酰胺时，误将甲醇高位槽阀门打开，将用于洗釜的高位槽剩余甲醇加入釜内，与釜内物料发生剧烈反应，导致爆炸。

化工生产突发事故的危害性极大，不仅会造成人员伤亡和财产损失，还可能对生态环境造成长期影响。因此，化工企业必须高度重视安全生产工作，加强安全管理，提高员工的安全意识和操作技能，建立健全的应急预案和应急响应机制，以最大程度地预防和减少化工生产突发事故的发生。同时，政府和社会各界也应加强对化工企业的监管和支持，共同推动化工行业的安全发展。

二、化工生产特点

化学工业是指以工业规模对原料进行加工处理，使其发生物理和化学变化而成为生产资料或生活资料的加工业。而化工生产过程是指化学工业的一个具体的生产过程，或者就是一个产品的加工过程。化工生产过程区别于其他生产过程的最明显的特征就是生产过程中发生了化学变化。

化学工业正逐步发展为一个多行业、多品种的生产部门，出现了一大批综合利用资源和规模大型化的化工企业。这些企业就其生产过程来说，同其他工业企业有许多共性，但在涉及产品、生产工艺要求和生产规模等方面又具有自己的特点，具体表现为以下四个方面。

1. 化工生产涉及的危险品多

化工生产使用的原料、半成品和成品种类繁多，且绝大多数是易燃易爆、有毒、有腐蚀性的化学危险品。这对生产中这些原材料、燃料、中间产品和成品的贮存和运输都提出了特殊的要求。

2. 化工生产要求的工艺条件苛刻

有些化学反应需要在高温、高压下进行，有的要在低温、高真空度下进行。如：在由轻柴油裂解制乙烯进而生产聚乙烯的生产过程中，轻柴油在裂解炉中的裂解温度为 800 ℃；裂解气要在深冷（−90 ℃）条件下进行分离；纯度为 99.99％的乙烯气体在 294 kPa 的压力下聚合，制成高压聚乙烯树脂。

3. 生产规模大型化

近几十年来，国际上化工生产普遍采用大型生产装置。采用大型装置可以明显降低单位产品的建设投资和生产成本，有利于提高劳动生产率。因此，世界各国都在积极发展大型化工生产装置。当然，也不是说化工装置越大越好，这里涉及技术经济的综合效益问题。例如，目前新建的乙烯装置和合成氨装置大都稳定在年产量 30 万～45 万吨的规模。

4. 生产方式日趋先进

现代化工企业的生产方式已经从过去的手工操作、间断生产转变为高度自动化、连续化生产；生产设备由敞开式变为密闭式；生产装置由室内走向露天；生产操作由分散控制变为集中控制，同时由人工操作发展为计算机控制，使正常情况下的安全生产有所保障。

三、化工事故特点

1. 火灾、爆炸、中毒事故多且后果严重

我国 30 余年的统计资料说明，化工厂的火灾、爆炸事故死亡人数占因工死亡总人数的 13.8％，居第一位；中毒、窒息事故致死人数占总人数的 12％，居第二位；高空坠落和触电致死人数分别居第三、第四位。很多化工原料的易燃性、反应性和毒性本身就容易导致火灾、爆炸、中毒事故的频繁发生，而且多数化学物品对人体有害。生产中由于设备密封不严，特别是在间歇操作中泄漏的情况很多，容易造成操作人员的急性和慢性中毒。据化工部门统计，因一氧化碳、硫化氢、氮气、氮氧化物、氨、苯、二氧化碳、二氧化硫、光气、氯化钡、氯气、甲烷、氯乙烯、磷、苯酚、砷化物等 16 种物质造成中毒、窒息的死亡人数占中毒死亡总人数的87.9%。而这些物质在一般化工厂中都是常见的。

2022年6月18日，某石油化工股份有限公司化工部1#乙二醇装置环氧乙烷精制塔区域发生爆炸事故，造成1人死亡、1人受伤，直接经济损失971万元。事故直接原因是环氧乙烷精制塔塔釜至再吸收塔的管道夹具处发生断裂，导致工艺水泄漏并引发起火爆炸。

2020年9月14日，山西某能源科技有限公司VOCs处理装置发生有毒气体泄漏中毒事故。事故造成4人死亡、1人受伤。

2. 正常生产时事故发生多

据统计，正常生产活动时发生事故造成死亡的人数占因工死亡总人数的近70%，而非正常生产活动时仅占10%左右。正常生产时之所以事故发生多，主要有以下原因。

① 化工生产中有许多副反应，有些机理尚不完全清楚。有些生产是在危险边缘如爆炸极限附近进行的，如乙烯制环氧乙烷、甲醇氧化制甲醛等，生产条件稍有波动就会发生严重事故。

② 化工工艺中影响各种参数的干扰因素很多，设定的参数很容易发生偏移。参数的偏移是事故的根源之一，即使在启动调节的过程中也会产生失调或失控现象，人工调节更易发生事故。

③ 由于人的素质或人机工程设计欠佳，往往会造成误操作，如看错仪表、开错阀门等，特别是在现代化的大生产中，人是通过控制台进行操作的，发生误操作的机会更多。

3. 设备选材及加工是影响化工事故的重要因素

化工厂的工艺设备一般都是在严酷的生产条件下运行的。腐蚀介质的作用、振动、压力波动造成的疲劳、高低温对材质性质的影响等都是在安全方面应该引起重视的问题。化工设备的破损与应力腐蚀裂纹有很大关系。设备受到制造时的残余应力、运转时的拉伸应力的作用，在有腐蚀的环境中就会产生裂纹并发展长大，在特定的条件下，如压力波动，严寒天气就会发生脆性破裂，造成巨大的灾难性事故。制造化工设备时除了选择正确的材料外，还要用正确的加工方法。以焊接为例，如果焊缝不良或未经过热处理则会使焊区附近的材料性能劣化，容易产生裂纹使设备破损。

4. 化工事故具有集中和多发期

化工生产常遇到事故多发的情况，给生产带来被动。化工装置中的许多关键设备、元件，特别是高负荷的塔、槽、压力容器、反应釜、经常开闭的阀门等，运转一定时间后，常会出现多发故障或集中发生故障的情况，这是由于设备进入了寿命周期的故障频发阶段。对于多发事故必须采取预防对策，加强设备检验，充实备品备件，及时更换使用到期的设备。

2024年5月3日，四川某科技公司五氟碘乙烷合成反应釜发生爆炸，造成3人死亡。经初步调查，事故原因是反应釜搅拌机封处发生泄漏，泄漏的丙三醇与釜内物料发生反应，在处理异常工况过程中添加过量催化剂，通蒸汽升温，釜内四氟乙烯发生暴聚，超温超压引发爆炸。

四、化工事故危害

1. 对人体健康的危害

化工企业生产安全事故的发生，常常会造成有毒化学品的泄漏或释放，而在诸多的危险化学品当中，有许多化学品具有一定的毒性。毒物可通过呼吸道、消化道和皮肤进入人体。在工业生产中，毒物进入人体的主要途径是通过呼吸道和皮肤。

有毒物质对人体健康的危害方式主要是引起中毒。职业中毒按其发病过程分为：急性中毒、慢性中毒和亚急性中毒 3 种。毒物短时间内大量进入人体可引起急性中毒，少量毒物长期进入人体可引起慢性中毒，介于两者之间的称为亚急性中毒。由于接触的毒物不同，中毒后出现的症状也不相同。

除此之外，化学品灼伤也是化工生产中常见的职业性伤害，是化学物质刺激、腐蚀皮肤和黏膜及化学反应放热引起的急性损害，常见的致伤物有溴素、硫酸、盐酸等。某些化学物质在致伤的同时，可经过皮肤、黏膜吸收而引起中毒。

2. 火灾及爆炸危险

近年来，在我国化工系统发生的各类事故中，火灾和爆炸导致的人员死亡数居各类事故之首，此外导致的直接经济损失也相当巨大。如 1992 年北京某化工厂油罐区发生特大火灾爆炸，在较短的时间内，整个罐区一片火海，死亡 9 人，伤 37 人，直接经济损失 1.17 亿元。因此，火灾与爆炸是许多危险化学品具有的特性。

火灾与爆炸都会造成生产设施的重大破坏和人员伤亡，但两者的发展过程明显不同。火灾是在起火后，火场逐渐蔓延扩大，随着时间的延续，损失数量迅速增长。而爆炸则是猝不及防，可能仅在 1 秒钟内爆炸过程已经结束。设备损坏、厂房倒塌、人员伤亡也将在瞬间发生。

爆炸通常伴随发热、发光、压力上升、真空和电离现象，具有很大的破坏作用，它与爆炸物的数量和性质、爆炸的条件以及爆炸位置等因素有关，爆炸发生后也很容易引起火灾。

3. 环境污染危害

在危险化学品的生产、使用过程中，由于操作失误或处理不当等因素，不仅会损害人类健康，而且还会对生态环境造成污染。有毒有害的化学品，主要通过以下途径进入生态环境：

① 在化学品的生产和使用过程中，作为化学污染物以废水、废气和废渣的形式排放到环境中。

② 在化学品的生产和使用过程中，由于操作失误或发生突发性事故，致使大量有毒有害物质外泄进入环境中。

2020年9月14日，甘肃省张掖市高台县盐池工业园区的某化工科技有限公司污水处理厂发生硫化氢气体中毒事故，造成3人死亡，直接经济损失450万元。事故原因是当班人员违反操作规程，将盐酸快速加入含有大量硫化物的废水池内进行中和，导致大量硫化氢气体短时间内快速溢出。当班人员在未穿戴安全防护用品的情况下冒险进入危险场所，吸入高浓度的硫化氢等有毒混合气体，导致中毒。此次事故不仅造成了人员伤亡，还因违规操作导致大量有毒气体在短时间内释放到环境中，对周边空气质量和生态环境造成了严重影响。

进入环境中的有毒有害物质，会对生态环境造成严重危害或潜在危害。因此，由于化工企业生产及生产安全事故所释放的有毒有害化学品对人类生态环境产生的危险，是我国环境保护工作中亟待解决的重要问题。

第二节　化工事故应急响应流程

化工类突发事故应急要素主要包括以下几个方面，这些要素是确保在化工事故发生时能够迅速、有效地进行应急处置的关键。

一、应急准备

1. 风险评估

① 系统性评估。企业应定期进行全面的风险评估，涵盖所有生产、储存、运输等环节，识别出可能引发事故的危险源，如易燃易爆物质、有毒有害化学品等。

② 定量分析。利用科学的方法和工具(如HAZOP、LOPA等)对识别出的危险源进行风险等级评估，确定其可能导致的后果和发生的概率。

③ 风险缓解措施。基于风险评估结果，制定并实施风险降低和控制措施，如改进工艺流程、加强设备维护、提高人员培训等。

2. 预案管理

① 预案编制。根据企业实际情况和风险评估结果，编制详细的应急预案，包括应急组织机构、职责分工、响应程序、处置措施等内容。

② 预案培训。定期对员工进行应急预案的培训和演练，确保每位员工都熟悉应急流程，能够在紧急情况下迅速做出反应。

③ 预案修订。根据演练结果和实际情况的变化，及时对预案进行修订和完善，确保其针对性和可操作性。

3. 装备设施

① 个人防护装备。确保每位员工都配备有合适的个人防护装备，如防护服、呼吸器、

防毒面具、安全鞋等，以在事故发生时保护自身安全。

② 救援器材。配备必要的救援器材，如消防器材、泄漏控制设备、急救包等，以便在事故发生时进行及时有效的救援。

③ 通讯设备。确保应急通讯设备的畅通无阻，包括有线电话、无线对讲机、手机等，以便在紧急情况下及时传递信息。

4. 救援队伍建设

① 内部救援队伍。组建专业的内部应急救援队伍，成员应具备相应的专业技能和救援经验，能够迅速响应并处理各类突发事故。

② 外部专业救援队伍。与当地的消防、医疗、环保等专业救援队伍建立紧密的合作关系，确保在发生重大事故时能够得到及时有效的外部支援。

二、应急响应

1. 接警与报告

① 接警程序。建立明确的接警程序，确保在接到事故报告后能够迅速启动应急预案。

② 报告内容。报告内容应详细准确，包括事故发生的单位、时间、地点、危险化学品种类、事故规模、人员伤亡情况等信息。

③ 报告对象。及时向上级主管部门和当地应急管理部门报告，并根据需要向周边社区和单位通报情况。

2. 隔离与警戒

① 警戒区设置。根据事故现场的危险化学品特性和扩散情况，合理设置警戒区，并在通往事故现场的主要干道上实行交通管制。

② 警示标志。在警戒区域的边界设置明显的警示标志和警示灯，以提醒过往人员和车辆注意避让。

③ 人员疏散。迅速将警戒区及污染区内与事故应急处理无关的人员撤离至安全区域，并安排专人进行引导和监护。

3. 人员疏散

① 疏散路线。提前规划好紧急疏散路线，确保在事故发生时人员能够迅速、有序地撤离到安全区域。

② 防护措施。根据危险化学品的特性，为疏散人员提供必要的防护措施，如佩戴防护口罩、湿毛巾等。

③ 特殊人群照顾。特别关注老人、儿童、孕妇等特殊人群的疏散需求，确保他们得到及时的照顾和安置。

4. 现场控制

① 泄漏源控制。对于泄漏事故，应迅速切断泄漏源，防止泄漏物进一步扩散。如果

无法切断泄漏源,则应采取其他有效措施进行隔离和控制。

② 火源控制。在火灾事故中,应迅速查明火源位置并切断火源供应,防止火势蔓延。同时,使用合适的灭火器材进行灭火作业。

③ 环境监测。对事故现场及周边环境进行实时监测,了解污染物的扩散情况和浓度变化,为后续的处置工作提供依据。

三、应急处置

1. 泄漏处理

在化工事故中,泄漏是常见的紧急情况之一,对泄漏的有效处理对于防止事故扩大、减少环境污染和人员伤亡至关重要。

(1) 初步评估

首先,应急人员需要迅速评估泄漏的规模、泄漏物质的性质(如易燃、易爆、有毒等)以及泄漏源的位置和状态。

(2) 个人防护

根据泄漏物质的危险性,确保所有参与泄漏处理的人员都穿戴适当的个人防护装备,如防护服、呼吸器、防毒面具、化学防护手套等。

(3) 泄漏源控制

① 切断泄漏源。如果可能,迅速关闭导致泄漏的阀门、泵或其他设备,以切断泄漏源。

② 隔离泄漏区域。使用围堰、沙袋或其他物理屏障将泄漏区域隔离起来,防止泄漏物扩散到更大的区域。

(4) 泄漏物处理

① 收集与收容。使用吸收垫、吸附剂等材料收集泄漏的液体或固体物质,或使用围堰、集水池等设施收容泄漏物。

② 中和与稀释。对于某些具有腐蚀性或反应性的泄漏物,可使用中和剂进行中和处理,或用水等稀释剂进行稀释,以降低其危害性。

③ 安全转移。在确保安全的前提下,将收集到的泄漏物转移至安全的储存容器或设施中,以便后续处理或处置。

(5) 环境监测

对泄漏区域及周边环境进行实时监测,包括空气、水体和土壤中的污染物浓度,以评估泄漏对环境的影响,并采取必要的措施减少环境污染。

2. 灭火救援

在化工火灾中,灭火救援是保护人员安全、减少财产损失和防止事故扩大的关键措施。

(1) 火情侦察

应急人员到达现场后,首先进行火情侦察,了解火灾的规模、火势蔓延的方向、火源的位置以及周围环境和设施的情况。

(2) 灭火方法选择

① 根据火灾物质的性质选择合适的灭火方法。例如,对于油类火灾,可使用泡沫灭火剂;对于气体火灾,可使用干粉灭火剂;对于固体物质火灾,可使用水或泡沫灭火剂等。

② 注意避免使用可能加剧火势或产生有毒气体的灭火方法。

(3) 火势控制

① 使用消防器材(如水枪、泡沫枪、干粉灭火器等)对火源进行直接喷射,控制火势蔓延。

② 冷却周围设备和容器,防止因热传导或热辐射引发新的火源或爆炸。

③ 设立水幕或泡沫幕等屏障,隔离火源与周围易燃物质。

(4) 人员疏散与救援

① 确保火场内的所有人员都已被疏散至安全区域。

② 对受伤人员进行及时救治,并将其转移至安全地带进行进一步治疗。

③ 注意保护救援人员的安全,避免他们因接触有毒烟雾、高温等危险因素而受伤。

(5) 火后处理

① 火灾扑灭后,应对现场进行彻底清理和检查,确保没有残留的火灾隐患。

② 对受损的设备和设施进行修复或更换,恢复生产或运营的正常秩序。

③ 对事故原因进行调查和分析,总结经验教训,完善应急预案和应急准备工作。

3. 医疗救护

化工类突发事故应急处置中的医疗救护是一个至关重要的环节,它直接关系到受伤人员的生命安全和健康恢复。

(1) 初步评估与现场安全

① 评估伤情。医疗救护人员到达现场后,首先要对受伤人员进行初步评估,判断其伤情严重程度和需要的紧急处理措施。

② 确保现场安全。在进行医疗救护之前,必须确保现场安全,防止救护人员受到二次伤害。如果现场存在有毒气体、易燃易爆物质等危险因素,应采取相应的防护措施。

(2) 个人防护

医疗救护人员在进行救护时,必须穿戴适当的个人防护装备,如防护服、呼吸器、防毒面具、化学防护手套等,以防止接触有毒有害物质而受到伤害。

(3) 紧急处理措施

① 脱离危险环境。将受伤人员迅速从危险环境中转移到安全地带,避免继续受到有害物质的侵害。

② 保持呼吸道通畅。对于神志不清或呼吸困难的伤员,应置其于侧卧位,防止气道梗阻,必要时给予氧气吸入。

③ 心肺复苏。对于呼吸停止或心脏骤停的伤员，应立即进行心肺复苏术，包括人工呼吸和胸外心脏按压。

④ 去除污染衣物。对于皮肤或眼睛受到化学污染的伤员，应迅速脱去污染的衣物，用大量流动清水冲洗受伤部位。

⑤ 处理特殊伤害：

a. 化学灼伤。根据灼伤物质的性质选择合适的处理方法，如使用中和剂、稀释剂等。

b. 冻伤。采用 40～42 ℃恒温热水浸泡复温，注意轻柔按摩，避免擦破皮肤。

c. 烧伤。迅速脱去伤员衣物，用水冲洗降温，再用清洁布覆盖创伤面，避免创面污染。

d. 口服中毒。根据物料性质进行洗胃或服用催吐剂，如肥皂水、芥末水等。

(4) 转运与后续治疗

① 稳定伤情。在转运过程中，要确保伤员的生命体征稳定，采取必要的急救措施以维持其生命体征。

② 快速转运。使用救护车等交通工具将伤员迅速转运至具备救治条件的医疗机构进行进一步治疗。

③ 交接病情。在转运过程中，医疗救护人员应与接收医院保持密切联系，详细交接伤员的病情和已采取的急救措施。

(5) 后续监测与康复

① 病情监测。伤员到达医院后，应继续对其进行病情监测，包括生命体征、肝肾功能等指标的检测。

② 康复治疗。根据伤员的伤情和恢复情况，制定个性化的康复治疗方案，包括物理治疗、药物治疗、心理治疗等。

(6) 总结与反馈

① 总结经验。每次化工类突发事故应急处置后，应及时总结经验教训，完善应急预案和医疗救护流程。

② 反馈信息。将事故处理情况和医疗救护效果及时反馈给相关部门和人员，以便今后更好地开展应急处置工作。

四、应急恢复

1. 现场清理

① 事故处理完毕后，应对现场进行彻底清理，消除安全隐患。

② 清理过程中应注意防止二次污染和次生灾害的发生。

2. 总结评估

① 对事故应急处置过程进行总结评估，分析存在的问题和不足。

② 根据评估结果完善应急预案和应急准备工作，提高应对化工事故的能力。

第三节 桌面应急演练

一、资料准备

本次桌面应急演练事故背景选取为××市××区化工园区的×××公司液氨储罐004A出口阀门泄漏。根据事故性质特点并参考多篇化工类突发事故应急预案，进行演练设计。本次参考的应急预案包括：

①《××市安全生产事故灾难应急预案》；

②《××区突发事件总体应急预案》；

③《××区(化工区)危险化学品安全生产事故应急预案》；

④《××市化工安全生产事故应急预案》(附件1)；

在充分参考应急预案后，分析液氨泄漏事故特点，进行人员角色分配，分配结果如下：

角色1——化工园区应急中心

角色2——区应急管理局

角色3——区政府

角色4——市应急管理局

角色5——现场指挥长(市应急管理局局长)

角色6——总指挥长(市政府分管副市长)

角色7——省应急管理厅

角色8——市公安局

角色9——市消防救援支队

角色10——市卫健委

角色11——市生态环境局

角色12——市气象局

角色13——专家

角色14——事故救援组

角色15——警戒疏散组

角色16——主持人

角色17——新闻发言人

角色18——记者

角色19——善后工作组

角色20——环境监测组

本次演练目的主要包括：

① 提高应急反应速度：通过模拟化工事故场景，使应急队伍在实战环境中迅速响应，缩短从事故发生到应急处置启动的时间，减少事故造成的损失。

② 增强应急处置能力：演练可以检验和提升应急队伍在事故现场的组织协调、指挥调度、救援抢险等能力，确保在真实事故发生时能够迅速、有效地开展应急处置工作。

③ 提升员工安全意识：通过参与应急演练，员工可以更加直观地了解化工事故的危害性和应急处理的重要性，增强自我保护和防范意识，提高在紧急情况下的自救互救能力。

④ 检验和完善应急预案：应急演练是对应急预案的一次实战检验，可以发现预案中存在的不足和缺陷，及时进行修订和完善，提高预案的针对性和可操作性。

⑤ 强化部门间协作：化工事故应急处置需要多个部门的协同作战，演练可以加强各部门之间的沟通和协作，提高整体应急反应能力和协同作战水平。

⑥ 提高救援装备和物资的使用效率：通过演练，可以熟悉和掌握各种救援装备和物资的使用方法，提高在紧急情况下的使用效率，确保救援工作的顺利进行。

二、场景设计

××××年×月×日×时×分，位于××市××区化工园区的×××公司储罐区共有 400 m^3 液氨球罐 2 座，100 m^3 液氨卧罐 3 座，18 m^3 液氨缓冲罐 3 座，现场液氨储存量 350 t。事故发生储罐为罐区东侧 100 m^3 卧罐(004A)，004A 罐出口阀门泄漏，企业在堵漏处置过程中，爆炸性气体混合物遇火源发生爆炸，并导致相邻的 2 座液氨储罐 003A、005A 泄漏燃烧，事故造成 3 人死亡、4 人受伤。火势顺风势蔓延到下风区 400 m^3 液氨球罐附近。如图 4-1 所示。

图 4-1 液氨泄漏起火事故图

企业迅速启动应急响应，组织应急救援力量开展先期处置，同时向化工园区应急管理处、特勤消防队等部门报告事故情况（图 4-2）。

图 4-2　应急响应会议

化工园区应急管理处接报后迅速赶往现场，并调度园区特勤消防队、国家危化品应急救援××基地、××石化救援队、××市危化品应急救援基地等专业应急救援力量前往现场开展应急处置。

三、演练流程

根据化工类突发事故应急响应流程及事故应急预案可知，演练流程大致可分为事故上报及应急响应、会议协商、应急处置、灾后恢复等。

1. 事故上报及响应启动

(1)（演练模块一）化工园区应急中心上报××区应急管理局

化工园区应急中心：××区应急局，这里是化工园区应急中心。上午×时×分，园区内××××发生一起液氨泄漏爆炸事故，造成 3 人死亡、4 人受伤。目前，园区应急处已赶赴现场，并调度园区特勤消防队、国家危化品应急救援××基地、××石化救援队、市危化品应急救援基地等专业力量前往现场开展应急处置。现场火势较大，救援力量不足，请求支援。

区应急管理局：收到，请你们立即指导企业划定警戒区域，在确保安全的情况下抢救现场受伤人员。同时，组织现场救援力量制定应急处置方案，科学组织救援，及时上报信息。我们马上向区政府和市应急局报告。

化工园区应急中心：收到。

(2)（演练模块二）××区应急管理局上报××区人民政府

区应急管理局：报告区政府，这里是××区应急局。上午×时×分我区化工园区内××××发生一起液氨泄漏爆炸事故，造成3人死亡、4人受伤。目前化工园区已组织应急救援力量前往救援。按照××区危化品事故应急预案，现申请启动一级应急响应。

区政府：收到，同意立即启动一级应急响应。请立即按照应急预案有关规定，调度相关力量前往救援。

区应急管理局：收到。

(3)（演练模块三）××区应急管理局上报××市应急管理局

区应急管理局：报告市应急局，这里是××区应急局。今天上午×时×分，我区化工园区内××××发生液氨泄漏爆炸事故，造成3人死亡、4人受伤。我区已启动一级应急响应，调度力量开展应急处置工作。现场有火势扩大的趋势，请求支援。

市应急管理局：收到，请立即按照区级预案科学组织开展应急救援。我局将立即上报信息，并启动市级应急响应。

区应急管理局：收到。

(4)（演练模块四）××市应急管理局上报××市人民政府

市应急管理局局长：报告×市长，上午×时×分，我市××区化工园区内××××发生液氨泄漏爆炸事故，造成3人死亡、4人受伤。××区已启动一级应急响应，组织开展先期应急处置。目前，我正带队赶往现场。按照××市危化品生产安全事故应急预案规定，申请启动市级三级应急响应。

市政府分管副市长：同意。立即启动市级三级应急响应。请按照规定立即组织成立市级应急指挥部，调度相关力量开展应急处置，到达现场后及时汇报现场情况。

(5)（演练模块五）××市应急管理局上报湖北省应急管理厅

市应急管理局：报告省应急厅，上午×时×分，××市××区化工园区内××××发生液氨泄漏爆炸事故，造成3人死亡、4人受伤。目前，我市已启动市级危化品生产安全事故三级应急响应，并调度相关力量前往现场处置。特此报告。

省应急管理厅：收到，请立即科学组织救援，采取措施控制事态，及时续报事故情况。

市应急管理局：收到。

2. 会商研判

按照《××市危险化学品生产安全事故应急预案》规定和市领导批示要求，市应急管理局立即组织成立市应急指挥部，通知各相关部门负责人和专家到达指挥部，与事故现场进行视频连线，开展会商研判。

(1)(演练模块一)市应急管理局组织成立市应急指挥部

市政府分管副市长：同志们，今天上午×时×分，××区化工园区内××××发生液氨泄漏爆炸事故，造成3人死亡、4人受伤。目前，已启动市级危化品生产安全事故三级应急响应。本次事故处置由我担任总指挥长，市应急局局长担任现场指挥长，各相关部门和××区政府依据职责，迅速调度力量前往现场开展应急处置。现在，请现场指挥部和各部门汇报当前救援进展情况。

(2)(演练模块二)各部门汇报情况

现场指挥长(市应急管理局局长)：报告总指挥长，经初步核实，事故发生地点为××××液氨储罐区，罐区共有400 m^3 液氨球罐2座，100 m^3 液氨卧罐3座，18 m^3 液氨缓冲罐3座，现场液氨储存量350 t。事故发生储罐为罐区东侧100 m^3 卧罐，爆炸导致邻近的2座100 m^3 卧罐泄漏着火，并顺风势蔓延到下风区400 m^3 液氨球罐附近。目前，企业已紧急停产，现场已划定警戒区域，企业无关人员已疏散，相关救援力量正在采取喷淋方式对相邻储罐进行降温保护，专家和相关部门正在抓紧制定应急处置方案。报告完毕。

市公安局：报告总指挥长，市公安局接到事故报告后，立即就近调集××区公安分局和交警大队共70人赶赴现场，开展现场警戒和人员疏散。同时，已在通往事故企业的主要道路上布置警力，实行交通管制，协助消防、医务人员等救援人员和救援物资快速抵达事故现场。报告完毕。

市消防救援支队：报告总指挥长，市消防支队接到事故报告后，立即调集泵浦消防车10辆、泡沫消防车5辆，消防人员75名赶赴现场，目前已到达事故现场，全力开展应急处置。同时，我局正在集结第二批消防队伍，并调集消防泡沫等应急物资前往事故现场。报告完毕。

市卫健委：报告总指挥长，市卫健委接到事故报告后，立即调集××总医院、××二医院等医疗机构共30名医务人员、10辆救护车前往事故现场救治伤员。同时，已协调××医院等医疗机构做好收治重伤和中毒人员准备。报告完毕。

市生态环境局：报告总指挥长，市生态环境局接到事故报告后，立即调派市生态环境局××分局前往事故现场开展环境监测。同时，市局分管负责人已带队前往事故现场指导环境监测和处置相关工作。报告完毕。

市气象局：报告总指挥长，市气象局接到报告后，立即调派力量做好气象监测预报工作。12:00～15:00，××区化工园区天气：阴天有小雨，气温17～19℃，湿度52%,偏西风3级转偏北风3到4级。报告完毕。

专家:报告总指挥长,液氨属于重点监管危化品,具有燃烧、爆炸、有毒等危险性,与空气混合能形成爆炸性混合物,吸入可引起中毒性肺水肿。建议现场救援人员穿全身防火防毒服,在上风向使用雾状水、抗溶性泡沫灭火。在确保安全的情况下对泄漏部位尽可能采取措施堵漏,在堵漏成功前,不允许熄灭泄漏处的火焰,防止形成爆炸性气体。对周边储罐采取喷水冷却容器的方式,防止事态扩大。同时,建议计算影响范围,疏散周边居民。报告完毕。

(3)(演练模块三)市应急指挥部决策部署

总指挥长(市政府分管副市长):同志们,刚才,现场指挥部和各相关部门汇报了事故现场情况。从目前掌握的信息来看,形势较为严峻,一旦控制不力,极有可能导致事态扩大。请各单位迅速行动,立即组织科学有序处置。市指挥部负责应急救援的统筹协调和资源调配,全力支持开展应急救援工作;现场指挥部立即组织成立现场处置专项工作组,统筹做好现场应急救援工作,确保科学施救,防止事态扩大;各相关部门立即调集应急救援力量和后勤保障力量,随时出动。

3. 应急处置

由于火势持续蔓延,液氨大量泄漏,事态进一步扩大。

(1)(演练模块一)成立现场专项工作组

现场指挥长(市应急管理局局长):同志们,根据初步侦测和研判,本次事故形势较为严峻。按照总指挥长要求,为进一步做好现场应急处置工作,成立如下现场专项工作组:

一是综合协调组。由市应急局牵头,市经信局、公安局等部门和××区政府参加,负责组织协调各工作组开展应急救援工作。

二是事故救援组。由市应急局、市消防支队牵头,××区政府、专业救援队伍、企业和相关专家参加,负责制定现场处置方案并组织实施现场救援。

三是医疗救护组。由市卫健委牵头,××区政府参加。负责根据受伤或中毒的症状,及时提出救治方案并组织实施。

四是警戒疏散组。由市公安局牵头,市交通局和××区政府参加,负责人员的紧急疏散撤离、事故现场保护警戒,开展交通管制和疏导。

五是资源保障组。由××区政府牵头,市经信局、市交通局等部门参加。负责协调抢险救援物资,做好现场电力和通信保障,组织调集、征用救援车辆、设备。

六是环境监测组。由市生态环境局牵头，××区政府参加，负责对事故现场及周边大气、水体、土壤等进行环境实时监测，对事故造成的环境影响进行评估。

七是新闻宣传组。由市委宣传部牵头，市委网信办、市应急局和××区政府参加，负责统筹协调媒体的现场管理，做好事故舆论引导工作。

八是善后工作组。由××区政府牵头，市民政局、市财政局等部门参加，负责做好受灾群众安置、遇难者遗体处置、遇难和受灾人员经济补偿等善后工作。

请各工作组各负其责，及时汇报工作情况。

---

(2)（演练模块二）现场处置情况研判

事故救援组：报告现场指挥长，目前，事故救援组已组织专家制定了现场处置方案，事故核心区人员已经全部撤出，正在集中力量控制火势蔓延，并做好相邻储罐冷却保护。专家采用危险气体影响范围扩散模型软件，依据现场泄漏情况以及气象条件，模拟计算了警戒和疏散范围。根据模拟计算结果，建议组织周边 2 km 范围内居民撤离。报告完毕。

现场指挥长（市应急管理局局长）：收到，请按照现场处置方案继续组织开展应急处置，其他情况立即上报。

---

(3)（演练模块三）现场指挥部上报信息

现场指挥长（市应急管理局局长）：报告总指挥长，经现场侦测和专家研判计算，液氨泄漏有扩大趋势，根据危险气体扩散模型模拟计算结果，泄漏气体影响周边 2 km 范围内居民安全，建议组织居民撤离。报告完毕。

总指挥长（市政府分管副市长）：同意，请迅速组织人员撤离，确保安全稳定。同时，在确保救援人员安全的前提下，按照既定方案开展应急处置，有情况及时报告。

现场指挥长（市应急管理局局长）：收到。

---

(4)（演练模块四）组织居民紧急撤离

现场指挥长（市应急管理局局长）：总指挥长已下达撤离周边居民的指令，请警戒疏散组牵头，资源保障组和其他组配合，会同属地街道迅速组织 2 km 范围内居民转移至最近应急避难所，并做好居民安置工作。

警戒疏散组：收到，距离事故现场最近的应急避难点为××村小学，我们将通过社区广播和上门方式，通知并引导 2 km 范围内的居民紧急撤离，做好居民的临时安置工作。

现场指挥长（市应急管理局局长）：同意，立即执行。

4. 新闻发布

事故发生后，社会各界对××××液氨泄漏爆炸事故高度关注，事件发酵后网络产生大量不实信息。市应急指挥部决定召开新闻发布会，通报事故伤亡和应急救援进展情况，并对部分不实信息予以澄清说明。

(1)（演练模块一）通报事故有关情况

主持人：各位记者朋友，大家下午好！现在开始××××液氨泄漏爆炸事故新闻发布会。我们邀请了市应急管理局副局长、市消防救援支队副支队长、××区副区长就××××液氨泄漏爆炸事故情况进行通报，并回答记者提问。

现在通报事故伤亡和应急救援进展情况。

新闻发言人：××××年×月×日×时×分，位于××市××区化工园区的××××液氨储罐出口阀门泄漏，企业在堵漏处置过程中，爆炸性气体混合物遇不明火源发生爆炸，并造成相邻的液氨储罐泄漏燃烧。截至目前，事故导致3人遇难、4人受伤。对这一事故的发生，我们感到十分悲痛，对遇难者及其家属表示深切哀悼。

事故发生后，市委、市政府主要负责同志高度重视，要求千方百计开展搜救工作，全力救治受伤人员，妥善做好安抚善后等工作；科学组织施救，加强监测预警，防止发生次生灾害；尽快查明事故原因，依法依规追究事故责任，并举一反三，杜绝管理漏洞。

接到事故报告后，××市、××区迅速组织各方力量赶赴现场开展应急处置工作，××市成立由分管副市长任总指挥长的应急指挥部，组织开展现场堵漏、灭火、搜救、伤员救治、群众疏散、家属安抚等工作。目前，现场火势初步得到控制，受伤人员已妥善安排救治，周边居民已有序疏散，正在对事故现场及周边开展实时环境监测。

通报完毕。

(2)（演练模块二）回答记者提问

记者：我是××日报记者，网民康某某在微博发布了"××××公司液氨泄漏爆炸事故已经造成50名群众死亡、38名群众重伤、6名救援人员死亡，总计死亡人数56人"等信息。请问这个信息是真实的吗？

新闻发言人：上述消息不属实。截至目前，事故导致3人遇难，4人受伤。伤者已转移至××总医院紧急救治，生命体征正常，无生命危险。暂未收到其他人员伤亡情况的报告。请大家关注官方消息，不信谣不传谣。

记者：我是××都市报记者，液氨泄漏和燃烧的物质对人体会造成严重的伤害吗？

新闻发言人：液氨是一种无色液体，有强烈刺激性气味，易溶于水，有腐蚀性且容易挥发。轻度吸入会有咽灼痛、咳嗽、咳痰或咯血、胸闷和胸骨后疼痛等；急性吸入呼吸道会造成黏膜刺激和灼伤。目前，我们已经根据计算结果，对可能影响范围内的居民进行疏散。

记者：我是××电视台记者，有网民在微信发布信息"本次××××公司液氨泄漏爆炸事故系作业现场操作人员吸烟引发"，请问事故是因吸烟引起的吗？

新闻发言人：目前，我们正在全力开展应急救援处置工作。后续我们将依法成立事故调查组，全面深入调查事故原因和责任，对违法违规和失职失责人员将依法依规追究责任，绝不姑息。具体事故原因请关注后续的官方发布信息。

主持人：后续情况我们将及时向社会发布，谢谢各位媒体朋友，今天的发布会到此结束。

5. 后期处置

经过现场人员和增援力量的抢险救援，现场明火已扑灭，液氨泄漏点已封堵，事故废水已收集进入企业事故池，未造成次生灾害。在医疗救护人员的救助下，受伤人员已得到有效救治，无生命危险。

(1) (演练模块一)现场指挥部上报市应急指挥部

现场指挥长(市应急管理局局长)：报告总指挥长，事故现场明火已扑灭，液氨泄漏点堵漏成功；伤员已得到有效救治，周边居民撤离完毕，事故废水已收集进入企业事故池，未造成次生灾害，现场救援工作已完成。报告完毕。

总指挥长(市人民政府分管副市长)：收到，请安排专业力量负责现场备勤值守，同步开展清理现场、善后等工作，并将现场情况及时反馈给新闻宣传组。

现场指挥长(市应急管理局局长)：收到，我们立即组织事故救援组安排专业力量现场备勤值守，善后工作组及时做好善后处置，警戒疏散组继续维持现场治安和交通疏导，环境监测组继续对现场环境进行持续监测。

总指挥长(市人民政府分管副市长)：同意，立即执行。

(2) (演练模块二)现场指挥长部署善后处置工作

现场指挥长(市应急管理局局长)：请事故救援组安排消防专业力量现场备勤值守，确保一旦有突发情况第一时间处置并汇报。

事故救援组：收到，我们已安排园区特勤消防队 2 辆消防车、10 名消防队员现场值守，并安排 1 名专家留守指导。

现场指挥长(市应急管理局局长)：请善后工作组做好受灾群众安置、遇难者遗体处置、遇难和受灾人员经济补偿等善后工作。同时，做好遇难者家属安抚工作，避免引发群体性事件。

善后工作组：收到，善后处置工作正在有序进行，我们将重点加强转移群众的临时安置工作，确保群众生活有序，在解除警戒后及时有序安排居民返家。

现场指挥长（市应急管理局局长）：请环境监测组对事发现场和周边区域开展污水废水收集处理、环境监测等工作。

环境监测组：收到，我们已经在事故点周边设置监测点，目前，事故周边空气质量已无明显异常。我们立即组织指导企业开展事故废水处置等工作。

现场指挥长（市应急管理局局长）：请市应急局牵头成立事故调查组，依法查清事故原因、分清事故责任、提出整改建议。

市应急管理局：收到，我们马上牵头组织成立事故调查组，依法依规开展事故调查工作。

（3）（演练模块三）应急响应结束

现场指挥长（市应急管理局局长）：报告总指挥长，截至目前，××××事故现场液氨泄漏点已堵漏成功，明火已扑灭，事故废水已收集进入企业事故池。经事发点周边设置的环境监测点监测，事故周边空气质量无明显异常。受灾群众已转移至附近设置的群众安置场所，设置了救济物资供应站保障受灾群众的基本生活，事故善后工作已妥善安排，请求结束三级响应。报告完毕。

总指挥长（市政府分管副市长）：收到，同意结束三级响应，继续组织做好善后处置和事故调查等工作。

（4）（演练模块四）××市应急管理局上报湖北省应急管理厅

市应急管理局：报告省应急厅，我市××××液氨泄漏爆炸事故现场处置已完成，善后处置工作正有序进行，按照程序，我市已结束市级危化品三级应急响应。特此报告。

省应急管理厅：收到。

第四节　桌面应急演练评估

一、评估方法

本次演练采取定性与定量评估相结合，参演人员反思与评估员观察相结合，评估员事中打分和事后召开评估会议相结合的方式进行。

其中,定量评估选取定量评分法。为了便于应急演练评估操作,本次评估选用五分制。取高 5 分,最低 1 分,评估表如表 4-1 所示。

表 4-1 演练组织评估表(定量评分法)

序号	评估内容	评估结果				
		5 分	4 分	3 分	2 分	1 分
1						
2						
3						
4						
……						
合计						

应急演练结束后,评估组会对评估表进行定量统计分析,与所有参演者在现场对演练过程中的优劣之处进行反思,实现评估意见与定量分析相结合,为撰写评估报告和提出改进措施提供依据。

定量评分法选取的评价指标共 8 项,分别为:

① 会议组织有效;

② 决策符合职责且迅速;

③ 分析问题全面准确;

④ 决策内容具体合适;

⑤ 小组内各成员有效配合;

⑥ 媒体应对的有效性;

⑦ 就媒体应对做出合适的决策;

⑧ 有效回答记者提问。

其中,①~⑤ 项为通用评估项,用于评估各小组在先期响应和全面处置阶段的行动表现;⑥ ~⑧ 项为特定评估项,用于评估新闻宣传组及新闻发言人团队在新闻发布阶段的表现。

演练主要判定指标算法为:

某一阶段得分=该阶段指标项得分总和/指标数量

各小组得分=各阶段适用指标总得分/评估指标数量

某一阶段指标项得分=该阶段各小组指标项得分/小组数量

演练总体得分=各阶段得分之和/3

分值等级划分:

① 得分≥4.5 分，优秀；
② 4 分≤得分<4.5 分，良好；
③ 3.5 分≤得分<4 分，中等；
④ 3 分≤得分<3.5 分，合格；
⑤ 得分<3 分，不合格。

二、评估分析

定量评估法需要先将评估表汇总。然后根据每个评估员的打分情况，利用上述的判定指标算法进行计算。

1. 各阶段得分

以“先期响应”阶段为例，评估员 1 号的打分情况如表 4-2 所示。

表 4-2　“先期响应”阶段评估员 1 号打分情况表

序号	评估内容	评估结果				
		5 分	4 分	3 分	2 分	1 分
1	会议组织有效			√		
2	决策符合职责且迅速		√			
3	分析问题全面准确	√				
4	决策内容具体合适	√				
5	小组内各成员有效配合		√			
总和		21				

换算为五分制为 21/5＝4.2 分。则针对“先期响应”阶段，评估员 1 号打分为 4.2 分。按照同样的方法算出评估组内所有人员的打分情况，求取平均数，则为“先期响应”阶段得分。

根据本次应急演练评估情况，最终求得事故三个阶段“先期响应”“全面处置”“善后应对”的得分分别为：

先期响应阶段得分＝4.225 分，良好；

全面处置阶段得分＝4.175 分，良好；

善后应对阶段得分＝3.875 分，中等；

通过图 4-3 可知，在应急演练的三个阶段中，“先期响应”和“全面处置”阶段总体评估良好。而“善后应对”阶段得分较低，说明演练过程中，该阶段演练总体表现还有待进一步完善。

本次演练总体得分＝各阶段得分之和/3≈4.1 分，良好。说明本次演练总体进展顺利。

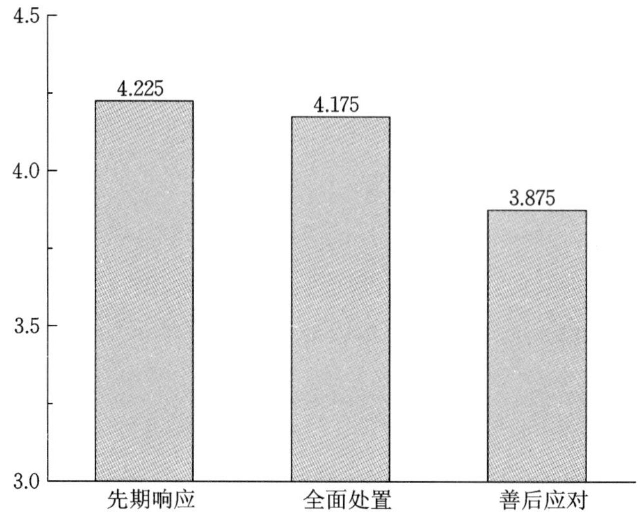

图 4-3 各阶段得分

2. 各小组得分

根据本次应急演练的实际打分情况，依据判定指标算法计算出各小组得分并作图。如图 4-4 所示。

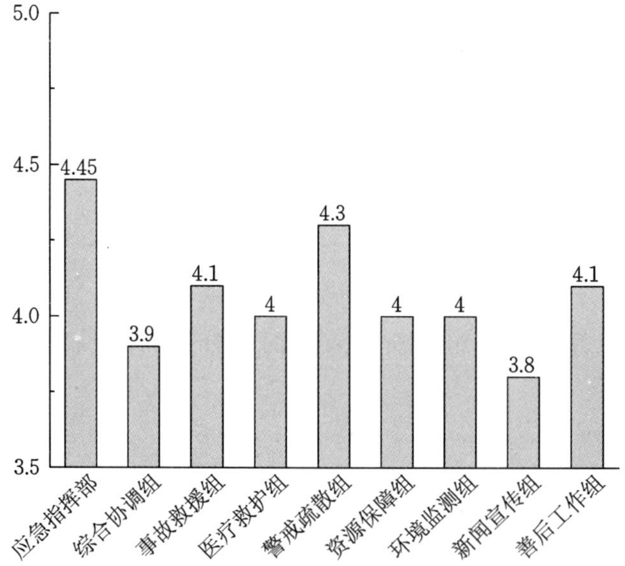

图 4-4 各小组得分

根据图 4-4 可知，有 7 个小组获得“良好”指标，2 个小组获得“中等”指标。说明在演练过程中，部分小组工作完成情况良好，在演练过程中均展现出较高的综合素质和分析能力；相关方分析较为全面、具体，能够主动预测事态发展；在决策过程中能够群策群力，充分发挥小组集体智慧，达成统一意见。

但是部分小组如综合协调组、新闻宣传组等角色转换时间较长。这一定程度上反映了上述小组在日常工作中对应急工作重要性的认识和工作内容了解不足。面对具体问题，这些小组的分析、决策和建议往往停留在基本要点上，缺乏有价值、有深度、专业性强的应对措施和对下属企业的有效指导，凸显应急处置的“短板”。

3. 各指标项得分

根据演练打分情况计算并作图。如图 4-5、图 4-6 所示。

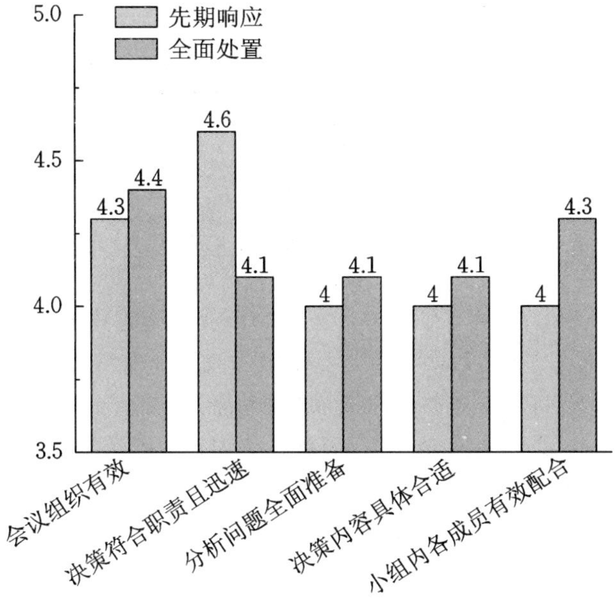

图 4-5　通用评估指标各项得分

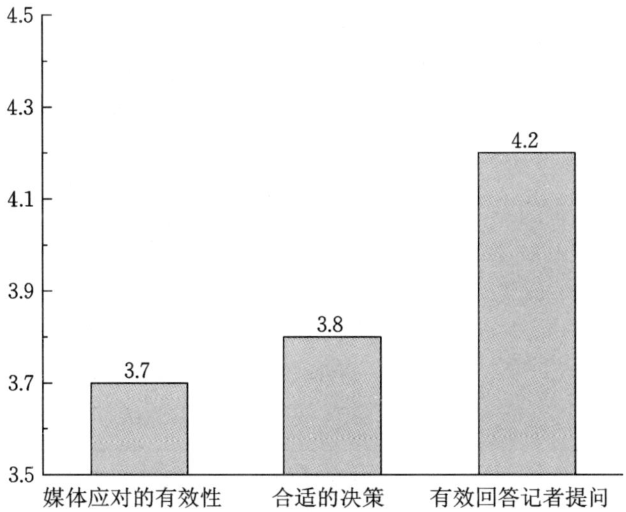

图 4-6　特定评估指标各项得分

由图可知，“先期响应”和“全面处置”阶段中通用评估指标得分均在 4 分以上。而“善后应对”阶段的特定评估指标只有一项达到了 4 分以上。说明在善后应对阶段，新闻宣传组表现有待进一步提高。

三、评估报告

在完成桌面应急演练之后，依据评估结果，全面总结本次演练的经验，并据此撰写评估报告，本次桌面应急演练评估报告表见表 4-3。

表 4-3　××市××区液氨泄漏桌面应急演练评估报告表

<table>
<tr><td colspan="4">演练概要</td></tr>
<tr><td>演练时间</td><td>××××年×月×日</td><td>演练地点</td><td>××市应急指挥中心会议室</td></tr>
<tr><td>演练目的</td><td colspan="3">① 提高应急反应速度，使应急队伍在实战环境中迅速响应，缩短从事故发生到应急处置启动的时间，减少事故造成的损失。
② 增强应急处置能力，检验和提升应急队伍在事故现场的组织协调、指挥调度、救援抢险等能力，确保在真实事故发生时能够迅速、有效地开展应急处置工作。
③ 提升员工安全意识，提高在紧急情况下的自救互救能力。
④ 发现预案中存在的不足和缺陷，及时进行修订和完善，提高预案的针对性和可操作性。
⑤ 强化部门间协作，提高整体应急反应能力和协同作战水平。
⑥ 提高救援装备和物资的使用效率。</td></tr>
<tr><td>情景设置</td><td colspan="3">××××年×月×日×时×分，位于××市××区化工园区的××××公司储罐区共有 400 m^3 液氨球罐 2 座，100 m^3 液氨卧罐 3 座，18 m^3 液氨缓冲罐 3 座，现场液氨储存量 350 t。事故发生储罐为罐区东侧 100 m^3 卧罐(004A)，004A 罐出口阀门泄漏，企业在堵漏处置过程中，爆炸性气体混合物遇火源发生爆炸，并导致相邻的 2 座液氨储罐 003A、005A 泄漏燃烧，事故造成 3 人死亡、4 人受伤。火势顺风势蔓延到下风区 400 m^3 液氨球罐附近。</td></tr>
<tr><td>演练形式</td><td colspan="2">☑ 桌面推演　□实操演练
□示范演练</td><td>☑ 综合演练　□专项演练</td></tr>
<tr><td>牵头单位</td><td>××市应急中心指挥部</td><td>参演机构</td><td>市公安局、市生态环境局、市应急管理局、市水务局、市气象局、市公安消防支队、市卫健委等</td></tr>
<tr><td colspan="4">演练评估</td></tr>
<tr><td>演练评估时间</td><td>××××年×月×日</td><td>演练评估地点</td><td>××市应急指挥中心会议室</td></tr>
</table>

续表4-3

演练概要	
评估专家组成员	1名应急演练基层参与者、2名演练组织部门应急管理专干、2名负责监督应急演练工作的安全服务管理员、1名演练组织部门中层领导、1名分管应急管理工作的公司高层领导、2名化工事故应急管理研究员。
评估结论	演练总体得分4.1分，评价指标为良好，说明演练整体完成度较好。三个阶段只有“善后应对”阶段获得中等指标，说明善后处理工作有待进一步的学习和完善。各专项工作组中，大部分小组得分均在4分以上，少部分小组角色转换较慢，工作流程不够熟悉。例如新闻宣传组，没有与其他小组及时沟通，信息不够流畅，导致后续的新闻发布及宣传工作不到位，有待提高。
演练总结及改进措施	
演练总结（主要成效及问题）	主要成效： ① 高效的应急响应机制：各部门在收到事故预警后迅速行动，按预案进行部署，确保信息快速传递和响应。指挥部统筹协调有力，通过紧急会议迅速决策，有效调动各方资源。 ② 协同作战能力强：在应急处置过程中，各小组均展现出较高的综合素质和分析能力。分析较为全面、具体，能够主动预测事态发展。同时能够与其他部门积极配合，协调作战，在决策过程中能够群策群力，充分发挥小组集体智慧，达成统一意见，提高应急处置效率。 ③ 应急处置及时有效：在救援队伍到达现场后，消防队能够及时抑制火势发展。同时，警戒疏散组快速协助居民完成疏散。对于受伤的居民，医疗救援组能够及时救助。 ④ 应急恢复机制完善：灾后，各级部门能够迅速召开部署会议，明确职责和后续工作重点。善后工作组能够及时对在事故中受到伤害的人员进行心理疏导，完成事故地点的灾后重建工作。 存在问题： ① 资源调配不够灵活：虽然资源整体供应及调配迅速，但是部分环节上依然存在滞后的问题。需要进一步完善，保证每一步资源都能及时地供给和分配。 ② 信息报告重复及漏报：在整体应急演练过程中，部分事故信息的报告出现重复，增加了工作量。同时，还有部分信息发生了漏报情况，可能会导致应急决策出现失误。所以，需要进一步优化信息上报流程，避免出现重复上报和漏报的情况。 ③ 部分小组员工对所在小组的工作流程、职责认识不强，缺乏专业性知识储备，导致应急演练过程中，角色转换较慢。 ④ 信息宣传不到位：新闻宣传组与其他小组之间的沟通不足，导致信息出现一定的闭塞，最终导致信息发布不够全面准确的情况以及新闻发布会发言不够权威的问题。

续表4-3

演练概要	
改进措施	① 完善应急预案。在编制预案的过程中，充分吸收各个相关机构、部门的专业人员参加，以保证对可能的风险进行充分的辨识。同时以适当的形式对信息沟通和收集的人员、沟通的范围以及应急信息更新的频率等予以明确，考虑在应急指挥部门中增加信息记录员这一角色。 ② 完善应急工作管理程序。各小组组长牵头，对小组内部具体工作内容、人员分工和配合机制进行完善，形成各小组内部的“行动检查表”。同时，建议各部门根据工作需要对应急相关的管理程序进行完善。 ③ 完善应急资源的维护和调配。对信息管理系统进行升级，系统梳理技术专家、应急救援队伍、应急物资和装备等方面的信息。组织各部门对所需的资源进行系统梳理、备案、储存并定期维护，确保应急物资充足。同时，加强应急物资调配效率，避免在应急处置过程中出现资源调配滞后的情况。 ④ 加强公众教育和培训：定期开展防灾减灾知识宣传和教育活动，提高公众的防灾意识和自救互救能力；组织应急演练和模拟训练，增强公众的应急反应能力和实际操作技能。 ⑤ 建立长效机制：将本次演练的经验教训总结提炼为长效机制，不断完善和优化应急预案和应急管理体系；加强跨部门、跨区域的应急合作与交流，共同应对各类灾害风险。

四、演练脚本改进

1. 细化演练步骤和具体操作

演练模块中部分内容较为笼统，如“立即组织专家制定应急处置方案”等，缺乏具体的操作细节。可以进一步细化每个步骤的具体操作，例如明确专家团队如何分工、如何快速评估并制定方案、方案的执行步骤等。

2. 增加跨部门协同的细节

虽然提到了多个部门参与，但部门间的协同过程描述不够详细。可以详细描述部门间如何协同工作，如信息共享机制、协同救援的具体流程、资源调配的细节等，以确保在实际应急响应中各部门能够高效配合。

3. 增加应急响应时间的考量

脚本中未明确提及应急响应的具体时间节点，如各部门接到报告后的响应时间。可以为每个关键节点设置明确的响应时间要求，如“接到报告后 10 min 内，××部门必须到达现场/启动应急响应”，以检验应急响应的迅速性和效率。

4. 完善善后处理和后续跟进

善后处理部分较为简单，缺乏详细的后续跟进措施。可以详细描述善后处理的具体步骤，包括环境恢复、经济损失评估、事故调查、责任追究、改进措施等，并明确后续跟进的时间表和责任人。

5. 可适当提高演练场景复杂性

可以多增加一些突发情况，例如天气突变、通信中断等，以此来检验应急响应体系的灵活性和应变能力。

6. 详细描述有关公众的内容

脚本中虽然提到人员疏散以及新闻发布会等内容，但是内容不够详细。可以更加详细的增加公众疏散的具体方案，包括疏散路线、疏散点设置等，并引入新闻宣传组的具体工作，包括舆情监测、信息发布、公众沟通等，以检验应急响应体系中的公众沟通机制。

第五章

洪涝灾害应急桌面演练案例

洪涝灾害作为自然灾害中最常见的一种，对人类生命财产和社会经济造成了严重的危害。随着全球气候变化和环境污染的加剧，洪涝灾害的频率和强度不断上升，对防灾减灾工作提出了更高要求。因此，深入研究洪涝灾害的特点、应急响应机制以及通过桌面应急演练提升应急管理能力具有重要意义。本节以某自治州防汛桌面应急演练为案例进行分析，探讨洪涝灾害应急响应的各个环节，总结经验教训，提出改进措施，以期为实际防汛工作提供参考和借鉴。

第一节 洪涝灾害理论基础

一、洪涝灾害概念

洪涝灾害是指由于降雨过多或河流湖泊水位过高等原因，导致地表水积聚超过地面排水能力而引发的灾害。洪涝灾害对人类生命财产和社会经济造成严重的危害，包括洪水淹没、山体滑坡、泥石流等灾害。洪涝灾害是自然灾害中最常见的一种，尤其在气候变化和环境污染等因素的影响下，其频率和强度都有所增加。

二、洪涝灾害特点

一是大多数洪涝灾害具有突发性特点。洪涝灾害的突发性主要表现在降雨量的突然增大、河流湖泊水位的迅速上涨和地面排水系统失效，洪涝灾害往往是由于降雨量突然增大，导致地表水积聚超过地面排水能力而引发的。当降雨量过大时，河流和湖泊的水位会迅速上涨，形成洪水。由于洪水的发展速度很快，往往会在短时间内造成严重的灾害。洪涝灾害的突发性还表现在地面排水系统失效上。当地面排水系统无法及时排除积水时，水会迅速积聚形成洪水，导致灾害的发生。因此洪涝灾害的突发性是由于降雨量突然增大、河流湖泊水位迅速上涨和地面排水系统失效等因素共同作用的结果。

二是洪涝灾害具有一定的社会影响。洪涝灾害常常导致房屋倒塌、道路中断、农作物受灾等，给人们的生活带来了很大的困难。由于洪涝灾害导致的生产中断和财产损失，也会对当地的经济发展造成不利影响。同时洪涝灾害的发生会影响当地的社会秩序。由于灾区人员的疏散和救援工作，会导致当地的交通、通信和供水等基础设施出现问题，影响社会的正常运转。洪涝灾害还会对当地的环境造成污染。由于洪水中混杂着大量的垃圾、废水和有害物质等，会对当地的环境造成污染，影响当地的生态环境。

三是洪涝灾害的可防御性。人们可以采取一系列措施来降低洪涝灾害的危害和影响。在洪涝灾害发生之前，通常会有一定的预警时间，人们可以通过水文监测、气象预报等方式及时获取相关信息，采取相应的防御措施。人们可以通过建立防洪体系、加强水利工程建设、提高公众的防灾意识来有效地降低洪涝灾害的危害和影响。

第二节　洪涝灾害应急响应流程

一、应急响应流程

洪涝灾害的应急响应流程一般遵循以下步骤，以确保人员安全和减少灾害损失。

① 预警与监测：密切关注气象预报和水文信息，及时获取洪涝灾害预警；通过各种渠道（如广播、电视、手机短信等）向公众发布预警信息。

② 应急准备：制定并更新洪涝灾害应急预案，明确各部门和个人的职责；准备必要的应急物资，如救生器材、食品、饮用水、药品等；检查和维护排水设施，确保其正常运行。

③ 紧急疏散与避险：一旦接到疏散指令，立即组织人员按照预定路线撤离至安全地带；对于无法及时撤离的人员，应指导其采取自救措施，如寻找高地暂避。

④ 抢险救援：组织专业救援队伍迅速赶赴灾区，开展搜救被困人员、转移财产等抢险救援工作；协调各方资源，确保救援物资和设备的及时供应；

⑤ 灾后安置与恢复：为受灾群众提供临时住所、食品、医疗等基本生活保障；开展卫生防疫工作，预防和控制灾后疾病的发生和传播；组织力量修复受损基础设施，恢复正常生产生活秩序。

二、洪涝灾害典型应急响应案例

1. 湖北省随县柳林镇“2021.8.12”洪灾

随州市随县柳林镇地处国家级风景名胜区大洪山前沿、随县南部，东与曾都区何店镇接壤，南与京山市、三里岗镇毗邻，西北与均川镇相连，是一座有着悠久历史文化的古镇。这里年产 8000 t 板栗，是一座闻名全国的板栗之乡。然而，2021 年 8 月，一场在深夜突如其来的强降雨引发山洪，给这座有着优美自然风光的绿色城镇带来了巨大的毁坏。

2021 年 8 月 12 日凌晨，湖北省随州市随县柳林镇遭遇了极端强降雨天气，降雨总量大、来势急，且集中在凌晨，人们正熟睡。从 8 月 11 日 21:00 至 12 日 9:00，柳林镇累计降雨达 503 mm，其中 12 日 4:00～7:00 降雨量更是高达 373.7 mm，4:00～6:00 连续两个小时降雨量均超过 100 mm，均为有气象记录以来的历史极值。这场暴雨导致柳林镇镇区平均积水深度达 3.5 m，最深处达 5 m，地势低洼处积水尤为严重。

灾情造成严重后果，初步排查显示，柳林镇 8000 余人受灾，21 人遇难、4 人失联；受淹、受损房屋商铺达 2700 余间，其中倒塌 221 间；此外，还冲毁了道路 11.3 km、桥梁 63 座、电力通信线杆 725 根，导致镇区电力、通信中断。这些损失对当地居民的日常生活和经济发展造成了巨大影响。

面对突如其来的灾情，湖北省委、省政府及随州市、随县各级领导高度重视，迅速启动应急响应机制。表 5-1 所示为各阶段的应急响应主体及其措施。

表 5-1 “2021.8.12”暴雨应急响应内容

阶段	应急响应主体	措施
灾前	随州市气象台	8 月 11 日 22:15:00 发布暴雨红色预警信号。
	中央气象台	8 月 11 日 17:00 发布暴雨蓝色预警信号。
灾中	柳林镇政府	8 月 12 日凌晨 2:00，当地组织干部 30 余人用喇叭呼喊、敲门等方式提醒和组织群众转移。 凌晨 3:00，又出动警车上街鸣笛呼喊，组织镇村（社区）干部紧急转移群众，紧急转移群众 1100 余人。
	市县联合指挥部	凌晨 6:00，市、县党政主要领导赶赴柳林镇受灾地点，现场成立救灾指挥部，组织消防、公安、武警、预备役人员等专业救援力量及当地干部群众 1200 余人，开展救援受困群众、设置群众安置点，共紧急转移柳林镇受灾群众 2000 余人。 在救援行动过程中，紧急对柳林镇镇区进行三次全面排查，并对受淹房屋组织安全评估，防止次生灾害发生。同时对镇区附近的院子河村、大桥街村、白玉寺村、团结寺村、大堰角村等 5 个重点村组织了入户摸排。
	湖北省气象局	8 月 12 日 10:30:00，将重大气象灾害（暴雨）应急响应由Ⅳ级升至Ⅲ级。
	湖北省委、省政府	主要领导高度重视，第一时间对防汛抢险救灾工作作出部署，指导调度救援工作。
	湖北省减灾委 湖北省应急管理厅	8 月 12 日，针对随州、襄阳等地近期严重洪涝灾害，紧急启动省级自然灾害救助Ⅲ级应急响应，派出 4 个工作组赶赴重灾区，指导和协助地方做好灾情核查评估、受灾民众转移安置及基本生活救助等工作。
	国家减灾委 应急管理部	8 月 12 日 21:00，针对随州严重暴雨洪涝灾害，启动国家Ⅳ级救灾应急响应，派出工作组赶赴灾区指导抢险救灾工作，支持帮助地方做好受灾群众转移安置、基本生活救助等工作。

续表5-1

阶段	应急响应主体	措施
灾后	市、县卫健、城管等部门	组织专业技术人员对受淹房屋进行安全评估、查险排险，防止次生灾害发生；认真落实卫生防控要求，细致做好环境消杀工作。
	湖北省纪检监察机关	2021 年 8 月，湖北省纪检监察机关经过认真调查，对履职不力、失职失责的相关责任人进行严肃追责问责，分别给予党纪政务处分。

随着洪水逐渐退去，柳林镇迅速转入灾后恢复和重建阶段。在省委、省政府及各级部门的领导下，柳林镇坚持人民至上，科学编制灾后重建规划，全力统筹发展和安全。一方面，加大帮扶力度，通过“以奖代补”等方式鼓励和支持受灾企业和商户恢复正常生产和经营；另一方面，组织房屋技术专家和第三方鉴定公司对受水患影响的房屋进行全面勘测和改造加固工作。同时，还积极推进防汛工程建设和道路桥梁重建工作，提高河道行洪能力和基础设施水平。

2. “7·20”河南郑州特大暴雨

郑州地处嵩山东麓、黄河之滨，居中华腹地，史谓“天地之中”，古称“商都”，今为“绿城”。郑州也是我国重要的交通枢纽城市，拥有发达的铁路、公路、航空交通网络。郑州东站是我国最大的高铁站之一，郑州新郑国际机场是中部地区重要的航空枢纽。2021 年 7 月 17 日至 23 日，河南省遭遇历史罕见特大暴雨，发生严重洪涝灾害，特别是 7 月 20 日郑州市遭受重大人员伤亡和财产损失。

20 日 16:00～17:00，郑州一个小时的降雨量达到了 201.9 mm；19 日 20:00～20 日 20:00，单日降雨量 552.5 mm；17 日 20:00～20 日 20:00，三天的过程降雨量 617.1 mm。其中小时降水、单日降水均已突破自 1951 年郑州站建站以来 60 年的历史记录。郑州常年平均全年降雨量为 640.8 mm，相当于这三天下了以往一年的量。三天的降水量，约等于将 317 个西湖倒进了郑州。

截至 2021 年 8 月 2 日 12:00，河南省因灾死亡失踪 398 人，其中郑州市 380 人。郑州市地铁 5 号线因暴雨导致列车停运，数百名乘客被困，最终造成多人遇难。河南省直接经济损失高达 1200.6 亿元，其中郑州市损失 409 亿元。郑州市内多处基础设施受损，包括市政道路、干线公路、农村道路以及农作物等。

面对暴雨灾害，郑州市及河南省采取了多项应对措施，表 5-2 为“7·20”河南郑州特大暴雨中，各阶段的应急响应主体及其措施。

表 5-2　“7·20”河南郑州特大暴雨应急响应内容

阶段	应急响应主体	措施
灾前	郑州市气象局	7 月 19 日晚 21:59:00，发布暴雨红色预警信号。
	郑州地铁	启动防汛应急预案、恶劣气象应急预案，组织客运、车辆、供建等应急抢险队伍驻守车站。
	河南省气象台	持续发布暴雨红色预警信号。

续表5-2

阶段	应急响应主体	措施
灾中	河南省委、省政府	接连召开全市防汛救灾紧急调度会议，20 日上午 11:00 应急响应由Ⅳ级提升至Ⅱ级，下午 4:00 由Ⅱ级提升至Ⅰ级。
	河南省水利厅	20 日 16:00 起，将水旱灾害防御Ⅳ级应急响应提升为Ⅲ级应急响应。
	应急管理部	工作组赶赴现场，指导当地开展防汛抢险救灾工作；启动消防救援队伍跨区域增援预案，连夜调派河北、山西、江苏、安徽、江西、山东、湖北 7 省消防救援水上救援专业队伍驰援河南防汛抢险救灾。
	郑州市防汛抗旱指挥部	经和气象部门会商并经市政府领导同意，自 7 月 23 日 00:00:00 起将防汛Ⅲ级应急响应降至Ⅳ级。
	其他	央视新闻紧急开通“河南暴雨紧急互助平台”，公众自发撰写“救命文档”。
灾后	国务院	成立由应急管理部牵头的专项调查组，发布《河南郑州“7·20”特大暴雨灾害调查报告》。

第三节 洪涝灾害桌面应急演练规划设计

W 市是我国中部某沿江省份的省会城市，地处江汉平原东部、长江中下游，地势相对较低。因其低洼的地形，在梅雨季节或连续强降雨时，容易导致雨水积聚，常受洪涝灾害威胁。为提升应对突发洪涝灾害的能力，W 市于 2023 年 4 月 9 日组织了防汛应急桌面演练。本节以该演练为案例进行桌面应急演练规划设计的说明。

一、演练准备

本次 W 市防汛桌面应急推演由市防汛抗旱指挥部（市防指）牵头组织，联合气象局、市水务局、市应急管理局、市公安交管局、市城管执法委、市供电公司、市防办、市卫健委等多个部门共同参与。市防指作为演练的总指挥，负责整体调度和决策，确保演练活动的有序进行。演练共有数十人参与，其中参演人员、专家评估组及观摩人员各司其职（图 5-1）。演练地点设在市应急指挥中心会议室。演练严格参考《W 市城市防洪应急总体预案》《H 省防汛抗旱应急预案》（附件 2），使其符合实际要求。

二、情景构建

演练情景紧密围绕 W 市连续遭遇强降雨天气，导致长江 W 段水位持续上涨，全线超

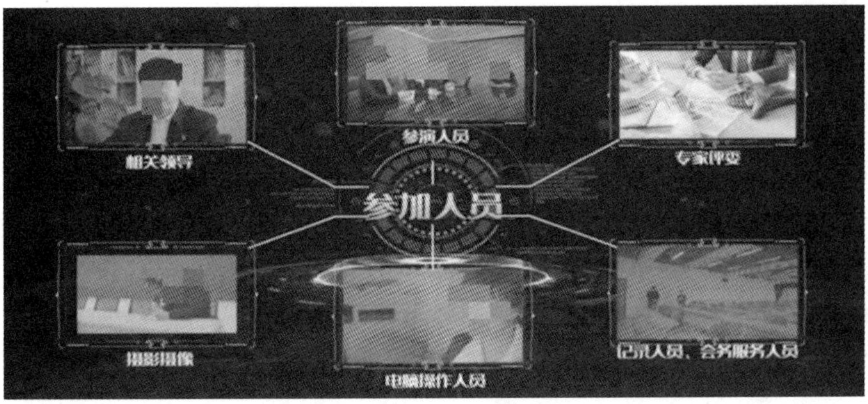

图 5-1　参演人员示意图

警戒,高出城区地面 3～5 m 的紧急情况展开。情景构建充分模拟了实际防汛过程中可能遇到的各种复杂情况,包括群众转移安置、救援力量调度、市政设施维护等,为参演人员提供了一个高度仿真的应急处置环境。

三、演练调导

演练过程中,通过旁白解说、实时报告、指挥调度等多种方式,引导参演人员逐步深入模拟防汛应急场景。市防指指挥长根据汛情变化,及时下达指令,调度各单位有序开展应急处置工作。同时,利用 PPT、视频等多媒体手段,直观展示汛情信息、预警发布、群众转移等关键环节,增强了演练的真实感和紧迫感。整个演练过程紧张有序,各参与单位密切配合,有效检验了 W 市防汛应急预案的科学性和实用性。

四、演练脚本

1. 背景【视频介绍】

7 月份以来,W 市以及长江中下游地区持续发生强降雨,长江 W 市段水位持续上涨,全线超警戒,高出城区地面 3～5 m。根据《W 市城市防洪应急总体预案》,全市已启动防汛Ⅲ级应急响应,市防汛抗旱指挥部成员单位已派驻人员在市防汛抗旱指挥部值班待命。

昨日起,W 市城区普降暴雨,部分区域降雨达到 100 mm,城区出现多处积水。此时,气象部门又发布暴雨红色预警信号,预计未来 3 h,我市大部将出现 150 mm 以上降雨。外洪内涝,形势十分严峻。

市防汛抗旱指挥部统筹全市防洪、排涝工作,立即发布预警信息,开展预警准备。

气象部门通过预警信息平台向市、区各防指成员单位发送气象预警信息。

应急部门收到预警信息后,向全市 1100 万市民发送预警提示信息。

各区政府和有关单位通过互联网、手机短信、高音喇叭等向学校、医院、商场、车站、集市、体育场馆、旅游景区(点)等人员密集公共场所传播预警信号。

水务、交管、城管、街道按照 W 市易积水点“一点一策”应急预案要求,人员、设备到达全市 95 处易积水点进行值守待命。

全市 2000 名一线排水工作人员全部在岗待命，全市 93 座一级外排泵站，总抽排能力 3819 m^3/s，全力抽排。

4000 余名公安警力正在集结，以强化社会面防控和应急救援，3000 名交警赶往指定地点进行准备。

民兵和中国安能 W 市救援基地、中石化国家危化应急救援基地等 16 支专业应急力量和 15 支社会应急力量，共 14000 余人正在进行集结。消防部门 3200 人、525 台执勤车辆全部在岗值守待命。

与此同时，市、区防指立即针对此次强降雨进行会商研判。

2. 预警准备、会商研判、决策部署【配合视频播报，图 5-2】

图 5-2　防汛桌面应急演练现场

市防汛抗旱指挥部指挥长：“同志们，气象部门预计未来 3 h，我市大部将有 150 mm 以上降雨，现在进行会商，请各部门汇报工作情况。”

(1) 各部门报告工作情况

市气象局：“截至目前，全市降雨普遍超过 100 mm。从云图上看，南北冷暖气流一直在我市上空盘旋，降雨仍将进一步加强，预计未来 3 h，我市大部地区将出现 150 mm 以上降雨，过程累计雨量大部分达到 250 mm 以上，局部可能达到 300 mm以上。”

市水务局：“目前，长江、汉江及重要支流水位总体可控，全市 42 座自来水厂运转正常；262 座水库中 21 座中小水库正常溢洪；城市 5 个湖泊、10 条重要港渠水位偏高。全市已累计降雨达 100 mm，部分低洼地段已出现积水。根据当前气象预报，通过水利模型计算，Z 山片、H 河上游片，H 湖周边、Y 湖周边，S 湖周边等 21 个片区将出现大于 0.4 m 深的积水。建议各区、各单位严格按照《W 市城市排涝应急联动工作预案》做好准备工作。”

市应急局：“全市危险化学品重大危险源、非煤矿山及尾矿库运行正常，安全生产形势总体平稳。有一家危险化学品企业地势较低，安全风险较大，目前已采取相应措施。所有专业应急力量和社会应急力量，约1.4万人已集结待命。”

市公安交管局：“目前全市快速路、主、次干道总体情况正常，有30处路段较为拥堵；内涝风险图显示，15处隧道、涵洞积水风险较大。建议必要时提前封闭公铁隧道、长江隧道、D湖隧道等积水风险较高路段交通。”

市城管执法委：“目前全市供气基本正常，天然气中转站位于远城区，地势和防涝标准较高，暂无内涝风险。已经通知市内液化气站立即停止营业，并会同街道、社区做好防涝工作，避免出现内涝引起次生灾害。目前桥梁、隧道运行正常，保障人员已集结到位，做好了应对强降雨的准备。”

W市供电公司：“目前全市供电基本正常，中心城区87个变电站运行正常；3处变压器由于雷电大风损坏，现正积极抢修；H变电站、F街变电站、F坡变电站由于地势较低，积水倒灌风险较大，变电站工作人员已经在门口垒起了沙袋和防水挡板。建议优先保障政府、医院、供水、供气、外排泵站等重要设施供电，以及变电站自身安全。”

W市地铁集团：“目前全市11条地铁线、291座站点运行正常。8号线M站已出现浅层积水，地铁站已按照预案提前准备了沙袋和挡水板进行防范。如果降雨持续，M站存在积水倒灌的风险，建议按照预案加强监测，及时封闭车站，疏散滞留乘客。”

---

(2) 市防汛抗旱指挥部决策部署

市水务局：“专家组综合分析研判，如果未来3 h降雨达到250 mm，A片区约3.3 km^2，B片区约11.1 km^2，C片区约30 km^2，会出现1 m深以上积水。上述区域属于内涝高风险区，根据降雨情况，建议：一是要做好停工、停产、停业、停运、停课，以及人员转移安置等相关工作；二是要做好水电气保障工作，保障居民生活基本需求，重点保障医院、养老院、学校安全运行；三是要做好排涝设施、轨道交通、下穿涵洞等重要设施运行保障，以及地下空间的防涝、人员和重要物资的转移。”

市防办：“根据气象预报，全市过程累计雨量大部分达到250 mm以上，且降雨持续，按照《W市城市防洪应急总体预案》，建议启动防汛Ⅱ级应急响应；按照《W市城市排涝应急联动工作预案》，建议启动城市排涝应急Ⅰ级响应。”

市防汛抗旱指挥部指挥长：“为切实保障人民生命财产安全，宁可十防九空，不可失防万一。现在立即启动全市防汛Ⅱ级应急响应和城市排涝应急Ⅰ级响应，高风险区立即实施‘停工、停产、停业、停运、停课’。请大家立即行动，及时汇报雨情、水情、工情、险情、灾情。”（右侧画面滚动播放：一是切实保障人民生命安全，各区、各单位重点做好内涝风险区医院、学校、养老院等弱势群体和人员密集场所的防涝、人员转移安置；二是保障生命线工程，要加密监测，及时通报气象水文变化情况，水务、城管、交通、民政及相关平台公司切实做好水、电、气、通讯的基本生活保障，确保人民基本生活；三是确保排涝设施运行，水务、城建、供电等相关单位要进一步加强现有和在建排水设施的巡查、值守、管理，确保泵站、闸门、渠道及水库的正常安全运行；四是交管、城管、应急等相关部门要及时封闭内涝风险较高的涵洞、地铁、隧道，做好人员疏散和交通疏导；要全力保障救灾通道和重点交通线畅通；五是确保地下空间安全，城建、房管要组织各业主单位做好地下商场、停车场、工地、仓库等地下空间的防倒灌及人员、重要物资安全转移。）

（3）市防汛抗旱指挥部上报省防汛抗旱指挥部

市防汛抗旱指挥部指挥长：“省防汛抗旱指挥部，这里是W市市防汛抗旱指挥部，受强降雨影响，我市已启动全市防汛Ⅱ级应急响应和城市排涝应急Ⅰ级响应，各区、各部门正按照预案采取应急措施。目前，全市形势平稳，未出现较大灾情、险情。特此报告。”

省防汛抗旱指挥部：“省防汛抗旱指挥部收到，请调度全市资源做好应急准备。如遇重大险情、灾情，请及时上报。”

3. 响应行动【配合视频播报】

按照《W市城市防洪应急总体预案》和《W市城市排涝应急联动工作预案》，各部门根据分工采取应急措施。

① 气象部门滚动发布天气实况；

② 市委宣传部、市委网信办组织媒体收集发布内涝信息，提醒广大市民群众尽量不外出，加强舆论引导和舆情监测；

③ 交管部门封闭积水路段交通，疏导车辆；

④ 水务部门开展应急抢排，同时加强中小水库巡查，做好下游群众撤离准备；

⑤ 应急部门组织调度各类应急抢险力量开展抢险救援；

⑥ 城管部门上路巡查，及时发现、处置城市桥梁和地下通道积水，清理道路路面阻水物（树叶、杂物等）；

⑦ 城建部门组织平台公司、施工单位停止室外作业，开展深基坑、在建工地防涝工作；

⑧ 房管局组织物业公司防范地下车库、地下商超等场所的内涝，做好人员、车辆避险工作；

⑨ 各区组织街道、社区，以及学校、养老院、医院、商场、车站、集市、体育场馆、旅游景区（点）等相关单位根据应急预案，采取多点触发机制，开展老旧小区、危房及人员密集场所避险安置工作。

4. 地铁站被淹应急处置【配合视频播报，图 5-3】

降雨持续，10:30 左右，地铁 8 号线 M 站 B 出入口由于地势较低，出现积水倒灌。

图 5-3　W 市地铁集团报告灾情

(1) 地铁集团报告市防汛抗旱指挥部

W 市地铁集团：“报告指挥部，这里是地铁集团，10:30 左右，地铁 8 号线 M 站发生严重内涝，轨道积水超过 500 mm，一辆列车因突发电力故障，停运在离站点 100 m 处，被困人员达 150 余人。我公司已采取紧急措施，停运 8 号线所有列车，有序引导乘客在就近站点疏散。被困列车的工作人员正竭力安抚乘客情绪，我公司已集中车站力量展开救援，但力量有限，请指挥部尽快增援。”

市防汛抗旱指挥部指挥长：“指挥部收到。立即派遣救援力量前往支援，请做好应急处置工作，保障乘客生命安全，维护好现场秩序，等待救援。”

市地铁集团：“收到。”

(2) 市防汛抗旱指挥部上报省防汛抗旱指挥部

市防汛抗旱指挥部指挥长：“省防汛抗旱指挥部，这里是 W 市市防汛抗旱指挥部，受强降雨影响，10:30 左右，我市地铁 8 号线 M 站发生严重内涝，轨道积水超过 500 mm，一辆载有 150 余人的列车被困，我市正安排力量前往增援，后续情况待报。”

省防汛抗旱指挥部：“省防汛抗旱指挥部收到，请立即安排救援工作，及时汇报救援进展。如需支援，及时报告。”

市防汛抗旱指挥部指挥长：“收到。”

(3) 市防汛抗旱指挥部召开紧急会议

市防汛抗旱指挥部指挥长:“H区,目前,地铁8号线M站发生严重内涝,请你区立即调派力量前往救援。”

H区:“H区收到,立即成立现场救援指挥部,配合地铁集团做好救援工作。”

市防汛抗旱指挥部指挥长:“市消防救援支队,请你们立即派人携带救援设备前往解救被困乘客,协助疏散、转移故障列车上的其他乘客。”

市消防救援支队:“市消防救援支队收到,立即就近调派附近站点的消防队员携带橡皮艇、破拆工具等前往支援。”

市防汛抗旱指挥部指挥长:“市应急管理局,请你们立即调派力量前往支援。”

市应急管理局:“市应急管理局收到,立即安排中国安能集团第三工程局W市分公司、中铁十一局轨道交通隧道应急救援队伍等专业力量和蓝天救援队、轰九应急救援队等社会力量前往支援,调拨应急综合抢险车参与积水抽吸。同时,通知附近社区应急服务站的社区应急常备队伍携带小型救援装备前往支援。”

市防汛抗旱指挥部指挥长:“市水务局,请你们立即派人和装备做好积水抽排工作。”

市水务局:“市水务局收到,立即安排附近排水站工作人员和装备前往支援,调拨沙袋和挡水板,防止洪水进一步灌入车站。”

市防汛抗旱指挥部指挥长:“市公安局,请你们派员前往地铁站维持秩序,保持道路畅通。”

市公安局:“市公安局收到,立即调派附近派出所民警和交警前往。”

市防汛抗旱指挥部指挥长:“市交通运输局,请你们立即安排车辆做好疏散乘客的接驳转运工作,防止乘客滞留。”

市交通运输局:“市交通运输局收到,立即通知公交公司制定线路调度方案,调配公交车进行接驳转运。”

市防汛抗旱指挥部指挥长:“W市供电公司,请你们立即派人前往地铁站抢修电路,保障救援用电安全。”

市供电公司:“供电公司收到,立即调派抢修人员赶往现场。”

市防汛抗旱指挥部指挥长:“市卫健委,请你们立即派遣医护人员前往,设置医疗临时救护点。”

市卫健委:“市卫健委收到,立即安排周边医疗机构抽调医护人员和救护车前往。”

市防汛抗旱指挥部指挥长:“市委宣传部,请你们立即派人前往,实时跟踪救援过程,做好舆情管控,指导地铁集团及时向社会发布相关信息。”

市委宣传部:“市委宣传部收到,立即安排长江日报、市广播电台记者进行灾情、救援情况报道。已联系市委网信办,加强舆情管控。”

市防汛抗旱指挥部指挥长:“地铁集团,指挥部已调度各相关部门前往你处支援，请你公司加强应急处置，停止涉险线路列车运行，安抚好乘客情绪，迅速向社会发布相关信息，及时向指挥部报告救援进展。”

W 市地铁集团：“地铁集团收到，我司已启动防内涝应急预案，已成立现场指挥部，公司董事长已到现场指挥，正安排各部门紧急救援。

经过紧张救援，车站和轨道积水已经抽排完毕，被困乘客已全部疏散，地铁站点电路恢复。【播放救援视频】

W 市地铁集团：“报告市防汛抗旱指挥部，在市里的支援下，经过紧张救援，车站和轨道积水已经抽排完毕，被困乘客已全部疏散，地铁站点电路已恢复。经专业技术人员检查维护后，12:30:00，地铁站已恢复正常运行。特此报告。”

市防汛抗旱指挥部指挥长：“收到，请你公司继续做好强降雨防范应对工作，加强所有站点的隐患排查，及时处置突发险情。”

(4) 市防汛抗旱指挥部上报省防汛抗旱指挥部

市防汛抗旱指挥部指挥长：“省防汛抗旱指挥部，这里是 W 市市防汛抗旱指挥部，经过 2 h 的紧急救援，地铁 8 号线 M 站的车站和轨道积水已经抽排完毕，被困乘客已全部疏散，地铁站点电路已恢复。经专业技术人员检查维护后，12:30:00，地铁站已恢复正常运行。特此报告。”

省防汛抗旱指挥部：“收到，请持续做好强降雨应对处置工作，及时报送险情灾情等。”

市防汛抗旱指挥部指挥长：“收到。”

5. M 村房屋倒塌应急处置

降雨持续，12:40 左右，M 地铁站周边地势较低的 M 村内涝严重，最深处超过 1.2 m。持续暴雨导致 2 栋居民楼发生倒塌，数人被埋；村内发生电力故障致全村断电。事故发生后，周边居民及居委会立即展开救援，并拨打了 119 报警。

(1) 市消防救援支队视频报告市防汛抗旱指挥部

市消防救援支队：“报告市指挥部，我们接到报警电话，M 地铁站附近的 M 村发生严重内涝，积水最深超过 1.2 m，2 栋居民楼发生倒塌，有数人被埋，且村内突发电力故障致使整村停电。我们已将此情况通报给 H 区政府，并就近调派附近站点的消防队员和消防车赶赴现场，但事故现场情况复杂，请求市指挥部支援。”

市防汛抗旱指挥部指挥长：“市指挥部收到，立即安排救援力量前往支援，请你们及时汇报现场情况。”

市消防救援支队：“收到。”

（2）市防汛抗旱指挥部上报省防汛抗旱指挥部

市防汛抗旱指挥部指挥长：“省防汛抗旱指挥部，这里是W市市防汛抗旱指挥部，12:40左右，我市H区的M村发生严重内涝灾害，2栋居民楼发生倒塌，数人被埋。我市正紧急开展救援，特此报告。”

省防汛抗旱指挥部：“省防汛抗旱指挥部收到，请全力开展救援工作，尽早救出受困人员，做好村民紧急转移安置工作，及时汇报救援进展。如需支援，及时报告。”

市防汛抗旱指挥部指挥长：“收到。”

（3）市防汛抗旱指挥部召开紧急会议

市防汛抗旱指挥部指挥长：“H区，M村发生严重内涝，并有居民楼倒塌，请你区立即处置，及时汇报救援进展。”

H区：“H区收到，已成立现场救援指挥部，统筹区内力量立即开展救援和受灾群众紧急转移安置工作。”

市防汛抗旱指挥部指挥长：“市房管局，请立即派员前往现场，组织专家开展倒塌房屋评估，指导H区做好救援方案。另外，马上安排专业人员对整村房屋进行排查，配合H区尽快疏散转移危房内的居民。”

市房管局：“市房管局收到，我局立即调派房屋评估专家和专业应急队伍，前往现场指导应急处置。”

市防汛抗旱指挥部指挥长：“市应急管理局，请你们立即调派力量前往支援，指导H区做好受灾群众紧急转移安置工作。”

市应急管理局：“市应急管理局收到，立即安排中国安能集团第三工程局W市分公司等专业力量和轰九应急救援队等社会力量前往支援，调派柔性抽吸抢险车参与现场清理，尽量减少被埋人员二次伤害。指导H区开展受灾群众紧急转移安置，做好调拨救灾物资的准备。”

市防汛抗旱指挥部指挥长：“市公安局，请立即安排警力前往M村，开辟救援通道，采取交通管制，维持现场秩序。”

市公安局：“市公安局收到，立即派遣干警、交警前往M村疏导附近交通，做好地面风险布控，维护现场秩序。”

市防汛抗旱指挥部指挥长：“市水务局，请你们立即派人和装备做好积水抽排工作。”

市水务局：“市水务局收到，立即安排附近排水站工作人员和装备前往支援。”

市防汛抗旱指挥部指挥长：“市卫健委，请你们立即派遣医护人员前往现场抢救转运受伤人员。同时，在安置点设置医疗临时救护点。”

市卫健委：“市卫健委收到，立即安排周边医疗机构抽调医护人员和救护车前往。”

市防汛抗旱指挥部指挥长：“W市供电公司，请你们立即派人前往M村，保障救援用电安全。”

W 市供电公司：“供电公司收到，立即调派工作人员前往。”

市防汛抗旱指挥部指挥长：“市委宣传部，请你们立即派人前往，实时跟踪救援过程，做好舆情管控，指导 H 区及时向社会发布相关信息。”

市委宣传部：“市委宣传部收到，立即安排长江日报、市广播电台记者报道灾情、救援情况。已联系市委网信办加强舆情管控。”

---

(4) 市防汛抗旱指挥部调度救援情况

市防汛抗旱指挥部指挥长：“H 区，请汇报救援进展。”

H 区：“报告市指挥部，救援工作已全面展开，现已成功救出被埋群众 4 人，均为轻伤，已送医救治。后续救援队伍也已陆续赶到，各队伍正按照分工紧急开展救援工作。”

市防汛抗旱指挥部指挥长：“指挥部收到，请抓紧解救剩余被困人员，做好村内积水外排、房屋风险排查，如发现房屋存在风险，坚决将屋内人员全部转移安置，不能再出现类似事件，严防次生灾害，同时做好舆情引导应对等工作。”

H 区：“收到。”

---

(5) H 区报告市防汛抗旱指挥部

H 区：“报告指挥部，经过 2 h 紧急救援，剩余 4 名被埋人员也已救出，3 人轻伤，1 人重伤，均已送医救治，目前没有生命危险。同时，已排查出 3 栋房屋存在一定风险，已将危房内的人员全部清空，周边设警示标识进行封控管理，已转移 72 名村民到附近酒店安置，生活物资也已分发到位。村内电力系统已恢复正常，同时 10 台大功率水泵不间断向外排水，水位已停止上涨。”

市防汛抗旱指挥部指挥长：“指挥部收到，请你区持续跟进后续救援，做好受伤人员救治，加强受灾群众安置，做好基本生活保障和医疗服务。另外，要全面排查房屋隐患，做好倒房重建和房屋排危工作。”

H 区：“收到。”

---

(6) 市防汛抗旱指挥部上报省防汛抗旱指挥部

市防汛抗旱指挥部指挥长：“省防汛抗旱指挥部，这里是 W 市市防汛抗旱指挥部，经过 2 h 的紧急救援，8 名被埋人员均已救出，其中，7 人轻伤，1 人重伤，均已送医救治，目前没有生命危险。已将排查出来的 3 栋危房中村民全部清空，周边进行了封控管理，72 名村民均已转移到附近酒店安置，生活物资也已分发到位。村内电力系统已恢复正常，水位已停止上涨。已启动倒房重建和房屋排危工作。特此报告。”

省防汛抗旱指挥部：“收到，请持续做好强降雨应对处置工作，及时报送险情灾情。”

市防汛抗旱指挥部指挥长：“收到。”

6. 后期处置

次日 8:00，W 市市气象局预报，预计未来三天，天气将逐步转晴，以多云到晴天为主，本轮降雨结束。

本轮降雨，W 市市最大日降雨量达 320 mm，最大小时雨量 97 mm，地铁站、M 村灾情均已得到稳定控制。

市防汛抗旱指挥部召开灾后重建部署会：

市防汛抗旱指挥部指挥长：“根据气象部门预报，预计未来三天，天气将逐步转晴，以多云到晴天为主，本轮降雨结束。按照《W 市城市防洪应急总体预案》和《W 市城市排涝应急联动工作预案》，指挥部决定将防汛Ⅱ级应急响应降为Ⅲ级，解除城市排涝应急Ⅰ级响应。”

市防汛抗旱指挥部指挥长：“本轮降雨，我市最大日降雨量达 320 mm，最大小时雨量 97 mm，各区均有不同程度受灾。根据最新的救援汇报情况，各受灾点灾情已得到控制，请各区落实好属地责任，各部门指导做好救援后期的善后工作。市公安局负责受灾地区的秩序稳定；市卫健委负责组织好受灾群众的医疗救助，指导灾区防疫消杀等工作，防止灾后传染性疾病的发生和蔓延；市水务局负责防汛排涝、堤防水库等水毁工程的修复工作；市房管局牵头组织危房排查整治工作；市应急管理局负责落实受灾困难群众过渡性生活救助、抓好救灾物资的筹集调配、倒损房恢复重建、积极争取中央和省的各项抗灾救灾资金等工作；市委宣传部要做好宣传报道和舆论引导；其他各部门根据职责抓好灾后重建恢复工作。”

第四节 洪涝灾害桌面应急演练评估总结

一、指标体系构建

针对 W 市防汛桌面应急演练的特点，构建了相应的评估指标体系，强调演练准备、演练实施、应急处置及总结改进等关键环节。在三级指标中，特别关注了演练计划的周密性、参演人员的应急反应能力、演练解说的清晰度以及应急资源的调度效率等（表 5-3）。

表 5-3　W 市防汛桌面应急演练评估指标表

一级指标	二级指标	三级指标
T_1 演练准备	T_{11}演练计划	T_{111}演练组织机构完整性
		T_{112}演练目标明确性
		T_{113}与年度演练计划符合性
	T_{12}演练方案	T_{121}演练方案与预案的匹配性
		T_{122}演练文件编写完整度
		T_{123}演练情景设计
		T_{124}演练信息发布的及时性及有效性
	T_{13}演练培训	T_{131}演练人员培训完成度
		T_{132}演练培训台账完整性
		T_{133}演练人员培训效果
	T_{14}演练保障	T_{141}演练人员保障
		T_{142}器材、设备、沙盘、多媒体等设备保障
		T_{143}演练解说清楚详细
T_2 演练实施	T_{21}应急启动	T_{211}信息报告流程的规范性
		T_{212}信息报送的及时性和完整性
		T_{213}先期处置的有效性
	T_{22}指挥部署	T_{221}启动响应的准确性
		T_{222}命令下达与任务部署能力
		T_{223}分析研判能力
	T_{23}应急处置	T_{231}现场指挥协调能力
		T_{232}明确各自职责，全身心投入
		T_{233}根据提供的信息和情况能够做出正确的判断和决策
		T_{234}个人或组织间的合作能力
		T_{235}应急处置规范性
		T_{236}衍生风险处置
T_3 演练总结	T_{31}讲评总结	T_{311}演练讲评总结
	T_{32}跟踪改进与资料保存	T_{321}预案完善
		T_{322}监督整改
		T_{323}资料存档与备案

二、指标权重确定

首先构建阶梯层次模型，层次模型将决策问题划分为最高层（目标层）、中间层（准则层）和最底层（措施层或方案层）三个不同层面。在模型的建立过程中，可以通过互相比对，明确各个准则层指标在目标层指标中所占的分量，以及每个方案层指标在每个准则层所占的比重，最后，将各个层级指标的占比权重进行综合梳理，确定出方案层中的各项指标在目标层中的权重。W 市防汛桌面应急演练指标层次结构模型，最高层为一级指标，中间层为二级指标，最底层为三级指标。

制作《W 市防汛桌面应急演练评估指标体系权重打分调查问卷》，并邀请 9 名专家填写，要求每位专家从事应急管理相关工作至少 5 年及以上。9 名专家分别为 1 名应急演练基层参与者、2 名演练组织部门应急管理专干、2 名负责监督应急演练工作的安全服务管理员、1 名演练组织部门中层领导、1 名分管应急管理工作的公司高层领导、2 名洪涝灾害应急管理研究员。

向 9 位专家发放《W 市防汛桌面应急演练评估指标体系权重打分调查问卷》，全部完成填写并回收，对每道题目中 9 位专家的判断结果进行算术平均，构造出判断矩阵 12 个，进行层次单排序一致性检验与层次总排序一致性检验后，得出计算结果：W 市防汛桌面应急演练评估指标中占比最大的三级指标为演练讲评总结，权重为 12.2%，占比最小的三级指标为资料存档与备案，权重为 0.29%，如表 5-4 所示。

表 5-4　W 市防汛桌面应急演练评估指标层次总排序权重表

一级指标	二级指标	三级指标
T_1 演练准备 45.77%	T_{11} 演练计划 16.78%	T_{111} 演练组织机构完整性　8.21%
		T_{112} 演练目标明确性　6.45%
		T_{113} 与年度演练计划符合性　2.12%
	T_{12} 演练方案 15.38%	T_{121} 演练方案与预案的匹配性　8.35%
		T_{122} 演练文件编写完整度　3.10%
		T_{123} 演练情景设计　2.82%
		T_{124} 演练信息发布的及时性及有效性　1.11%
	T_{13} 演练培训 9.11%	T_{131} 演练人员培训完成度　5.72%
		T_{132} 演练培训台账完整性　1.30%
		T_{133} 演练人员培训效果　2.09%
	T_{14} 演练保障 4.49%	T_{141} 演练人员保障　2.73%
		T_{142} 器材、设备、沙盘、多媒体等设备保障 1.13%
		T_{143} 演练解说清楚详细　0.64%

续表5-4

一级指标	二级指标	三级指标
T_2 演练实施 38.98%	T_{21}应急启动 19.12%	T_{211}信息报告流程的规范性　8.92%
		T_{212}信息报送的及时性和完整性　5.85%
		T_{213}先期处置的有效性　4.36%
	T_{22}指挥部署 13.25%	T_{221}启动响应的准确性　6.26%
		T_{222}命令下达与任务部署能力　4.01%
		T_{223}分析研判能力　2.98%
	T_{23}应急处置 6.61%	T_{231}现场指挥协调能力　2.03%
		T_{232}明确各自职责，全身心投入　1.58%
		T_{233}根据提供的信息和情况能够做出正确的判断和决策　1.37%
		T_{234}个人或组织间的合作能力　0.70%
		T_{235}应急处置规范性　0.53%
		T_{236}衍生风险处置　0.40%
T_3 演练总结 15.24%	T_{31}讲评总结 12.2%	T_{311}演练讲评总结　12.20%
	T_{32}跟踪改进与资料保存 3.04%	T_{321}预案完善　1.49%
		T_{322}监督整改　1.26%
		T_{323}资料存档与备案　0.29%

三、专家评估打分

应急演练评估工作选取评估专家共5人，包括1名应急演练组织单位负责人、1名防汛安全管理员、3名非演练组织部门的应急管理员。演练前向专家发放应急演练评估打分表，专家对演练的各项指标给出“好”“较好”“一般”“较差”和“差”的打分评价，演练后5个工作日内完成全部表格的收集工作，并统计打分结果。

四、评估结果计算

采用模糊综合评价法对专家评估结果进行计算。模糊综合评价的步骤是：首先建立指标集、评估集，然后确定指标集中各指标的隶属度，并通过模糊合成算子将指标的权重和隶属度合成，最后依据最大隶属度原则得出评估结果。

1. 模糊关系矩阵构建

首先确定评价因素集、权重集、和评语集。

(1) 评价因素集

根据 W 市防汛桌面应急演练评估指标体系,得到的评价因素有 3 层。

第一层:$Z=(Z_1, Z_2, Z_3)$

第二层:$Z_1=(Z_{11}, Z_{12}, Z_{13}, Z_{14})$;$Z_2=(Z_{21}, Z_{22}, Z_{23})$;$Z_3=(Z_{31}, Z_{32})$

第三层:$Z_{11}=(Z_{111}, Z_{112}, Z_{113})$;$Z_{12}=(Z_{121}, Z_{122}, Z_{123}, Z_{124})$;$Z_{13}=(Z_{131}, Z_{132}, Z_{133})$;$Z_{14}=(Z_{141}, Z_{142}, Z_{143})$;$Z_{21}=(Z_{211}, Z_{212}, Z_{213})$;$Z_{22}=(Z_{221}, Z_{222}, Z_{223})$;$Z_{23}=(Z_{231}, Z_{232}, Z_{233}, Z_{234}, Z_{235}, Z_{236})$;$Z_{31}=(Z_{311})$;$Z_{32}=(Z_{321}, Z_{322}, Z_{323})$

(2) 权重集

根据前文经层次分析法得到的指标权重,如下。

$W=(Z_1, Z_2, Z_3)=(0.4577, 0.3898, 0.1524)$

$WZ_1=(Z_{11}, Z_{12}, Z_{13}, Z_{14})=(0.1687, 0.1538, 0.0911, 0.0449)$

$WZ_2=(Z_{21}, Z_{22}, Z_{23})=(0.1912, 0.1325, 0.0661)$

$WZ_3=(Z_{31}, Z_{32})=(0.1220, 0.0304)$

$WZ_{11}=(Z_{111}, Z_{112}, Z_{113})=(0.0821, 0.0645, 0.0212)$

$WZ_{12}=(Z_{121}, Z_{122}, Z_{123}, Z_{124})=(0.0835, 0.0310, 0.2820, 0.0111)$

$WZ_{13}=(Z_{131}, Z_{132}, Z_{133})=(0.0527, 0.0130, 0.0209)$

$WZ_{14}=(Z_{141}, Z_{142}, Z_{143})=(0.0273, 0.0113, 0.0064)$

$WZ_{21}=(Z_{211}, Z_{212}, Z_{213})=(0.0892, 0.0585, 0.0436)$

$WZ_{22}=(Z_{221}, Z_{222}, Z_{223})=(0.0626, 0.0401, 0.0298)$

$WZ_{23}=(Z_{231}, Z_{232}, Z_{233}, Z_{234}, Z_{235}, Z_{236})=(0.0203, 0.0158, 0.0137, 0.0070, 0.0053, 0.0040)$

$WZ_{31}=(Z_{311})=(0.1220)$

$WZ_{32}=(Z_{321}, Z_{322}, Z_{323})=(0.0149, 0.0126, 0.0029)$

(3) 评语集

评语集 $V=(V_1, V_2, V_3, V_4, V_5)$=(好,较好,一般,差,较差)。

2. 计算综合评价结果向量

(1) 计算方法

首先将要素层的评价矩阵 R 与对应的权重向量 W 计算,得到每个二级评价指标即子准则层模糊综合评价向量 M。其中,要素层的评价矩阵 R 为单独从一个因素出发进行评价,评价对象对评价集合 V 的隶属程度。

$$M_{in}=W_{in}\cdot R_i=(W_{in1}, W_{in2}, \cdots, W_{inm})\cdot\begin{bmatrix} r_{11} & \cdots & r_{1m} \\ \vdots & \ddots & \vdots \\ r_{m1} & \cdots & r_{mm} \end{bmatrix}$$

$$=(m_{in1}, m_{in2}, \cdots, m_{inm})$$

将求得的子准则层模糊评价向量进行组合，构成子准则层的模糊关系矩阵，记为 M_i：

$$M_i=\begin{bmatrix}M_{i1}\\M_{i2}\\\cdots\\M_{in}\end{bmatrix}$$

将子准则层的模糊关系矩阵与其对应的权重向量相乘，可得到准则层的评价向量 N_i；同理将准则层的评价向量相组合并与相对应的权重向量相乘，得到总体的评价向量 N：

$$N=W\cdot M=(W_1,W_2,\cdots,W_n,)\cdot\begin{bmatrix}m_{11}&\cdots&m_{1m}\\\vdots&\ddots&\vdots\\m_{n1}&\cdots&m_{nm}\end{bmatrix}=(n_1,n_2,\cdots,n_m)$$

最后，依据最大隶属度原则对 W 市防汛桌面应急演练的总体评价向量做出评判，取向量中的最大值作为评判结果。

(2) 计算结果

收集整理 5 位专家对 W 市防汛桌面应急演练的评估结果，并根据实际打分情况，对隶属度进行统计。根据打分结果进行计算，将要素层的评价矩阵 R 与其对应的权重向量相乘，得到子准则层的模糊综合评价向量 M_{in}：$M_{Z11}=W_{11}\cdot R_1=(0.920,0.080,0.000,0.000,0.000)$。5 个评语集中“好”的权重值最高(0.92)，结合最大隶属度法则可知，最终综合评价结果为“好”。同理，可以得到子准则层其他评价指标的模糊综合评价向量。

$MZ_{14}=(0.817,0.183,0.000,0.000,0.000)$，最终综合评价结果为“好”。

$MZ_{21}=(0.265,0.460,0.275,0.000,0.000)$，最终综合评价结果为“较好”。

$MZ_{22}=(0.539,0.389,0.072,0.000,0.000)$，最终综合评价结果为“好”。

$MZ_{23}=(0.212,0.291,0.457,0.040,0.000)$，最终综合评价结果为“一般”。

$MZ_{31}=(0.766,0.156,0.078,0.000,0.000)$，最终综合评价结果为“好”。

$MZ_{32}=(0.744,0.256,0.000,0.000,0.000)$，最终综合评价结果为“好”。

将求出的子准则层模糊综合评价向量组合成两个二级指标的模糊关系矩阵即初级模糊关系矩阵 M_{in}：

$$M_1=\begin{bmatrix}0.920,0.080,0.000,0.000,0.000\\0.415,0.542,0.044,0.000,0.000\\0.179,0.511,0.310,0.000,0.000\\0.817,0.183,0.000,0.000,0.000\end{bmatrix}$$

$$M_2=\begin{bmatrix}0.265,0.460,0.275,0.000,0.000\\0.539,0.389,0.072,0.000,0.000\\0.212,0.291,0.457,0.040,0.000\end{bmatrix}$$

$$M_3=\begin{bmatrix}0.766,0.156,0.078,0.000,0.000\\0.744,0.256,0.000,0.000,0.000\end{bmatrix}$$

其中，二级评价指标的权重向量为

$$WZ_1-(0.241,0.424,0.238,0.097)$$

$$WZ_2=(0.342,0.408,0.249)$$
$$WZ_3=(0.739,0.261)$$

将权重向量与初级模糊关系矩阵相乘得到子准则层总体评价向量即初级总体评价向量 N_i：

$N_1=WZ_1\cdot M_1=(0.520,0.388,0.092,0,0)$其中最大值为 0.520，所对应评价区间为“好”。

$N_2=WZ_2\cdot M_2=(0.363,0.388,0.237,0.010,0)$其中最大值为 0.388，所对应评价区间为“较好”。

$N_3=WZ_3\cdot M_3=(0.760,0.182,0.058,0,0)$中最大值为 0.760，所对应评价区间为“好”。

基于初级模糊综合评价的结果 N_i，对 W 市防汛桌面应急演练进行了初步评价。将初级评价的结果组合，构成多级模糊关系矩阵 M：

$$M=\begin{bmatrix}N_1\\N_2\\N_3\end{bmatrix}=\begin{bmatrix}0.520,0.388,0.092,0,0\\0.363,0.388,0.237,0.010,0\\0.760,0.182,0.058,0,0\end{bmatrix}$$
$$W=(0.351,0.447,0.202)$$
$$N=W\cdot M=(0.498,0.346,0.150,0.004,0)$$

五、评估结果分析

图 5-4 为最终评估结果。根据最大隶属度原则判断总体评价向量 N，最大分值为 0.498 属于“好”区间，评价等级为“好”。

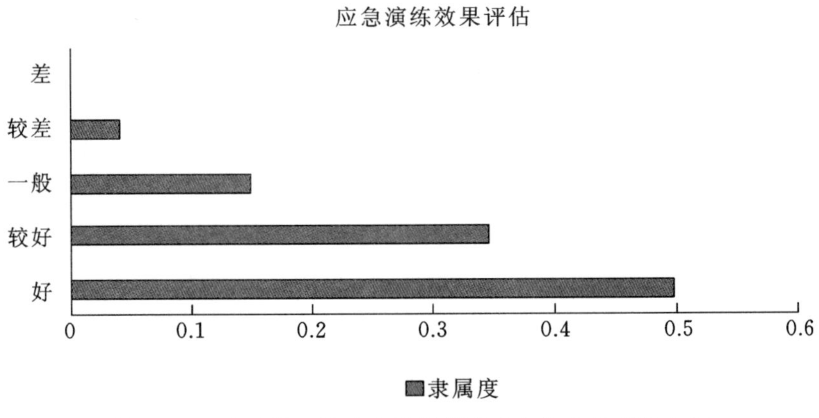

图 5-4　W 市防汛桌面应急演练模糊综合评价结果示意图

W 市防汛桌面应急演练根据各层级的模糊综合评价结果，在子准则层中，获得“好”的共有 5 项指标，分别是演练准备阶段的演练计划、演练培训，演练实施阶段的应急启动、应急处置以及演练总结阶段的跟踪改进与资料保存；获得“较好”的共有 2 项指标，分别是演练准备阶段的演练方案、指挥部署；获得“一般”的有 2 项指标，为演练保障和讲评总结。

分析出现“一般”的两项指标发现演练保障中器材、设备、沙盘、多媒体等设备应用不到位，演练过程仅以口述方式进行，演练解说不够流畅，解说内容过于简单。演练结束后的总结讲评不到位，对演练中存在的问题进行指出但不够全面。建议加大桌面演练场景设置丰富程度及多种设施设备应用程度，提高演练模拟真实度。演练解说人员在演练准备阶段应对应急演练预案及方案进行全面掌握。演练后的讲评总结中，各级应围绕存在的问题进行全面的分析，并在系统性角度分析问题成因，提出需要改进的不足和改进方法。

六、评估报告撰写

完成桌面应急演练的评估之后，需依据评估结果，全面总结本次演练的经验，并据此撰写评估报告，本次桌面应急演练评估报告见表 5-5 所示。

表 5-5　W 市防汛桌面应急演练评估报告表

<table>
<tr><td colspan="4">演练概要</td></tr>
<tr><td>演练时间</td><td>2023 年 4 月 9 日</td><td>演练地点</td><td>W 市应急指挥中心会议室</td></tr>
<tr><td>演练目的</td><td colspan="3">① 检验和提升 W 市防汛应急预案的科学性和实用性。
② 加强各部门之间的协同作战能力，提高应急响应效率。
③ 提升公众防灾减灾意识和自救互救能力。
④ 发现和解决防汛应急工作中存在的问题，提出改进措施，优化应急管理体系。</td></tr>
<tr><td>情景设置</td><td colspan="3">本次演练紧密围绕 W 市连续遭遇强降雨天气，导致长江 W 段水位持续上涨，全线超警戒，高出城区地面 3～5 m 的紧急情况展开。情景构建充分模拟了实际防汛过程中可能遇到的各种复杂情况，包括群众转移安置、救援力量调度、市政设施维护等，为参演人员提供了一个高度仿真的应急处置环境。</td></tr>
<tr><td>演练形式</td><td colspan="2">☑ 桌面推演　□实操演练　□示范演练</td><td>☑ 综合演练　□专项演练</td></tr>
<tr><td>牵头单位</td><td>W 市防汛抗旱指挥部（市防指）</td><td>参演机构</td><td>气象局、市水务局、市应急管理局、市公安交管局、市城管执法委、W 市供电公司、市防办、市卫健委等</td></tr>
<tr><td colspan="4">演练评估</td></tr>
<tr><td>演练评估时间</td><td>2023 年 4 月 16 日</td><td>演练评估地点</td><td>W 州应急指挥中心会议室</td></tr>
<tr><td>评估专家组成员</td><td colspan="3">1 名应急演练基层参与者、2 名演练组织部门应急管理专干、2 名负责监督应急演练工作的安全服务管理员、1 名演练组织部门中层领导、1 名分管应急管理工作的公司高层领导、2 名洪涝灾害应急管理研究员。</td></tr>
<tr><td>评估结论</td><td colspan="3">获得“好”的共有 5 项指标，分别是演练准备阶段的演练计划、演练培训，演练实施阶段的应急启动、应急处置以及演练总结阶段的跟踪改进与资料保存；获得“较好”的共有 2 项指标，分别是演练准备阶段的演练方案、指挥部署；获得“一般”的有 2 项指标，为演练保障和讲评总结。</td></tr>
</table>

续表5-1

演练总结及改进措施	
演练总结（主要成效及问题）	主要成效： ① 高效的应急响应机制：各部门在收到气象预警后迅速行动，按预案进行部署，确保信息快速传递和响应。市防汛抗旱指挥部统筹协调有力，通过紧急会议迅速决策，有效调动各方资源。 ② 跨部门协同作战能力强：在应急处置过程中，各部门之间配合紧密，形成了高效的联动机制，如地铁站和M村的救援行动。涉及多个部门的任务能够迅速分配并得到有效执行，体现了良好的跨部门协作能力。 ③ 预警信息传播广泛：预警信息通过多种渠道（互联网、手机短信、高音喇叭等）广泛传播，覆盖了学校、医院、商场等人员密集场所，提高了公众的防灾意识。 ④ 现场处置及时有效：针对地铁站和M村的突发情况，救援队伍迅速到达现场，展开有效救援，确保了被困人员的安全疏散。各部门根据职责分工，有序开展排涝、抢险、医疗救助等工作，控制了灾情的发展。 ⑤ 灾后重建和恢复机制完善：降雨结束后，及时召开灾后重建部署会，明确了各部门的职责和后续工作重点，确保尽快恢复正常生产生活秩序。 存在问题： ① 信息报告流程可能存在的冗余：在应急演练中，部分信息的重复报告可能增加了指挥部的工作量，需要进一步优化信息报告流程，减少不必要的重复。 ② 应急资源调配的灵活性：虽然整体调配较为迅速，但在某些环节（如电力故障修复）上，资源调配可能存在滞后，需要进一步提高应急资源的灵活性和快速反应能力。 ③ 公众教育和引导不足：演练中未充分展示如何加强对公众的防灾减灾教育和引导，提高公众自救互救能力，这是未来需要加强的方向。 ④ 演练保障中器材、设备、沙盘等设备应用不到位。
改进措施	① 完善预警信息发布机制：进一步扩大预警信息的覆盖范围，特别是加强对偏远地区和特殊群体的信息传递。利用多种渠道（如社交媒体、短信、广播等）发布预警信息，提高信息的及时性和有效性。 ② 加强基础设施建设和维护：加大对防洪排涝等基础设施的投入，提高其抗灾能力。定期对基础设施进行巡查和维护，确保其正常运行。 ③ 优化应急物资储备和调配体系：建立完善的应急物资储备制度，确保关键物资充足。提高应急物资的调配效率，通过信息化手段实现快速响应和精准投送。 ④ 加强公众教育和培训：定期开展防灾减灾知识宣传和教育活动，提高公众的防灾意识和自救互救能力。组织应急演练和模拟训练，增强公众的应急反应能力和实际操作技能。 ⑤ 建立长效机制：将本次演练的经验教训总结提炼为长效机制，不断完善和优化应急预案和应急管理体系。加强跨部门、跨区域的应急合作与交流，共同应对各类灾害风险。

七、演练脚本改进

评估报告全面总结了本次演练的经验，为进一步提升应急演练的实效性与可操作性，需要针对报告中提出的各项问题与建议，改进应急演练脚本。

1. 问题一：信息报告流程存在冗余

改进内容：在信息报告环节，增加信息汇总和初步处理的节点，避免直接将所有原始信息上报至市防汛抗旱指挥部。各单位在接报后，应首先对信息进行初步筛选和汇总，形成简洁明了的报告，再上报给指挥部。

脚本修正：在各部门报告工作情况的环节中，加入一个"信息初筛汇总"步骤。例如，在气象部门、水务局等部门报告后，设立一个由专人负责的信息汇总中心，对各单位信息进行快速分析处理，剔除重复信息，只将关键信息和需要进一步处理的事项汇总后报给市防汛抗旱指挥部。

2. 问题二：应急资源调配灵活性不足

改进内容：加强应急资源的日常管理和协调机制，确保在突发事件中能够迅速调动。特别是对于电力、交通等关键领域的应急资源，应建立优先保障和快速响应机制。

脚本修正：在应急响应行动中，特别加入电力和交通资源的优先调度流程。例如，在接到地铁站点电力故障的报告后，市供电公司应立即启动电力抢修预案，并与市交通运输局、市公安局等部门协同工作，确保道路畅通，以便抢修队伍快速到达现场。

3. 问题三：公众教育和引导不足

改进内容：在演练中增加公众教育和引导的展示环节，如通过社区广播、电视直播、社交媒体等方式，向公众传递防灾减灾知识，展示自救互救技能。

脚本修正：在响应行动阶段，增加一段关于公众教育和引导的描述。例如，市委宣传部在接到任务后，立即组织长江日报、市广播电台等媒体发布内涝信息和防灾指南，通过滚动播出、在线直播等方式，指导市民做好自我保护，提醒市民不要涉水外出，同时注意防范次生灾害。

4. 问题四：演练保障中器材、设备、沙盘等设备应用不到位

改进内容：在演练前，对所有的器材、设备、沙盘等进行全面检查，确保其状态良好、操作正常。对于演练中需要使用的高音喇叭、应急照明灯、抽水泵等设备，要预先进行试用，确保其在实际应用中能够迅速投入使用。同时，对沙盘等模拟工具进行精细化调整，确保其能够真实反映现场情况，为决策提供准确依据。

脚本修正：在市防汛抗旱指挥部进行会商研判时，利用大型沙盘模型来模拟城市地形、排水系统、重要基础设施（如水库、泵站、地铁线路等）的布局。在模拟地铁站被淹的场景中，利用虚拟现实（VR）或增强现实（AR）技术结合沙盘模拟地铁站内部环境。

第六章

地质灾害应急桌面演练案例

第一节 地质灾害概述

一、基本定义

地质灾害简称地灾，是一种以地质动力活动或地质环境异常变化为主要成因的自然灾害，指在地球内动力、外动力或人为地质动力作用下，地球发生异常能量释放、物质运动、岩土体变形位移以及环境异常变化等，危害人类生命财产、生活与经济活动或破坏人类赖以生存与发展的资源、环境的现象或过程。不良地质现象通常叫做地质灾害，是指自然地质作用和人类活动造成的恶化地质环境，降低了环境质量，直接或间接危害人类安全，并给社会和经济建设造成损失的地质事件。

二、事故特点

地质灾害的事故特点如下：

① 复杂性与多样性。地质灾害包括崩塌、滑坡、泥石流、地面塌陷、地裂缝、地面沉降等多种类型，这些灾害的形成条件和成灾机理各不相同，不同地区地质灾害的主要类型和诱发因素也存在差异。此外，同一地区不同区域的地质灾害触发条件也可能不同，这使得地质灾害的预防和治理变得复杂多样。

② 隐蔽性与突发性。地质灾害往往具有很强的隐蔽性，尤其是在植被发育茂密的山区，地质灾害的发生很难通过传统的人工调查或常规手段提前发现。同时，地质灾害的突发性也很强，尤其是强降雨引发的地质灾害，其成灾时间短、临灾征兆不明显，从变形到最终成灾往往仅数分钟或数小时，给预防和应急响应带来巨大挑战。

③ 动态性与不确定性。地质灾害隐患数量会发生动态变化，曾经出现变形的隐患点，也可能因为外界条件变化而加剧或减小威胁。此外，地质灾害尤其是崩塌、地面塌陷

等的发生往往具有不确定性，很难提前准确预测哪个区域或部位会发生灾害，这种不确定性增加了地质灾害预防和治理的难度。

④ 广泛性与区域性。地质灾害分布广泛，不仅发生在山区、丘陵地区，也可能在平原、盆地等地质条件复杂的地区发生。同时，地质灾害的发生往往具有区域性特征，受地质构造、地形地貌、气候条件等多种因素影响，不同区域的地质灾害类型和发生频率可能存在差异。

⑤ 危害性与严重性。地质灾害对人类生命财产和环境造成的危害和损失往往十分严重。崩塌、滑坡、泥石流等灾害可能导致人员伤亡、房屋倒塌、交通中断等；地面塌陷、地面沉降等灾害则可能破坏基础设施、影响居民生活。此外，地质灾害还可能对生态环境造成长期影响，如水土流失、土地沙漠化等。

第二节　地质灾害应急响应流程

地质灾害的应急响应流程同样需要遵循一系列步骤，以确保人员安全并减少灾害损失。

一、监测预警

① 密切关注地质信息。加强地质灾害监测，包括地质构造活动、降雨量、土壤湿度等，及时获取地质灾害预警信息。

② 发布预警信息。通过电视、广播、手机短信、互联网等多种渠道及时向公众发布地质灾害预警，明确预警等级（红色、橙色、黄色、蓝色）及可能的影响范围。

二、信息报告

快速报告机制：一旦发现地质灾害迹象或监测到异常，地质灾害防治部门需迅速报告给市应急管理部门和地方政府。同时，确保信息的及时性和准确性。

三、初步评估

现场勘查与评估：应急管理部门组织专业团队进行现场勘查，评估灾害的范围、严重程度及潜在影响，为后续应急响应提供科学依据。

四、应急响应

① 启动应急预案。根据初步评估结果，立即启动地质灾害应急预案。明确各级政府、相关部门和个人的职责分工。

② 紧急行动。组织疏散，按照预定路线撤离受威胁区域的人员至安全地带。设置警戒区，防止无关人员进入危险区域。避险指导，为无法及时撤离的人员提供避险指导，教授自救互救知识。

五、救援行动

① 启动救援队伍。组织专业救援队伍和志愿者迅速赶赴灾区，开展搜救被困人员、救治伤员、疏散转移受灾群众等抢险救援工作。

② 协调资源。协调各方资源，包括救援物资、设备、医疗力量等，确保救援工作的顺利进行。

③ 现场处置。根据地质灾害的具体情况，采取有效措施进行现场处置，如清理障碍、抢修基础设施等，防止灾害进一步扩大。

六、恢复重建

① 基本生活保障。为受灾群众提供临时住所、食品、饮用水、医疗等基本生活保障，确保其基本生活需求得到满足。

② 卫生防疫。开展卫生防疫工作，预防和控制灾后疾病的发生和传播，对灾区进行全面消毒和防疫处理。

③ 修复重建。组织力量修复受损的基础设施，包括道路、桥梁、房屋等，恢复正常生产生活秩序。同时，评估灾害损失，制定恢复重建计划。

七、总结改进

① 总结评估。对地质灾害应急响应工作进行全面总结评估，分析存在的问题和不足，总结经验教训。

② 改进提升。根据总结评估结果，完善地质灾害应急预案和响应机制，提高应对地质灾害的能力和水平。

第三节 地质灾害应急演练规划与设计

为了深入阐述地质灾害应急响应机制的实际运作流程，本节以“××市××乡××村突发大规模山体变形事件”为案例，分析地质灾害桌面应急演练全过程。

一、演练准备

1. 组织机构

本次地质灾害应急演练组织结构见表 6-1 所示。

表 6-1　地质灾害应急演练组织结构

名称	成员构成	主要职责
领导小组	组长：××市政府分管应急管理副市长 副组长：××市应急管理局局长、××市政府分管副秘书长	全面负责项目策划、指导、监督与决策，确保项目方向正确，资源调配合理
策划小组	牵头单位：××市应急管理局办公室 成员：××市应急管理局、××市政府办公室相关人员	负责项目立项、策划、方案编写、物资准备、场景布置、视频制作与旁白脚本编写等前期筹备工作
专家组	成员：地质灾害、气象、水文、应急管理等领域专家	提供专业技术支持，评估推演场景，模拟地质灾害发展趋势，为应急响应提供决策建议
演练指导组	牵头单位：××市应急管理局应急指挥中心 成员：应急管理、公安、自规、水利、医疗、交通等部门业务骨干	设计推演流程，指导参演人员按照应急预案进行模拟操作
参演队伍	成员：政府部门代表、救援队伍、基层组织等	参与推演策划，根据职责认真参与推演，模拟应急响应过程
辅助人员	成员：主持人、导调、时间掌控、摄影摄像等	提供推演所需的技术支持与后勤保障，营造逼真的灾情氛围，增强推演互动性
评估人员	成员：项目管理专家、应急管理专家、参演单位代表	对桌面推演过程进行全程评估，收集参演人员及专家的反馈意见，提出改进建议，为项目总结与提升提供依据
后勤保障人员	成员：会务、安保、餐饮等人员	负责会场布置、设备调试，提供餐饮、安保等后勤服务，确保演练顺利进行

2. 需求分析

（1）背景调研

问题：对××市××乡××村的具体地质结构、水文条件及历史灾害数据掌握不够详尽，可能影响灾害情景构建的准确性；现有地质灾害应急预案在组织结构、职责分工、响应流程等方面基本完善，但缺乏针对特定地质灾害（如大规模山体滑坡）的详细应对措施。

需求明确：需进一步收集该区域的地质、气象、水文等详细数据，构建更贴近实际的灾害情景；需针对山体滑坡等特定地质灾害细化应急预案，明确各部门的具体职责和行动步骤。

（2）应急资源评估

问题：参与演练的人员虽覆盖多个部门，但部分人员对应急预案的熟悉程度和专业技能有待提升；应急物资储备基本满足需求，但在实际调运和分配过程中可能存在效率不高的问题；通讯设备和技术手段在复杂环境下的稳定性和可靠性需进一步验证。

需求明确：加强对应急人员的培训和演练，提升其在灾害应对中的专业素养和协作能力；优化物资调运和分配机制，确保在灾害发生时能够迅速、准确地将物资送达灾区；加强通讯设备的测试和维护，确保在灾害发生时能够保持通讯畅通，及时传递信息和指令。

3. 过往案例分析

根据本次演练的主题（大规模山体滑坡），从数据库中筛选出与之紧密相关的案例，这些案例应直接关联到地质灾害的识别、预警、响应、救援等关键环节。在众多相关案例中，进一步挑选出具有代表性和警示意义的案例。这些案例可以是在特定地质条件下发生的典型事件，或者是在应急管理中展现出极端情况（如极端成功或极端失败）的实例。它们应能够为本次演练提供有价值的参考和借鉴。

（1）案例一：××省A县特大山体滑坡事件

背景概述：××省A县因连续强降雨，导致一处山体突发大规模滑坡，滑坡体积超过500万方，造成多处房屋倒塌、道路中断及人员伤亡。

关键环节分析：

① 识别与预警。监测预警系统未能有效提前识别滑坡风险，主要由于前期降雨数据分析不足。村民自发报告成为初期预警的主要来源，但缺乏官方权威渠道的确认和扩散。

② 应急响应。当地政府迅速启动应急预案，成立应急指挥部，但初期救援力量调配不足，救援装备短缺。救援过程中存在交通受阻、通信中断等问题，影响救援效率。

③ 救援与安置。军队、消防、医疗等多部门联合救援，成功救出多名被困人员。受灾群众迅速转移至临时安置点，但初期物资供应紧张，需外部支援。

警示意义：加强地质灾害监测预警系统建设，提高数据分析能力和预警准确性；完善应急预案，确保救援力量和资源的快速有效调配；加强基础设施建设，提高交通和通信系统的抗灾能力。

（2）案例二：××省B县大型山体滑坡事件

背景概述：B县连续遭受强降雨袭击，山体含水量急剧增加，导致一处自然山体发生大规模滑坡，滑坡体积超过300万方，直接威胁到山下村庄的安全。

关键环节分析：

① 识别与预警。地方气象局及时发布强降雨预警，自然资源局通过卫星遥感技术监测到山体形变，提前向政府报告潜在滑坡风险。不足之处：部分村民对预警信息重视不足，未及时采取防范措施。

② 应急响应。县政府迅速启动应急预案，组织救援队伍和物资赶赴现场，同时疏散

受威胁群众。不足之处：初期救援力量调配不够迅速，导致部分群众被困时间较长。

③ 救援与安置。专业救援队伍利用无人机侦察灾区情况，精准定位被困人员位置，实施有效救援。不足之处：现场通讯设备受天气影响出现故障，影响了救援指令的传达和执行效率。

警示意义：本次事件强调了预警信息的及时传达和群众防范意识的重要性，同时提示了应急响应速度和通信保障在救援行动中的关键作用。

(3) 案例三：××市C镇突发性山体滑坡灾害

背景概述：C镇地处山区，受极端天气影响，一处山体突发滑坡，滑坡体直接冲入下游村庄，造成多栋房屋倒塌和人员伤亡。

关键环节分析：

① 识别与预警。地质监测站利用监测网络提前捕捉到山体微小形变，并及时发布预警信息。不足之处：预警信息未能充分覆盖所有受威胁区域，部分村民未能及时得到通知。

② 应急响应。镇政府在接到预警后立即组织群众疏散，成功避免了更大规模的伤亡。不足之处：疏散过程中存在秩序混乱，部分群众因恐慌而未能及时撤离。

③ 救援与安置。多部门联合救援，快速调配医疗、救援物资和设备，有效救治伤员。

警示意义：此案例凸显了预警信息的广泛传播和群众疏散组织的重要性，同时也指出了在极端灾害条件下，跨部门协作和高效救援机制建设的必要性。

(4) 案例四：××县D乡复杂地质条件下的山体滑坡

背景概述：D乡地质条件复杂，受连续降雨影响，一处古老滑坡体再次复活，引发大规模滑坡，导致交通中断和多个村庄受灾。

关键环节分析：

① 识别与预警。地方地质专家结合历史数据和现场考察，准确预测了滑坡风险。不足之处：未充分考虑地下水位急剧上升对滑坡稳定性的影响。

② 应急准备。乡政府提前准备了应急物资和救援队伍，并进行了应急演练。不足之处：缺乏针对复杂地质条件的专项应急预案和救援装备。

③ 救援与安置。利用重型机械和无人机进行滑坡体清理，快速恢复交通。

警示意义：该案例提醒我们，在复杂地质条件下，必须加强对地质灾害风险的全面评估，制定针对性强的应急预案，并加强应急准备和救援能力建设。同时，灾后恢复和长期监测同样重要，以确保灾区群众的生命财产安全。

4. 目的明确

本次桌面推演旨在全面检验和提升××市应对突发地质灾害（以山体滑坡为例）的应急响应能力、指挥协调能力、现场处置能力和综合保障能力，确保在类似灾害发生时能够迅速、有序、高效地开展抢险救援工作，最大限度保障人民群众生命财产安全。推演将聚焦以下目标：

① 快速响应能力：通过模拟地质灾害突发情况，检验各级部门从信息接报到启动应

急响应的时间效率，设定明确的响应时间指标，如市应急管理局在接到报告后需立即通知相关部门并在半小时内启动会商机制。

② 资源调配与协同作战能力：验证在紧急情况下，各救援队伍、物资、设备等的快速调配与协同作战能力，确保救援力量能够迅速到位并有效配合，降低灾害损失。

③ 现场指挥与风险感知能力：模拟现场指挥部在复杂多变的灾害环境中进行高效指挥的能力，包括风险预判、决策制定、指令传达及执行情况反馈等，同时设立风险感知能力考核标准，如现场指挥人员需能在最短时间内准确识别并评估灾害风险。

④ 应急处置方案的科学性与有效性：检验应急预案的实用性和可操作性，通过推演不断完善应急处置方案，确保在真实灾害发生时能够迅速、准确地采取应对措施。

⑤ 灾后恢复与重建能力：评估灾后恢复与重建工作的组织、实施及效果，确保灾区群众能够尽快恢复正常生产生活秩序。

5. 任务明确

地质灾害应急演练各部门任务清单见表 6-2 所示。

表 6-2 地质灾害应急演练各部门任务清单

参演单位	职责清单	任务清单
市应急管理局	统筹协调应急救援工作； 报告灾情并启动应急响应； 调度救援队伍和物资	接收并报告灾情信息； 通知各相关部门和专家到指挥中心会商； 统筹配置抢险救援力量； 搭建现场通信枢纽，保障通信畅通； 组织调动救援队伍和装备； 视频连线地方，了解应急处置进展
市自然资源与规划局	地质灾害监测预警； 提供专业技术支持； 编制应急处置方案	组织地质监测人员现场监测滑坡体； 分析地表变形数据，评估滑坡风险； 编制滑坡应急处置方案； 参与会商，提供专业意见
市水利和湖泊局	水文监测与预警； 河流及水库调度； 防范堰塞湖风险	监测清江水位及流量； 组织技术人员开展云龙河、车坝河、大龙潭水库调度； 沿河巡查，防范堰塞湖风险； 参与会商，提供水文数据支持
市气象局	气象监测与预报； 提供降雨趋势分析	监测事发地气象数据； 发布降雨预报，分析降雨趋势； 派出现场气象监测车，加密监测； 参与会商，提供气象数据支持

续表6-2

参演单位	职责清单	任务清单
市水文局	水文数据监测； 河道水位预警； 土壤含水饱和度监测	监测清江干流水文数据； 预测水位、库容、出入库流量； 携带专业设备现场监测水文、土壤数据； 参与会商，提供水文数据支持
市卫健委	医疗救治； 卫生防疫； 心理援助	紧急调配医疗救援队伍； 开展伤员救治、卫生防疫和心理援助； 实施饮用水卫生监测和食品安全监测； 处置遇难人员遗体，防控重大动物疫病
市交通运输局	交通设施抢修； 物资调配运输； 交通管制	抢修损毁道路，确保救援通道畅通； 调配运输救援物资； 实施灾区周边交通管制，维护交通秩序
市公安局	治安管理； 安全保卫； 打击违法犯罪	维护灾区治安秩序； 打击盗窃、抢劫等违法犯罪活动； 实施临时交通管制，保障救援通道畅通； 加强重要场所警戒
市委宣传部	新闻发布； 舆情收集； 舆论引导	确定新闻发言人，发布灾情和救灾信息； 组织宣传报道，收集研判舆情； 正确引导社会舆论，管理媒体和记者
××市政府	先期处置； 群众疏散安置； 物资保障	组织干部、民兵等力量疏散转移群众； 开展抢险搜救、自救互救； 筹集、调用和发放生活必需品； 抢修基础设施，确保供电、供水、供气、网络畅通； 设立临时安置点，安置受灾群众
××军分区	组织民兵参与救援； 抢险救灾	组织民兵赶赴现场参与救援； 开展抢险救灾工作，搜救被困人员
市消防救援支队	紧急救援； 搜救被困人员； 灾害处置	从周边县市调派救援力量赶赴现场； 开展抢险救灾工作，搜救被困人员

6. 资料准备

应急预案：《××市突发地质灾害应急预案》（附件3）。

多媒体资料：视频资料包括地质灾害现场模拟视频，山体滑坡、救援行动等场景。图片资料包括地质灾害现场照片、救援队伍行动照片等。音频资料包括旁白解说、现场音效等。

演示材料：PPT演示文稿（用于展示演练流程、组织架构、应急响应流程等），地图和图表包括地质灾害区域地图、滑坡体示意图、应急响应流程图等。

辅助材料：计时器（用于控制演练时间，确保各环节按时完成），演练评估表（用于记录各参演单位的表现和演练效果评估），记录工具（如笔记本、录音笔等，用于记录演练过程中的关键信息和讨论内容）。

7. 场地准备

会场选址：选择面积适中、设施完备的会议室作为推演主会场，确保可容纳所有参演人员，并设有足够的空间用于布置会议桌椅、投影设备等。

会议桌椅布局：采用环形或U形布局，便于参演人员面对面交流，同时确保指挥长（或主持人）位于中心位置，便于掌控全场。

标识设置：在显眼位置设置会议名称、日期、时间等标识，以及各工作组或参演单位的座位标识，确保参演人员快速就座。

二、情景设计

1. 情景筛选

明确主要目的：提升各相关部门在地质灾害（如地震、滑坡、泥石流等）发生时的应急响应能力，检验地质灾害应急预案的可行性和有效性，同时加强跨部门之间的沟通与协作，确保在真实灾害发生时能够迅速、有序地展开救援行动。

分析目标受众：目标受众主要包括但不限于应急管理部门、地质灾害防治机构、消防救援队伍、医疗机构、教育部门、社区管理组织以及可能受地质灾害影响的企事业单位和居民社区。根据各受众群体的特点和职责，分析其在地质灾害应急响应中的具体需求和关注点。例如，应急管理部门需要关注预警信息发布、资源调配和指挥协调；消防救援队伍需要熟悉救援流程、装备使用和人员搜救；医疗机构则需准备医疗救援、伤员转运等。

根据需求，我们筛选出了三个情景，如表6-3所示。

表6-3　地质灾害应急演练场景设计

情景编号	灾害类型	假设情景描述	演练内容
一	地震灾害	××地区发生6.5级地震，导致多处建筑物倒塌、道路中断、电力通信受损	地震预警信息发布、紧急疏散、救援队伍集结与调配、伤员救治与转运、灾民安置等
二	滑坡泥石流	××山区因连日暴雨引发滑坡泥石流，导致下游村庄被淹、道路损毁	滑坡泥石流预警监测、紧急疏散与避险、道路抢修与救援通道开辟、物资调运与分发等

续表6-1

情景编号	灾害类型	假设情景描述	演练内容
三	山体滑坡及次生灾害	××市进入主汛期，连续强降雨导致××村西北区域山体突发大面积滑坡，体积约100万方，造成房屋倒塌、农田和基础设施损毁	灾害预警与监测、紧急疏散与避险、滑坡体稳定性评估、救援队伍集结与调配、次生灾害防控（如堰塞湖处置）、物资调运与分发、灾民安置等

2. 情景细化

选择情景三作为本次桌面推演的主题，对情景三进行细化，如表6-4所示。

表6-4　情景三细化

阶段	时间	情况描述	行动
① 先期处置阶段			
监测预警	凌晨1:00左右	××自规所监测到滑坡前兆	报告乡党委政府，启动应急预案，发布预警，建议转移群众
群众疏散与救援	凌晨1:30～2:00	组织疏散转移，抢险搜救	乡党委政府组织干部、民兵行动，同时向××市政府报告请求支援
增援与响应升级	凌晨2:00	××市政府接报后	组织增援，启动突发地质灾害Ⅰ级应急响应，划定安全区、危险区，设立警示标志
② 启动响应阶段			
信息接报与会商研判	凌晨2:30	××滑坡险情严重，存在二次滑坡风险	市指挥长组织会商，决定启动市地质灾害Ⅰ级应急响应
应急处置指挥部成立	凌晨3:00	启动市地质灾害Ⅰ级应急响应后	成立应急处置指挥部，下设多个工作组，迅速开展工作
③ 现场处置阶段			
救援力量集结	凌晨3:00～4:00	搭建通信枢纽，调运救援装备	市应急局、军分区、消防、公安、卫健委等单位集结救援力量
二次滑坡与道路中断	凌晨3:50	××区域东南区域发生第二次滑坡	道路损毁，电力中断，请求增援，市交通局和供电公司抢修
堰塞湖形成与处置	4:00～9:00	滑坡体进入清江形成堰塞湖	现场指挥部制定处置方案，通知上下游水库配合放水、泄洪，消除堰塞湖风险

三、演练流程

1. 背景介绍

【视频介绍，图 6-1】我州进入降水集中期以来，降水过程频繁，雨量异常偏多，局地强度大，极端性强。连续的强降雨，导致××市××乡××村西北区域山体突发大面积山体变形，造成多处村民房屋倒塌，农田和基础设施损毁，严重威胁当地群众生命财产安全，现场情况十分危急。

图 6-1　地质灾害应急演练现场

××市先期处置情况【视频和导调员解释说明】

① ××市自规所组织地质灾害监测网格员对地质灾害点进行巡查时，发现了××乡存在滑坡地质灾害前兆，并报告××乡党委政府，提出转移群众建议，发布地质灾害预警。

② ××市××乡党委政府立即召集机关干部、××村支两委干部、民兵赶往事发地，组织群众快速疏散转移，开展抢险搜救、自救互救，并向××市政府报告，请求支援。

③ ××市政府组织相关部门和救援队伍赶往现场增援，并启动突发地质灾害Ⅰ级应急响应，向群众发出地质灾害预警，并上报市地质灾害应急指挥部。

④ ××市公安局、自规局、应急局等单位第一时间赶往事发地，划定安全区、危险区，设立危险区警示标志，确定预警信号和撤离路线，组织群众转移避让或采取排险处置措施。对可能发生地质灾害的地点、建筑物和相关设施，采取紧急抢险、防护、隔离或管制等应急处置措施。

2. 预警准备、会商研判、决策部署

市应急管理局：市应急局报告指挥长，接××市报告，凌晨 2:30，受连续强降雨影响，××市××乡××村西北区域山体突发山体滑坡，滑坡体积约 100 万方，已造成 9 间房屋倒塌，转移安置群众 32 户 126 人，无人员伤亡。现场还有 500 万方左右的变形体，滑体可能会进入×江，形成堰塞湖，将威胁上下游村民生命财产安全。现场情况十分紧急。××市正在进行前期处置，请指示！

市指挥长：请立即通知市自规局、市水利局、市气象局、市水文局和相关专家到市应急指挥中心会商！

---

(1) 各部门报告工作情况

市指挥长：现就××市滑坡险情处置召开紧急会商，首先请市应急局简要通报情况，然后请各位依次发表意见。

市应急局：受连日强降雨影响，××市××乡××村发生山体滑坡灾害，滑坡体积约100万方，已造成9间房屋倒塌，转移安置群众32户126人，无人员伤亡，初步估计还有500万方左右的高风险山体，一旦发生二次滑坡，滑体将会进入×江，导致清江堵塞，形成堰塞湖，对上下游1000余名村民及其财产造成严重威胁。目前××市正在救援处置中，从现场报告的信息来看，处置力量严重不足，形势非常严峻，建议立即增援。

市自规局：市自规局报告，从目前地表调查情况看，地表变形明显，由于连续超强降雨造成大量雨水渗透软土层和软质岩土中，加大了滑坡的下滑力，降低了土体的抗剪强度，山体稳定性大幅降低。从目前的监测数据看，变形仍在加剧，变形范围还有继续扩大的可能。

市水利和湖泊局：市水利局报告，就目前水文监测数据分析，受近期持续降雨影响，河道底水量大，×江水位持续上涨，已有部分滑坡体落入河道，若滑坡体继续扩大，可能形成堰塞湖。

市气象局：市气象局报告，就目前气象资料分析，事发地降雨仍会持续，预计未来24 h降雨量达100 mm以上，仍存在集中短临时强降雨，山体滑坡风险将会进一步加剧。

市水文局：市水文局报告，当前，位于河段上游2.5 km处的水文站水位为575.74 m，相应流量178 $m^{3/s}$。根据气象预报和当前水文情势分析，河段来水量将进一步增大，河道水位将持续上涨，若发生二次滑坡，形成堰塞湖风险较高。

专家：专家代表报告，根据目前掌握的地质、气象、水文监测数据综合分析，发生二次滑坡、形成堰塞湖的可能性很大。

市应急局：结合以上各单位的监测数据分析和现场形势研判，符合《××市突发地质灾害预案》Ⅰ级应急响应启动标准，建议立即启动市地质灾害Ⅰ级应急响应。

市指挥长：同志们，目前××市滑坡险情情况紧急，综合市应急局及有关部门和专家意见，我宣布，立即启动市地质灾害Ⅰ级应急响应，并上报省应急厅，请求支援！为切实做好××市滑坡险情应急处置，现成立××市滑坡险情应急处置指挥部，我任指挥长，分管副市长任副指挥长兼任现场指挥长，指挥部下设综合协调组、抢险救援组、医疗救治与卫生防疫组、灾情监测和技术支撑组、群众生活保障组、交通保障组、社会治安组及新闻舆情组等8个工作组。

---

(2) ××市滑坡险情应急处置指挥部【配合视频播报】

综合协调组：由市政府办牵头，负责传达指挥部指示；指导、协调各专项工作组的工作；负责指挥部与当地政府的工作衔接；指导市地质灾害应急指挥部各成员单位开展应急工作；负责险情灾情信息和新闻稿件的审核；起草指挥部文电，管理指挥部各类文书资料并整理归档；为指挥部提供后勤等服务保障；完成指挥部领导交办的其他工作。

抢险救援组：由市应急管理局牵头，负责统筹配置抢险救援力量，划分责任边界；调动救援队伍及装备，协调救援队伍之间的衔接与配合；搜救被困受伤人员，组织救援人员和物资紧急投运，组织开展地质灾害应急抢险、排危等工作。

医疗救治与卫生防疫组：由市卫健委牵头，负责整合、紧急调配医学救援队伍、药械、车辆等医疗卫生资源；开展灾区伤员医疗救治、卫生防疫和群众安置点医疗卫生服务及心理援助；实施饮用水卫生监测监管和食品安全风险监测，预防控制传染病及疫情暴发；处置遇难人员遗体，开展重大动物疫病防控。

灾情监测和技术支撑组：由市自规局牵头负责编制应急处置方案，开展滑坡区域的专业监测预警工作；组织开展灾区天气监测、预警、预报；24 h 不间断开展清江干流的水文数据监测工作，做好水位、库容、出入库流量监测及预测、预警、预报；开展附近河流、水库调度，确保××市城区防洪安全和供水保障；组织开展堰塞湖下游清江干流至××市城区河段沿河两岸巡查检查，防范可能出现堰塞湖溃堰带来的安全风险；组织开展地质灾害成因、灾害损失、社会影响等调查评估。

群众生活保障组：由××市政府牵头，负责制定和实施受灾群众救助工作方案及物资保障措施；做好受灾群众紧急转移安置，组织筹集、调用和发放灾区生活必需品；组织有关单位抢修维护基础设施，确保供电、供水、供气和网络畅通；接受和安排捐赠。

交通保障组：由市交通运输局牵头，负责公路、桥梁、隧道等交通设施抢修维护，确保抢险救援和物资调配道路畅通。

社会治安组：由市公安局牵头，负责灾区治安管理和安全保卫工作，严密防范、严厉打击趁机进行盗窃、抢劫、哄抢救灾物资、以赈灾募捐名义诈骗敛取不义之财、借机传播各种谣言制造社会恐慌等违法犯罪活动；维护社会治安，维护交通秩序；加强对党政机关、要害部门等重要场所的警戒。

新闻舆情组：由市委宣传部牵头，负责确定新闻发言人，及时发布灾情和救灾信息；组织宣传报道和舆情收集研判，正确引导社会舆论；负责对媒体和记者的管理。

市指挥长：各工作组牵头部门要始终坚持生命至上、避险为要的原则，按照《××市突发地质灾害应急预案》迅速行动，主动作为，认真履职尽责，加密监测预警，紧急调派应急救援力量和装备物资，紧密配合联动，严防次生灾害，全力以赴做好××滑坡险情应急处置，确保人民群众生命财产安全。请市应急局视频连线××市，通知××市汇报应急处置进展情况。

市应急局：报告市指挥长，市应急局已组织相关部门和救援力量 100 多人在事发现场进行救援，受地灾威胁的群众已成功转移安置，无人员伤亡，群众情绪稳定。事发地二次滑坡可能性很大，大概有500万方，可能堵塞×江，形成堰塞湖，形势严峻。请指示！

市指挥长：市指挥部已安排分管副市长带领市直相关部门、专家和救援力量赶赴现场，指挥抢险救援，你们要服从指挥，积极配合，进一步加强监测研判，组织精干力量，采取有力措施抢险救灾，并号召群众自救互救，确保无人员伤亡，最大程度减少灾害损失。

市应急局：收到！

3. 响应行动

相关部门按照《××市地质灾害应急预案》规定，扎实有序开展应急救援工作。省地灾应急救援指导组领导带领水利和地灾专家和地灾救援力量赶赴现场指导应急处置。

① ××市滑坡险情应急处置指挥部指挥长坐镇指挥部(市应急指挥中心)；

② 现场指挥长带领相关单位赶赴现场成立现场指挥部，市指挥权交接，由市现场指挥部统一指挥；

③ 市应急局组织通信保障力量、携带通信装备搭建现场通信枢纽，为指挥部提供应急指挥通信保障，同时调运相关抢险救援装备物资、组织救援力量赶赴现场；

④ 市军分区组织民兵100人赶赴现场开展救援；

⑤ 市消防救援支队从周边县市紧急调派8车100人，携带地灾救援装备赶赴现场开展救援；

⑥ 市公安局调派周边警力80人赶赴现场维持现场秩序，对灾区周边区域实施临时交通管制；

⑦ 市卫健委派出紧急医疗救援队5车20人赶赴现场做好医疗救护准备；

⑧ 市自规局派出地灾防治技术力量赴现场对滑坡体及周边地域开展专业监测工作，掌握滑坡区域的实时变形情况；

⑨ 市水利局派出技术人员开展附近河坝水库调度，开展×江干流至城区河段沿河两岸巡查检查，防范可能出现的堰塞湖安全风险；

⑩ 市气象局派出气象监测车赶赴现场，对事发地开展定向加密监测，每小时发布气象情况；

⑪ 市水文局派出技术力量携带专业水文监测设备赶赴现场开展水文、土壤含水饱和度等数据监测，为抢险救援提供技术支撑。

4. 现场处置

(1) 救援道路中断应急处置

现场指挥部:报告指挥长,凌晨 3:50,××村东南区域发生第二次滑坡,距第一次滑坡地点约 400 m,造成前往××村的道路损毁 50 m,××村电力中断,暂无人员伤亡。请求增援!

市指挥长:请市交通局和国网供电公司立即安排增援力量进行道路和供电抢修工作,务必在最短时间内打通道路,恢复供电!

市交通运输局安排施工人员 25 人,3 台铲车、2 台装卸机和 5 辆自卸车和其他相关道路抢修车辆前往事故路段展开抢修,国网供电公司组织 6 支抢修队伍,40 名抢修人员奔赴抢修一线。经过全力抢险修复,道路已经畅通,大部分地区已恢复供电,救援工作进展顺利。【播放救援视频】

(2) 堰塞湖应急处置

现场指挥部:报告指挥长,现场发生第三次大规模滑坡,滑坡体积约 600 万方,滑体已进入×江,导致×江堵塞,形成堰塞湖,造成水位快速上升,对上下游 1000 余名村民生命安全构成严重威胁。请指示!

市指挥长:请立即对受威胁的群众进行转移安置,做到应转尽转,确保人员生命安全。组织××市政府和市应急、水利、自规、气象、水文等单位负责同志及专家马上到现场指挥部会商,研究制定堰塞湖应急处置方案。要密切观察堰塞湖态势,科学调度,精准施策,高效处置,及时报告情况。

现场指挥部:收到!

现场指挥部紧急会商,研究制定了堰塞湖处置方案,通知上游水库开闸放水,对堰体进行冲刷,降低堰体高程,减少堰塞湖威胁。另外通知下游的水库进行泄洪腾库,应对可能发生的堰塞湖瞬间溃堰风险。

经过×江上游自然来水,加上水库开闸放水,上午 9:20 堰塞湖堰体局部冲开缺口,×江上游水位有序回落,共下降 4.27 m,堰塞湖瞬间溃堰风险已基本消除。同时,受威胁的 100 余名群众全部疏散并转移到临时安置点安置,应急物资充裕,无人员伤亡。【播放救援视频】

5. 后期处置

在市委、市政府的坚强领导下,市防指积极组织开展灾后恢复工作,按照“先主线后支线、先重点后其他、先临时后永久”的恢复策略，科学组织线路施工，围绕时间节点倒排工期，及时优化抢修复电时间。对过水区域开展消杀，防止“大灾之后有大疫”。市两级党员干部按照“街道吹哨、部门报到”“社区吹哨、党员报到”的要求积极参加社区灾后恢复工作。

市指挥部召开灾后重建部署会：

市应急局：我们已会同××乡人民政府组成灾后安置工作组，科学选取集中安置点，及时做好转移安置群众生活安排、心理抚慰、安全保卫，确保生活秩序运转有序、卫生防疫管控有效、救灾救助保障有力。目前，共建立集中安置点6处，集中安置受灾群众100多人，为受灾群众构筑一方临时避灾的温馨驿站。

目前，我们已紧急调拨救灾帐篷50顶、救灾棉被300床、折叠床200个、大米2000斤、食用油400斤、面粉400斤、饮用水400件以及方便食品等运抵安置点，确保转移安置受灾群众住得放心、吃得舒心、穿得暖心。

6. 演练结束及反馈

市指挥长：请各小组报告工作情况。

抢险救援组：报告指挥长，已对灾区进行全方位搜救，被困人员已全部转移至安全区域。

群众生活保障组：报告指挥长，群众安置点已搭建完毕，受灾群众已全部妥善安置，情绪稳定。受灾区域电力、通信已临时恢复；除受灾区域外，其他区域供电、通信已全部恢复。

医疗救治与卫生防疫组：报告指挥长，伤员已紧急送医处理，安置区临时医疗点已建立，安置点已进行了全面消毒。

灾情监测和技术支撑组：报告指挥长，通过对滑坡进行应急工程处置后，监测数据显示滑坡变形已逐渐趋于稳定，经与技术组专家商讨，认为可以解除预警，但后续仍需对滑坡进行实时监测，并建议及时对滑坡进行综合治理。

交通保障组：报告指挥长，被困车辆人员已被转移至安全区域，道路已抢通，车辆可以临时观测通行。

社会治安组：已对滑坡区域周边道路实施交通管制，确保救援通道畅通无阻。同时，派遣警力协助疏散工作，维护现场秩序。

新闻舆情组：我们正在通过电视、广播、社交媒体等多种渠道发布滑坡预警信息和疏散指南，提醒公众注意安全，避免前往危险区域。同时，将实时更新救援进展，传递正能量。

综合协调组：报告指挥长，根据现场勘查、专家分析、部门研判，现场山体滑坡险情已基本消除，不会发生次生灾害，建议终止××市地质灾害Ⅰ级应急响应，请指示！

市指挥长：我宣布，终止××市地质灾害Ⅰ级应急响应！××市要认真做好善后处置和灾后重建工作，力争灾区群众早日恢复正常生产生活。市自规局要积极指导××市做好滑坡体综合治理工作，并加强监测，严防地质灾害再次发生。市应急局要组织专家对本次抢险救援进行总结评估，进一步完善应急预案，指导协调救援队伍加强建设，做好应急备勤。其他部门要提高政治站位，勇于担当作为，强化工作措施，继续指导和帮助灾区恢复重建，确保灾区社会秩序稳定。

现场指挥部：收到！

导调员：本次桌面推演结束，敬请各位专家批评指正！

专家点评：在滑坡事故桌面推演中，应急响应速度和决策效率是评估应急管理能力的重要指标。本次推演中，各参演单位在接收到滑坡预警信息后，迅速启动了应急响应机制，并按照预案要求有序开展各项工作。特别是政府部门在指挥调度方面表现出色，能够迅速集结救援力量、调配应急资源，并作出科学合理的决策。同时，救援队伍也展现出了高效的执行力和专业的救援技能，为模拟中的受灾群众提供了及时的救助。

反馈建议：尽管推演在情景逼真度和预案适应性方面表现出色，但仍有一些方面可以进一步优化。首先，建议加强对极端天气变化对滑坡风险影响的模拟，特别是短时间内强降雨或连续降雨对土壤湿度的快速增加，这往往是触发滑坡的关键因素。其次，预案中应增加对公众教育和信息发布的详细指导，明确在灾害发生前后如何通过多种渠道向公众传递准确、及时的信息，以减少恐慌和混乱。最后，建议定期组织跨部门、跨领域的联合演练，以检验预案的实用性和可操作性，同时加强各应急机构之间的沟通与协作能力。

导调员：各位同事，感谢今天大家参与我们的滑坡事件桌面演练。这次演练的目的是测试我们在面对自然灾害时的应急响应能力和协作效率。经过紧张而有序的××市泥石流滑坡桌面演练，我们顺利完成了今天的任务。在此，我代表导调组，对大家的积极参与和辛勤付出表示衷心的感谢和崇高的敬意。本次演练不仅检验了我们应急预案的实用性和可操作性，也提升了我们应对突发地质灾害的应急反应能力和团队协作水平。在接下来的几周内，我们将分析本次演练中的数据和反馈意见，并且制定具体的改进计划。我们承诺将继续投入资源和培训，以提高我们团队应对类似事件的能力。

再次感谢大家的参与和贡献，我们期待在未来的演练中继续进步。

第四节　地质灾害桌面演练评估

一、指标体系构建

针对××市各级、各部门、各单位组织的本次地质灾害桌面应急演练的特点，采用了专家调查法(Delphi 法)，以问卷调查为基础，由若干个能够代表其观点的专家组成的会议对评价对象进行定量和定性预测和评价，将参演人员反思与评估与观察相结合，评估员事中对《桌面演练活动评估表》打分，事后组织一个由专业领域内的多个专家组成的小组，通过面对面或远程会议形式，讨论和评估地质灾害应急预案。

二、评估指标确定

1. 应急预案评分标准

为了确保应急预案的有效性、完整性和实用性，本节通过《应急预案评估表》(表 6-5)对预案进行评分。评分过程通常包括对预案的各个方面进行详细评审，如预案目标与范围、灾害风险等。通过评分，组织可以识别预案中的优点和缺陷，并采取相应的措施进行改进，从而提升整体的应急管理能力。

评估分值等级划分如表 6-6 所示。

表 6-5　应急预案评估表

评估指标	描述	评分
预案目标与范围	预案是否明确定义了应急响应的目标和适用范围？	
灾害风险评估	是否包括详尽的地质灾害风险评估和潜在影响分析？	
预警与监测系统	预案中是否明确了灾害预警系统和监测手段？	
资源调配与支持	是否考虑到资源调配、支持和协调机制？	
信息与沟通管理	预案中是否包括了有效的信息收集、传递和沟通管理措施？	
演练与评估机制	是否有定期演练和评估机制以验证预案的实施效果？	
持续改进与更新	是否有明确的预案更新和持续改进机制？	
应急响应效果评估	预案实施后，是否有评估机制来评估应急响应效果？	
总分		
其他建议或意见	其他相关方面需要额外注意或改进的建议。	

表 6-6　应急预案评估分值等级表

评估等级	评估分值	评估表现
完全明确且适用	3	在所有相关方面都具备清晰的定义和指导，并且可以在实际应急情境中有效应用。
部分明确	2	在某些方面明确且能够适用，但在其他方面存在一些不清晰或缺失的内容。
不明确或不适用	1	定义和指导上存在重大缺陷，导致其在实际应用中无法提供有效支持。

2. 桌面演练评分标准

桌面应急演练评估通过模拟紧急情况和评审应急计划，帮助组织识别潜在问题、改进应急响应程序，从而提升整体的应急管理水平和应对能力。评分过程通常包括对计划的各个环节进行详细评审，如桌面演练目标制定、桌面演练情景制定等。通过评分，组织可以通过模拟应急情况来检测和提升组织的应急响应能力，确保应急计划的有效性和实用性。

《桌面演练活动评估表》(表 6-7)采用 5 分制评分标准，评估过程中最高得分为 5 分，最低得分为 1 分，评估指标共 20 项，总分满分为 100 分。

表 6-7　桌面演练活动评估表

评估项目	评估内容	评分
1. 桌面演练目标制定	1.1 目标明确且具有针对性，符合实际	
	1.2 演练目标简单、合理、具体、可量化和可实现	
2. 桌面演练情景制定	2.1 设计的演练情景符合参演人员需要，且有利于促进实现演练目标和提高参与人员应急能力	
	2.2 演练情景内容包括了情景概要、事件后果、背景信息、演化过程等要素，要素较为全面	
	2.3 演练情景中的各事件之间的演化衔接关系设置科学、合理，各事件有确定的发生与持续时间	
3. 桌面演练保障	3.1 制定了演练工作方案，明确了参演人员的角色和分下演练活动人员数量和工作能力满足桌面演练需要	
	3.2 演练活动保障人员数量和工作能力满足桌面演练需要	
	3.3 演练现场布置、各种器材、设备等硬件条件满足桌面演练需要	
4. 桌面演练启动	4.1 演练背景，进程以及参演人员角色分工等解说清晰正确	
	4.2 根据事态发展，分级响应迅速、准确	

续表6-7

评估项目	评估内容	评分
5. 桌面演练指挥与行动	5.1 模拟指挥人员能够表现出较强指挥协调能力，演练过程中各项协调工作全局有效掌握	
	5.2 按照模拟真实发生的事件表述应急处置方法和内容	
	5.3 通过多媒体文件、沙盘，信息条等多种形式向参演人员展示应急演练场景，满足演练要求	
	5.4 参演人员根据演练提供的信息和情况能够作出正确的判断和决策	
	5.5 参演人员能够依据给出的演练情景快速确定事故的严重程度及等级，确定启动的应急响应级别，并能够熟悉应急动员的方法和程序	
	5.6 参演人员能够熟悉事故信息的接报程序，方法和内容	
	5.7 参演人员熟悉各自应急职责，并能够较好地配合其他小组或人员开展工作，能够与本应急小组人员共享相关应急信息，能够根据各位成员意见提出本小组的统一决策意见	
	5.8 参演人员对决策意见的表达思路清晰、内容全面，作出的各项决策、行动符合角色身份要求	
	5.9 演练的各项预定目标都得以顺利实施	
6. 桌面演练结束与终止	6.1 演练完毕，由总策划发出结束信号，演练总指挥宣布演练结束	
桌面演练评估意见及建议		
评估员签字		

评估分值等级划分如表 6-8 所示。

表 6-8 桌面演练活动评估分值等级表

评估等级	评估分值	评估表现
优秀	得分≥4.5	在该评估指标上表现极为卓越，超出了预期要求，显示出演练活动在相关方面的极高质量和效果，达到了最佳水平。
良好	4≤得分＜4.5	表现良好，基本满足预期标准，显示了演练活动的高效性和良好的执行质量，但还有进一步提升的空间。

续表6-8

评估等级	评估分值	评估表现
中等	3.5≤得分<4	表现处于中等水平，虽然能够达到基本要求，但存在一些不足之处，需进一步改进。
合格	3≤得分<3.5	良好，基本满足预期标准，显示了演练活动的高效性和良好的执行质量，但还有进一步提升的空间。
不合格	得分<3	表现严重不足，未能达到基本要求，显示出明显的问题和不足，需要对相关方面进行彻底的整改和优化。

总体评估分值等级划分如表6-9所示。

表6-9　桌面演练活动总体评估分值等级表

评估等级	评估分值	评估表现
演练优秀	总评估分数≥90	演练在各项指标上的综合表现非常出色，所有主要方面都得到了卓越的实施，显示出极高的专业性和准备充分性。
演练良好	80≤评估总分<90	演练总体质量较高，基本满足了各项要求，但仍有一些细节需要优化和提升。
演练中等	70≤评估总分<80	演练在大多数指标上达到了中等水平，表现虽可接受，但仍有多个方面需要改进。
演练合格	60≤评估总分<70	演练满足了基本的合格标准，尽管在整体实施中存在一些不足和问题，但仍符合最低要求。
演练不合格	评估总分<60	演练在多个方面未能达到基本标准，整体质量和效果远低于预期，必须进行全面的改进和重新组织。

通过这样的评分标准和等级划分，评估能够准确地反映出演练活动的实际效果，提供具体的反馈，帮助识别问题并指导改进措施，从而提升未来演练的整体质量和应急响应能力。

3. 小组演练评分标准

进行小组演练评估的目的主要是通过模拟紧急情况来测试和提升小组成员在实际应急场景中的表现和应对能力，组演练评估主要从小组的协作能力、应急计划的实用性、应急沟通效率等方面出发，通过小组演练评估，组织可以更好地了解和改进小组在实际应急情况下的表现，确保其在面对突发事件时能够高效、有序地响应和处理，提升整体的应急管理能力。

小组演练评估采用10分制评分标准进行评估，满分为10分，最低为1分。该评估标准涵盖20项具体评估指标，满分总计100分，详细评分指标由《桌面演练活动评估表》

(表 6-7)所列明。这种评分体系旨在全面、准确地评估小组在演练中的表现,并通过具体的得分等级划分,清晰地定义表现的优劣。

评估分值等级划分如表 6-10 所示。

表 6-10　小组演练评估分值等级表

评估等级	评估分值	评估表现
优秀	得分≥4.5	小组表现极为出色,达到了预期的高标准,表现充分展现了小组在相关领域的卓越能力和高效操作。
良好	4≤得分<4.5	小组表现良好,基本满足了预期的标准,并展示了较强的执行力和有效的应急处理能力。
中等	3.5≤得分<4	小组表现中等,虽能够达到基本要求,但仍有改进空间,需要进一步优化操作和提升能力。
合格	3≤得分<3.5	小组表现基本合格,虽然满足了最低标准,但在实际操作中可能存在一定的问题和不足,需要关注和改进。
不合格	得分<3	小组表现未能达到预期的基本要求,存在显著的问题和不足,需要及时调整和修正。

总体评估分值等级划分如表 6-11 所示。

表 6-11　小组演练总体评估分值等级表

评估等级	评估分值	评估表现
演练优秀	总评估分数≥90	小组在所有评估指标上均表现突出,综合能力达到非常高的水平,展现了极强的应急处理和协调能力。
演练良好	80≤评估总分<90	小组在大多数评估指标上表现出色,具备了良好的应急响应能力和执行力。
演练中等	70≤评估总分<80	小组在一些关键指标上表现较为平稳,但仍存在一定的改进空间。
演练合格	60≤评估总分<70	小组在整体上能够满足基本要求,但存在不少问题和不足,需要进一步优化和提升。
演练不合格	评估总分<60	小组在多个评估指标上未能达到最低标准,表现不佳,急需采取措施进行改善和提升。

通过这样的评分标准和等级划分,评估可以全面、客观地反映出小组在演练中的实际表现,并提供针对性的反馈和改进建议,从而有助于提升未来演练和实际应急响应的质量和效果。

三、专家评估打分

应急演练评估工作选取专家共 10 人。向 10 位专家发放《应急预案评估表》、《领导组评估表》(表 6-12)、《各组人员评估表》(表 6-13)全部完成填写并回收，对每道题目中 10 位专家的判断结果进行分析。

表 6-12　领导组评估表

序号	评估内容	评分
1	能否对灾情的总体情况及事件性质做出准确判断	
2	能否准确把握敏感信息并作出回应	
3	能否对灾情的发展及潜在后果做出前瞻性判断	
4	决策程序是否合理合规	
5	决策是否果断、及时、准确	
6	指挥长是否组织有序、领导有效	
7	指挥成员能否积极参与	
8	指挥部内部沟通是否顺畅	
9	解决方案是否合理、有效	
10	总体上是否出现了演练目标	
合计		

表 6-13　各组人员工作评估表

序号	评估内容	评分
1	能否及时接收、核实和记录最新灾情信息	
2	能否准确地对灾情信息进行绘制研判	
3	信息的内部传递是否快捷	
4	能否及时上报相关信息	
5	能否及时提出合理的事件处置初步建议	
6	能否及时与有关方面进行协调	
7	功能组组长是否领导有序	
8	功能组成员间的协作是否有效	
9	功能组成员间是否全员参与	
10	总体上是否实现了演练目标	
合计		

四、评估结果分析

根据图 6-2 的数据分析,《应急预案评估表》的通用评估项得分大多数高于 2 分,这表明各小组对《应急预案》的要求和自身应急职责有了较深入的理解。这一高分反映了各小组对预案的整体结构、内容和实施步骤的掌握情况良好,说明预案的设计和内容符合实际需要,并且在演练前各小组已经对预案进行了充分的学习和准备。

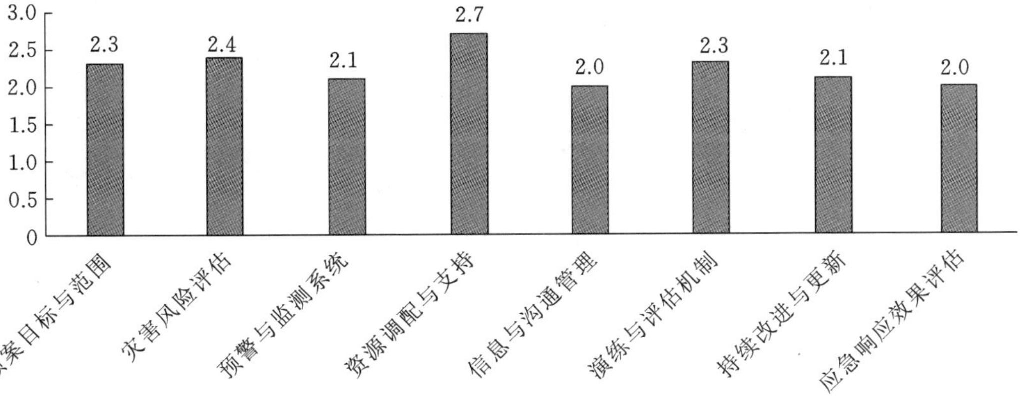

图 6-2　应急预案评估表得分

通过对评估表汇总分析,发现演练中各个模板的得分以及各小组的得分均大多数高于 4 分。这显示出在实际演练过程中,各小组的表现普遍良好,整体应急响应流程运行顺畅。高于 4 分的得分说明,演练不仅能够有效检验预案的实施情况,而且能够在实际操作中顺利执行各项应急措施,团队的协调和应对能力也得到了充分发挥。

进一步地,根据图 6-3 和图 6-4 的详细数据,演练的整体效果被评估为良好。这表明,在演练过程中,各小组能够按照预定的应急计划进行操作,处理紧急情况时的表现符合预期目标。良好的演练效果不仅体现了各小组的高效执行力,还显示了应急预案的实

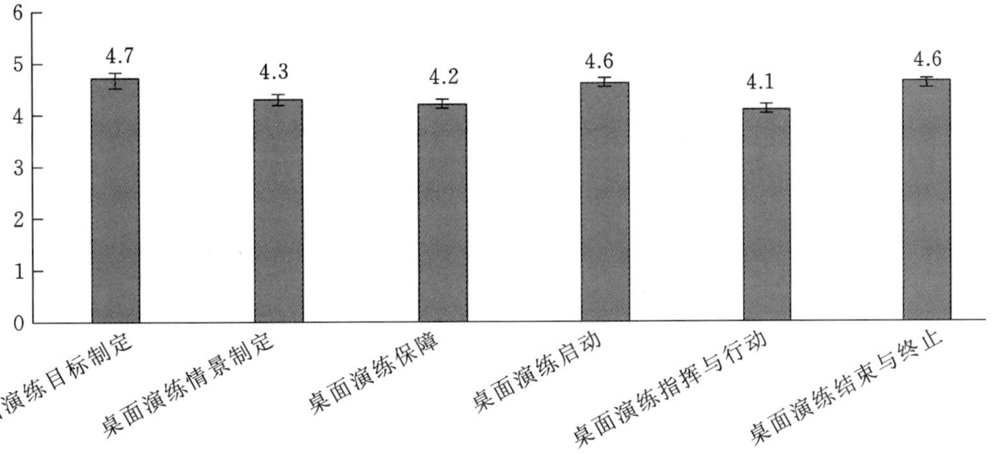

图 6-3　桌面应急演练评估得分

际适用性和操作性。整个演练流程中的各项操作和决策都得到了有效的实施，从而为未来可能的实际应急情况提供了宝贵的经验和参考。

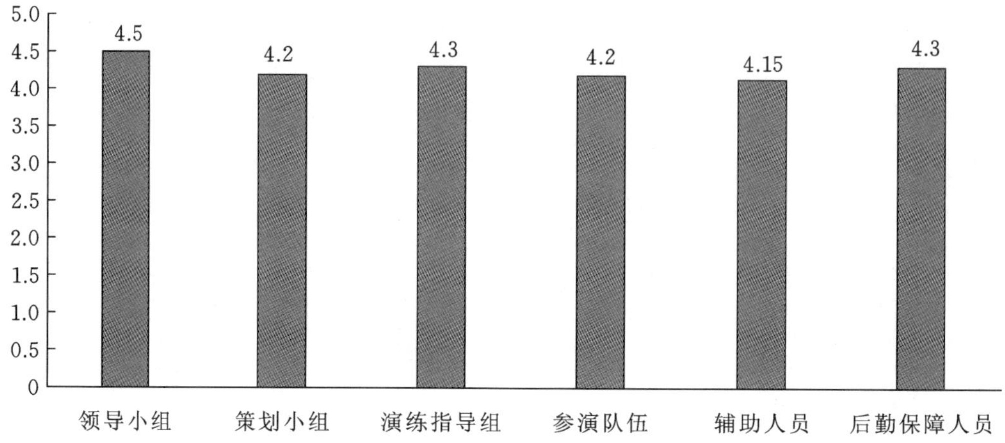

图 6-4　各小组评估得分

综上所述，通过本次演练和评估，明确了应急预案的实施效果和各小组的表现水平。评估结果不仅展示了应急预案的设计和执行情况，还为今后进一步改进和优化应急预案提供了有力的数据支持。这为提升组织的应急管理能力、提高整体应急响应水平打下了坚实的基础。

五、评估报告撰写

完成桌面应急演练的评估之后，需依据评估结果，全面总结本次演练的经验，并据此撰写评估报告，本次桌面应急演练评估报告如表 6-14 所示。

表 6-14　地质灾害桌面应急演练评估报告表

演练概要			
演练时间	××××年××月××日	演练地点	××市会议中心
演练目的	提升各相关部门在地质灾害（如地震、滑坡、泥石流等）发生时的应急响应能力，检验地质灾害应急预案的可行性和有效性，同时加强跨部门之间的沟通与协作，确保在真实灾害发生时能够迅速、有序地展开救援行动。		
情景设置	××省某县因连续强降雨，进入主汛期，导致一处山体突发大规模滑坡，体积约100万方，造成房屋倒塌、农田和基础设施损毁及人员伤亡，电力通信受损。		
演练形式	☑ 桌面推演　□实操演练　□示范演练	□综合演练　☑ 专项演练	
牵头单位	××市地质灾害指挥部	参演机构	气象局、市水务局、市应急管理局、市公安交管局、市城管执法委、××市供电公司、市防办、市卫健委等

续表6-14

演练评估			
评估时间	××××年××月××日	演练评估地点	××市会议中心
评估专家组成员	10 名专家		
评估结论	在演练过程中，通过全体人员的共同努力，参演人员对应急管理工作重要性的认识有了提高，进一步熟悉了应对突发事件的工作流程和预案，提高了应急处置能力。具体体现在： ① 组织结构与人员分工明确：演练指导组、参演队伍、辅助人员和评估人员的职责分工清晰，各成员单位配合默契，有效保证了演练的顺利进行。 ② 应急响应迅速：在接收到滑坡预警信息后，各部门能够迅速启动应急响应机制，并按照预案要求有序开展工作，展现了较高的应急反应速度。 ③ 部门协作与资源调配高效：各参演单位在应急响应过程中，能够迅速集结救援力量、调配应急资源，实现了跨部门的协同作战。 ④ 现场指挥与决策科学：演练过程中，现场指挥部能够根据实际情况，及时作出科学合理的决策，确保了救援行动的顺利进行。 ⑤ 信息传递与舆情管理到位：市委宣传部在演练中负责新闻发布、舆情收集和舆论引导，有效管理了媒体和记者，确保了信息的准确传递。		
演练总结及改进措施			
演练总结（主要成效及问题）	主要成效： ① 应急响应迅速：演练中，××市政府及相关部门在接到突发山体滑坡报告后，能够迅速启动应急预案，成立应急处置指挥部，并展开紧急会商，体现了较高的应急响应速度。 ② 多部门协同作战：演练展示了市应急管理局、市自然资源规划局、市水利局、市气象局、市水文局等多个部门之间的有效协同，各部门根据职责分工，提供了专业报告和建议，为指挥决策提供了科学依据。 ③ 指挥体系完善：应急处置指挥部下设综合协调组、抢险救援组、医疗救治与卫生防疫组等多个工作组，各组职责明确，能够迅速响应指挥部的指令，有序开展各项工作。 ④ 现场处置有序：抢险救援组迅速组织力量对灾区进行搜救，被困人员被及时转移至安全区域；医疗救治与卫生防疫组迅速建立临时医疗点，对伤员进行救治和防疫；交通保障组及时抢通道路，确保救援通道畅通。 ⑤ 信息发布及时：新闻舆情组通过电视、广播、社交媒体等多种渠道发布滑坡预警信息和疏散指南，有效引导了公众避险，避免了恐慌情绪的传播。 存在问题及不足： ① 演练脚本细化不足：演练场景设计虽然涵盖了应急响应、现场处置等多个环节，但在具体操作细节上仍存在不足，如抢险救援过程中的具体步骤、装备使用等未详细说明，影响了演练的实战效果。 ② 疏散过程存在秩序混乱：演练中提到了疏散过程中存在秩序混乱的问题，这表明在群众疏散组织和引导方面仍有待加强。未来需要进一步完善疏散预案，提高疏散效率和秩序。 ③ 应急物资储备和调配不足：演练中未明确提及应急物资的储备和调配情况。未来需要建立完善的应急物资储备体系，确保在灾害发生时能够及时调配所需物资。		

续表6-14

演练总结及改进措施	
改进措施	① 细化演练脚本:对演练脚本进行细化,明确各个环节的具体操作步骤和装备使用要求,提高演练的实战效果。 ② 加强疏散组织:完善疏散预案,明确疏散路线、集结点和疏散顺序等关键要素,加强疏散过程中的组织和引导,确保疏散有序进行。 ③ 完善应急物资储备体系:建立完善的应急物资储备体系,确保在灾害发生时能够及时调配所需物资。同时,加强对储备物资的管理和维护,确保其处于良好状态。

六、演练脚本改进

评估报告全面总结了本次演练的经验,为进一步提升应急演练的实效性与可操作性,需要针对报告中提出的各项问题与建议,改进应急演练脚本。

1. 问题一:演练脚本细化不足

改进内容:将演练脚本中的情景设计更加具体化,明确每个阶段的具体任务和行动步骤,增加场景的细节描述,如具体的灾情发生时间、地点、影响范围等。详细列出各部门、各小组在演练中的具体职责和任务,包括任务执行的具体时间节点、所需资源和预期效果,确保每个参与人员都清楚自己的职责

脚本修正:在演练脚本中,增加对情景的细化描述,如"情景细化:凌晨 2:30,××市××乡××村西北区域突发山体滑坡,滑坡体积约 100 万方,具体影响范围为××村西北部至××公路沿线,已造成 9 间房屋倒塌,紧急转移安置群众 32 户 126 人。滑坡区域外周边有约 500 万方变形体,存在再次滑坡并可能形成堰塞湖的风险。"同时,明确各小组的具体任务分工和时间节点,如"抢险救援组需在接到指令后 30 min 内赶到现场,并立即开展搜救工作;医疗救治与卫生防疫组需在 1 h 内搭建临时医疗点,并对受伤群众进行救治。"

2. 问题二:疏散过程存在秩序混乱

改进内容:在演练脚本中增加详细的疏散计划,包括疏散路线、疏散点设置、疏散时间表等,确保疏散过程有序进行。明确疏散过程中的组织者和指挥者,确保他们有足够的能力和权限来协调疏散工作,避免出现混乱。在演练前加强对群众的应急知识宣传和培训,提高他们的应急意识和自救能力,确保在紧急情况下能够迅速、有序地疏散。

脚本修正:在演练脚本中增加疏散计划部分,如"疏散计划:疏散路线为从××村西北部沿××公路向南疏散至××临时安置点,疏散时间为凌晨 3:00～4:00。由社会治安组负责疏散秩序的维护,确保群众按照指定路线有序疏散。同时,利用广播、宣传车等多种方式向群众宣传疏散知识,提高他们的应急意识。"

3. 问题三:应急物资储备和调配不足

改进内容:在演练前对应急物资进行全面检查和补充,确保储备充足、种类齐全,满足应急需求。制定详细的物资调配方案,明确物资调配的流程和责任部门,确保在应急情况下能够迅速、准确地调配物资。

脚本修正:在演练脚本中增加应急物资储备和调配的相关内容,如“物资储备:演练前已对全市应急物资储备进行全面检查和补充,确保储备充足。同时,制定了详细的物资调配方案,明确由市应急管理局负责物资的调配工作。在演练过程中,将根据实际情况模拟物资的调配和运输过程,评估物资调配机制的可行性和有效性。”

第七章 燃气事故应急桌面演练案例

第一节 燃气事故概述

燃气作为一种高效、清洁的能源，在现代社会中扮演着重要的角色。随着燃气的迅速发展，其为社会生产、居民生活提供了优质能源，惠及社会的方方面面，不仅提高了社会生产水平、方便了居民生活，而且还降低了环境污染，改善了城市环境质量。但是，由于燃气具有的易燃、易爆且有一定毒性的特点，一旦发生事故很可能造成人员伤亡，并造成财产损失。

燃气事故作为一种严重的城市安全问题，对人类生命财产和社会经济同样有着巨大的威胁。随着城市化进程的加快以及能源需求的增长，燃气事故的风险也在不断升高，这对燃气安全管理和应急响应工作提出了更高的要求。因此，深入研究燃气事故的特点、应急响应机制以及通过桌面应急演练提升应急管理能力显得尤为重要。本节以某城市燃气事故桌面应急演练为案例进行分析，探讨燃气事故应急响应的各个环节，总结经验教训，提出改进措施，以期为实际燃气安全管理工作提供参考和借鉴。

燃气易燃、易爆和具有一定毒性的特性，也使其在使用过程中存在一定的安全风险，当燃气在生产、储存、运输或使用过程中发生泄漏、火灾、爆炸等意外事件时，这些事件被称为燃气事故。它们可能导致人员伤亡和财产损失，对社会公共安全构成威胁，影响社会的稳定和城镇燃气的持续发展。

第二节 燃气成分及分类

燃气是易燃、易爆的混合气体，它能燃烧而放出热量，供居民和工业企业使用。燃气的种类很多，主要有天然气、液化石油气等。燃气含有可燃气体和不可燃气体，其中可燃气体成分有氢气（H_2）、一氧化碳（CO）及碳氢化合物等；不可燃气体成分有二氧化碳（CO_2）、氮气（N_2）等气体，部分燃气还含有氧气（O_2）、水及少量杂质，有些燃气还具有毒性。碳氢化合物中主要有甲烷（CH_4）、乙烷（C_2H_6）、丙烷（C_3H_8）、丁烷（C_4H_{10}）、乙烯（C_2H_4）、丙烯（C_3H_6）、丁烯（C_4H_8）。

燃气按照其来源及生产方式大致可分为四大类，分别是天然气、人工燃气、液化石油气和生物气（人工沼气）。这些气体都具有可燃性，一旦泄漏，极易引发火灾或爆炸，造成严重的事故。其中，天然气是自然生成的，人工燃气或是由其他能源转化而成或是生产工艺的副产品，液化石油气主要来自石油加工过程中的副产气。

一、燃气特性

不同类型燃气具有不同的特性，四类燃气的特性如下：

1. 天然气

天然气包括压缩天然气（CNG）和液化天然气（LNG）。天然气主要成分是甲烷，其密度比空气小，不溶于水，爆炸极限为 5%～15%。CNG 高压罐车（管束组合）运行压力通常为 10～20 MPa。天然气管道（不包括城镇燃气门站以前的长输管线），按照《城镇燃气设计规范（2020 版）》（GB 50028—2006），分为高压燃气管道（1.6～4.0 MPa）、次高压燃气管道（0.4～1.6 MPa）、中压燃气管道（0.01～0.4 MPa）、低压燃气管道（小于 0.01 MPa）。LNG 由天然气经超低温（－162 ℃）液化，体积为气态的 1/625，具有沸腾翻滚、低温冻伤、低温麻醉、窒息等风险。

2. 人工燃气

人工燃气通常由煤或重油等原料经过加工制得，易燃、易爆，有一定毒性。它主要包括发生炉煤气、水煤气、半水煤气和焦炉煤气等类型。水煤气的主要成分是一氧化碳和氢气，这些气体不溶于水，遇火源或热源有爆炸危险，且在遇到氧化剂时会剧烈反应。人工燃气在不完全燃烧时可能产生一氧化碳，高浓度吸入会导致中毒，严重时可致人死亡。

3. 液化石油气（LPG）

液化石油气的主要成分是丙烷、丁烷、丙烯和丁烯等低分子烃类，常温常压下为气体，压缩后为无色或黄棕色油状液体，密度约为水的一半；液相变气相，体积扩大约 250 倍，闪点为－74 ℃，与空气混合能形成爆炸性混合物，极易燃烧、爆炸，爆炸极限为 1.5%～9.5%；蒸汽比空气重，能在低处扩散，遇明火会回燃；吸入后会造成恶心或头痛。

4. 生物气

生物气又称生物质燃气，是一种可再生能源，主要来源于农作物秸秆、林木废弃物、禽畜粪便等生物质通过热化学转化产生的气体。生物质气化过程中，在高温下发生热分解反应，产生氢气、甲烷、一氧化碳等小分子气体。这种气体富含氢气和一氧化碳，同时含有水分和挥发性油类等杂质。经过净化和组分调整，生物质气可用于燃烧或化工合成，是一种清洁的能源选择，有助于减少温室气体排放。

二、燃气事故特点

燃气事故遵循一般事故发生的规律，也是由于人的不安全行为(包括违章违纪、失误和无知)，物的不安全状态(设备工具缺陷、损坏)，环境不良(通风不良、作业空间狭小等)所造成。燃气事故特点主要包括以下几个方面：

1. 燃气的易燃易爆性及毒性

燃气的易燃易爆性使得燃气一旦泄漏，就可能在泄漏点附近与空气混合，形成爆炸性气体。当遇到明火、高温、电磁辐射、无线电及微波等，都可能引发着火爆炸。城镇燃气(不含人工煤气)在进入城镇前，都要经过净化处理，必须达到规范要求才能进入城镇燃气输配系统。因此，城镇燃气(不含人工煤气)的毒性属低等，但浓度大时依然会使人窒息或中毒。而人工煤气含有无色、无味、剧毒的 CO，尽管在城镇燃气质量要求中限制了 CO 的含量，但大量泄漏时，中毒后果会比较严重，甚至造成人 CO 中毒死亡。

2. 燃气的扩散性

燃气泄漏时会扩散，在压力较高时，燃气将高速喷出并迅速扩散。若泄漏的燃气没有遇到火源，则随着燃气扩散，浓度降低，危险性下降；但如果被引燃，则会发生火灾、爆炸事故。

液化石油气发生泄漏时，会贴近地面扩散，不易挥发，极易被地面火源引燃。大量液态液化石油气泄漏时，在液化石油气急剧气化过程中还会迅速吸收周围热量，局部形成低温状态，可能造成人员冻伤或设备、阀门关闭失灵。

3. 燃气事故具有突发性

燃气事故一般都具有突发性，往往是在人们毫无察觉时就发生了燃气的泄漏，引起火灾或爆炸。设备及管道损坏，包括外力破坏，一般都在没有先兆的情况下发生。

4. 不可预见性

有些事故是可以根据环境等因素做出预测的。例如，在恶劣的天气里，航空及公路交通事故可能会较多发生。但燃气事故一般与气候等原因无关，任何季节、任何天气情况下，都有可能发生。

5. 燃气系统复杂性

燃气系统是基础设施的重要组成部分，其规模庞大、结构复杂。系统中包含的设备和设施种类繁多、数量庞大，且由于建设年限的不同，各部分的老化程度和技术标准也存在差异。为了确保燃气系统的完整性和安全性，必须实施系统化的管理。

6. 烟气危害

燃气完全燃烧后产生 CO_2 和水，因为烟气温度高，水会以水蒸气的形式随烟气一起排出；燃气不完全燃烧时，烟气中就会含有燃气成分、CO 等。当烟气不能顺利排出，在狭小的空间聚集时也会使人窒息，甚至死亡。大部分燃气热水器造成的中毒、死亡事故都是由于热水器燃烧时消耗了室内空气，燃烧后的烟气又聚集在室内，导致缺氧、中毒而引起。

7. 职业危害

燃气属于低毒性气体，一般情况下不会造成对从业人员的职业危害。但在燃气生产、储存及液化石油气灌装等场所，还是应根据燃气浓度检测情况，注意对从业人员的劳动保护。

三、燃气事故危害

燃气作为一种高效的能源，为日常生活和生产活动提供了极大的便利，然而燃气的使用也伴随着一定的风险，由于燃气本身具有易燃、易爆和一定毒性的特性，一旦出现系统异常，可能会引发严重的燃爆和健康危害。

在燃气的整个生命周期中，包括生产、储存、运输等环节，工艺的连续性、高度自动化和技术的复杂性，加之设备种类的多样性，都增加了事故发生的可能性。一旦发生具有严重破坏性的泄漏、火灾爆炸等重大事故，就会迫使生产系统暂时或较长期地中断运行，对人身安全产生威胁或造成人员伤亡、财产损失。

尽管我们已经认识到燃气事故的严重性，并通过各种措施来预防和减少其发生的可能性，但仍然有一些燃气事故发生，它们以血的教训提醒我们安全的重要性。例如，图 7-1 所示为几起典型的燃气事故：

图(a)所示为吉林省松原市“7·4”燃气管道泄漏爆炸事故。2017 年 7 月 4 日，吉林省松原市宁江区繁华路中压燃气管道因施工遭到破坏，在建筑空间内积累达到爆炸极限后遇明火发生爆炸，事故造成 7 人死亡、85 人受伤。

图(b)所示为浙江省杭州市桐庐野鱼馆“7· 21”燃气爆燃事故。2017 年 7 月 21 日，浙江省杭州市西湖区桐庐野鱼馆因液化石油气泄漏发生爆燃事故，共造成 3 人死亡、44 人受伤。

图(c)所示为江苏省无锡市鹅湖镇双乐小吃店“10·13”液化石油气爆炸事故。2019 年 10 月 13 日，江苏省无锡市锡山区鹅湖双乐小吃店内液化石油气钢瓶发生泄漏遇冰箱电火花引发爆炸事故，造成 9 人死亡、10 人受伤。

(a) (b) (c) (d)

图 7-1 典型燃气事故

图(d)所示为湖北省十堰市“6·13”燃气爆炸事故。2021 年 6 月 13 日，位于湖北省十堰市张湾区艳湖社区的集贸市场发生重大燃气爆炸事故，造成 26 人死亡，138 人受伤，其中重伤 37 人。

通过上述几个典型的燃气事故案例，我们可以看到燃气事故的严重性和对人类生命财产的巨大威胁。这些事故不仅造成了人员伤亡，还带来了巨大的经济损失和社会影响。因此，确定燃气事故的危害性并制定相应的应急预案显得尤为重要。这不仅涉及对潜在风险的识别和评估，还包括建立快速反应机制和提高公众的安全意识。通过这些措施，可以最大限度地减少燃气事故带来的影响，保护人们的生命财产安全。

第三节 燃气事故应急流程

燃气突发事件应急处置基本流程包括接警报告、应急预警、响应启动、事态控制、现场处置、恢复供气、响应解除和后期处置八个环节，如图 7-2 所示。

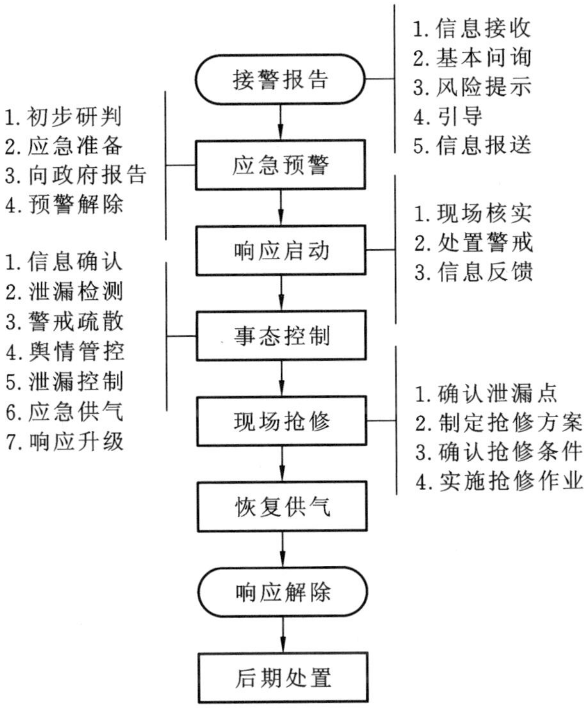

图 7-2 燃气事故突发事件应急处置

一、接警报告

接警报告是在事故初期获取事故信息的首要环节，是做好后续风险研判和应急响应的首要条件。接警报告主要包括信息接收、基本问询、风险提示、引导、信息报送等环节。

① 信息接收：企业应设置并对外公布 24 h 报警电话；接警电话要具有录音功能；接警岗位要保证 24 h 有人在岗值班。

② 基本问询：接警人员应针对事故情况开展基本询问。

③ 风险提示：接警人员应对报警人做出风险提示。

④ 引导：在征询报警人意愿和能力的前提下，争取报警人协助开展警戒工作，协助引导先期处置人员快速抵达现场。

⑤ 信息报送：接警人在接警全过程中，要及时、准确、完整地整理信息，同级共享和逐级报送，便于快速准确启动预警及响应。

二、应急预警

为快速研判事态趋势，及时传递预警信息，开展应急准备，协调调动应急专家、专业队伍和物资装备等应急资源支持，具体开展以下工作。

① 初步研判：应急领导小组办公室应根据事故性质、严重程度、影响范围和可控性，结合响应分级明确的条件，初步研判响应启动的程序和方式。

② 应急准备：第一时间派工，按照初步研判结果，立即就近调派具备处置能力的先期处置人员快速抵达现场；同步应急资源准备，各应急工作组按规定的职责和分工开展相应应急准备工作，包括队伍、物资、装备（含应急供气装置）、后勤及通信；必要时应急联动，当初判燃气泄漏和对周边影响较大时，立即报告政府、应急、消防、交通、相关方等开展联动响应。

③ 向政府报告：企业主要负责人应根据法律法规和当地政府规定，同时向当地政府及有关部门报告突发事件信息。

④ 预警解除：当符合预警解除条件时，经核实批准后解除预警。

三、响应启动

响应启动旨在尽快控制和减缓突发事件的发展。根据应急预警情况，实时监控突发事件的发展态势，及时调整应急策略和措施；在确认突发事件发生后，尽快启动应急预案，组织和调动各种资源进行应急处置和救援工作。响应启动主要包括现场核实、处置警戒、信息反馈等环节。

① 现场核实：先期处置人员抵达现场后，同报警人快速对接核实信息；当现场无报警人时，应根据派工指令对现场进行核实；当研判为疑似燃气泄漏或事态可控时，由先期处置人员可以开展先期处置。

② 处置警戒：先期处置人员应同步开展周边环境气体检测，一旦确认突发事件情况，在保证自身安全的前提下采取措施控制泄漏，并开展初步疏散和警戒。

③ 信息反馈：先期处置人员应持续跟踪周边环境事态变化，动态反馈现场事态。

四、事态控制

事态控制环节是指在应急响应过程中，采取一系列措施对突发事件进行控制和减缓，以避免事态进一步扩大或恶化，同时做好舆情监控，采取措施避免舆论引发负面影响。事态控制主要包括信息确认、泄漏检测、警戒疏散、舆情管控、泄漏控制、应急供气、响应升级等环节。

① 信息确认：当先期处置难以控制事态，或在应急预警环节研判事态严重时，各应急工作组应立即行动，抵达现场后，同先期处置人员/报警人快速对接核实和确认信息。

② 泄漏检测：抢险救援组/警戒疏散组开展气体检测，具体包括燃气种类分析检测（使用不同的检测仪器进行对比检测）、燃气浓度检测（包括地上、地下、室内外的空间检测）、远程压力监测、远程流量监测、有毒有害气体检测等，并通过燃气浓度检测查找安全

边界,判断泄漏燃气影响范围。

③ 警戒疏散:警戒疏散组迅速到达现场并进行疏散警戒,根据泄漏区的位置和范围,设置警戒区域,同时,将所有可能受到威胁的人员转移到安全区域。警戒区域要随泄漏检测数据的变化而改变,警戒区内应管制交通,严禁烟火,严禁无关人员入内。

④ 舆情管控:应急领导小组办公室应始终做好舆情监控,及时报告情况,做好媒体沟通,加强舆论引导,及时对外发布相关信息。

⑤ 泄漏控制:抢险救援组应综合考虑泄漏量大小、影响范围、周边风险等情况,采用降压控制、临时堵漏、关阀停气、稀释放散等方法控制燃气泄漏。

⑥ 应急供气:当突发事件对供气造成影响时,在保证安全的前提下,应启动应急供气保障,减少燃气突发事件的影响范围和后果。

⑦ 响应升级:如出现次生或衍生事故导致事件升级,超出企业应急控制能力,可能波及周边区域时,现场应急指挥部应及时向上级单位和政府、社会应急救援力量请求支援。

五、现场抢修

抢修过程中,要动态开展风险评估,关注周边燃气浓度变化,控制人员进场,注意抢修作业方式,避免发生次生、衍生事故。

① 确认泄漏点:根据燃气设施分布、管道走向等各类场所实际,结合现场检测、实际勘查的结果情况,初步分析判断泄漏原因和泄漏管段。

② 制定抢修方案:依托现场处置方案,现场应急指挥部结合现场环境、专家组意见,制定抢修实施方案,并与抢险救援组进行技术交底。

③ 确认抢修条件:确认作业环境、队伍能力、机具装备、安全防护等满足抢修要求。

④ 实施抢修作业:抢险救援组按照抢修实施方案实施抢修作业。

六、恢复供气

抢修完成后,抢险救援组对受影响场所的燃气设备设施进行安全试验,恢复供气,目的是为恢复正常生活和生产活动提供保障。恢复供气环节要关注:

①应持续检测周边沟井涵渠等密闭、半密闭空间是否有燃气残留。

②恢复供气前应编制置换方案,并通知相关用户。

③全面检查燃气设施,对停气用户逐户点火复气。

七、响应解除

在确认燃气再无泄漏可能、事件得到有效控制、设施安全的情况下,现场应急指挥部可以解除应急响应。

八、后期处置

应急响应结束后，后勤保障组、善后处置组应对燃气供应系统及环境、生产秩序进行恢复，对伤亡人员和受灾人员进行救治和妥善安置；善后处置组对事件原因和应急响应过程进行调查、分析、总结，对应急装备物资等进行评估和恢复，留存事件文档、资料，并开展保险理赔等工作。

第四节 桌面应急演练

一、演练准备

1. 参演机构

桌面应急演练的参与角色是整个演练活动的核心，他们各自承担着不同的职责和任务，确保演练的顺利进行，本次桌面应急演练参与角色包括主持人、119 指挥中心、市应急局值班员、市应急局、市政府值班室、市住建局、××区政府、市供电公司、市水务集团、市公安局、市卫健委、指挥部、抢险救灾组、治安疏导组、医疗卫生组。

2. 相关案例

主要精选具有代表性和警示意义的典型燃气事故案例为本次演练提供有价值的参考和借鉴。

(1) 案例一：××市燃气管道泄漏爆炸事件

① 背景概述

××市一老旧城区因燃气管道老化，发生大规模燃气泄漏，随后引发爆炸，导致周边多栋建筑受损，多人受伤，部分区域交通瘫痪。

② 关键环节分析

识别与预警：燃气公司的日常巡检未能及时发现管道老化问题，预警机制失效。居民报告的燃气异味未得到及时响应，缺乏有效的社区—企业联动预警系统。

应急响应：市政府紧急启动应急响应，成立现场指挥部，但初期因对事故规模判断不足，救援力量调配迟缓，消防和医疗资源到达现场时间延长。

救援与安置：消防部门迅速控制火势，医疗团队救治伤员，受灾居民被紧急疏散至安全地带。然而，初期安置点准备不充分，基本生活保障物资短缺。

③ 警示意义

加强燃气管道定期检测与维护，建立社区与企业快速响应机制；优化应急预案，提升应急响应速度和资源调配效率；增强公共安全教育，提高居民自我防护能力。

（2）案例二：餐厅燃气爆炸事故

① 背景概述

××市一家餐厅厨房因燃气泄漏遇明火发生爆炸，造成餐厅严重损毁，周边商铺及行人受影响，多人受伤。

② 关键环节分析

识别与预警：餐厅内部燃气报警装置失效，员工缺乏燃气安全培训，未能及时识别并报告燃气泄漏。

应急响应：当地消防部门接报后迅速响应，但初期因爆炸导致的道路堵塞，救援车辆难以快速到达。

救援与安置：救援队伍有效控制火势，救出被困人员。受伤人员被紧急送往医院，周边居民和商户临时安置，但心理疏导和后续生活安排不足。

③ 警示意义

强化餐饮行业燃气安全监管，定期检查维护燃气设备，加强员工培训；优化城市应急通道规划，确保救援通道畅通；完善灾后心理援助和居民安置方案。

（3）案例三：××小区燃气管道施工破坏事故

① 背景概述

××小区在进行地下管线施工时不慎破坏燃气主管道，导致大量燃气泄漏，紧急疏散居民，幸未造成人员伤亡，但影响范围广泛。

② 关键环节分析

识别与预警：施工方未充分调查地下管线布局，未采取有效预防措施，事故发生后依赖居民报警，预警滞后。

应急响应：政府迅速启动应急预案，关闭燃气阀门，疏散居民，但初期信息沟通不畅，部分居民未能及时收到通知。

救援与安置：消防部门现场监控，确保无次生灾害，居民被临时安置于附近酒店，但因协调不足，初期安置条件有限。

③ 警示意义

加强施工前地下管线勘察，严格执行施工规范；完善应急信息通报机制，确保信息快速准确传达至每一位居民；提升应急安置能力，确保受灾群众基本生活需求。

（4）案例四：××烧烤店燃气爆炸事故

① 背景概述

××烧烤店因擅自更换减压阀，导致液化气快速泄漏并引发爆炸，造成严重人员伤亡。

② 关键环节分析

识别与预警：缺乏有效的泄漏监测和预警系统，未能及时发现泄漏风险。

应急响应：事故发生后，应急响应迅速，但事故的严重性超出了初期的应急能力。

救援与安置：救援队伍及时到达现场，但由于爆炸规模巨大，救援和安置工作面临重大挑战。

③ 警示意义

此事故凸显了商业燃气使用安全规范的重要性，以及建立有效的监测预警系统的必要性。

3. 演练目的

本次燃气事故桌面应急演练的主要目的是验证和完善现有的应急预案及脚本，提高应急响应团队的协调能力和处置效率。演练旨在确保××市在发生燃气事故前，相关人员能够熟悉应急流程，掌握必要的应急技能，并能够在事故发生时迅速、有序、有效地响应。此外，演练还旨在加强公众的安全意识，提高自救和互救能力。

4. 资料准备

① 应急预案：桌面推演主要参考《××市燃气突发事故应急预案》，预案详见附件 4。

② 演练脚本：编写详细的演练脚本，包括各个角色的台词和行动指导，并确保脚本内容符合《××市燃气突发事故应急预案》的要求。脚本包括背景介绍、先期处置、启动响应、现场处置、终止响应等各个环节的详细描述。

③ 多媒体材料：主要准备燃气事故现场模拟视频。

④ 演示材料：PPT 演示文稿（用于展示演练流程、组织架构、应急响应流程等），燃气事故发生现场建筑图片及位置分布。

⑤ 辅助材料：计时器（用于控制演练时间，确保各环节按时完成），演练评估表（用于记录各参演单位的表现和演练效果评估），记录工具（如笔记本、录音笔等，用于记录演练过程中的关键信息和讨论内容）。

⑥ 国家和地方的应急管理法规：如《中华人民共和国安全生产法》《中华人民共和国突发事件应对法》等，这些法规为燃气事故的应急管理提供了法律框架和行动指导。

⑦ 行业标准和操作指南：涉及燃气行业的安全生产、应急管理和响应程序的标准，如《城镇燃气设计规范（2020 版）》、《燃气设施运行、维护和抢修安全技术规程》（CJJ 51—2016）等。

⑧ 地方政府和相关部门的应急预案：如《××市燃气突发事故应急预案》《××省防汛抗旱应急预案》等，这些预案为特定地区和特定类型的燃气事故提供了详细的应急响应计划。

⑨ 技术手册和救援指南：包括燃气事故的现场处置、救援操作、设备使用等技术性文件，为演练提供技术支持和操作规范。

⑩ 历史事故案例分析报告：通过分析过往燃气事故的案例，总结经验教训，为演练准备提供实际参考。

⑪ 演练评估报告：以往演练的评估报告，可以为本次演练的改进提供依据。

⑫ 相关培训材料和演练脚本：包括演练的具体流程、角色分配、模拟情景设计等，为演练的顺利进行提供详细指导。

⑬ 通信和信息传递协议：确保演练中信息传递的准确性和时效性，如《应急通信保障预案》等。

⑭ 资源调配和后勤保障计划：涉及演练所需的物资、设备、人员等资源的调配计划，以及后勤保障措施。

⑮ 环境影响评估和风险评估报告：分析燃气事故可能对环境造成的影响以及评估事故风险，为演练提供环境和风险管理的参考。

二、场景设计

××××年××月××日××时××分，某市 119 指挥中心接到紧急报警，位于该市某区某小区的一栋 32 层临街楼房（含地下 1 层）发生严重的燃气泄漏爆炸事故，导致一楼房屋门窗被彻底破坏，现场可见明显的爆炸痕迹和散落的碎片，事故发生地建筑及位置分布如图 6-5（a）和（b）所示，初步估计有多名人员受伤，需要立即展开救援。

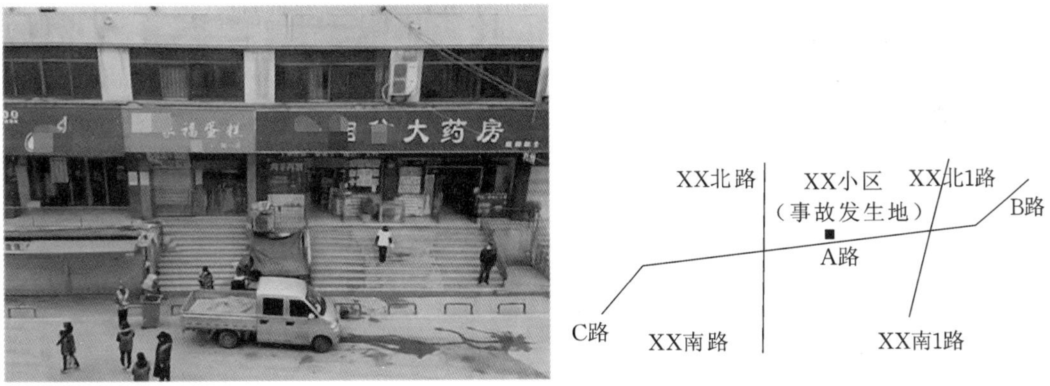

（a）　　（b）

图 6-5　事故发生场景及位置分布

（a）小区临街楼房；（b）事故发生地位置

考虑到该楼房的高层结构和可能的次生灾害，市应急局、市政府值班室、市住建局等相关单位迅速响应，启动应急预案，组织抢险救灾组、医疗卫生组等专业队伍赶赴现场进行紧急救援和事故处理，同时，治安疏导组负责现场秩序维护和交通管制，确保救援通道畅通无阻，全面展开一场与时间赛跑的应急救援行动。

三、演练流程

1. 灾情上报

旁白：××××年××月××日××时××分，××市119指挥中心接到报警称，××地发生燃气泄漏爆炸，××楼房屋门窗破损严重，有人员伤亡。该楼房共计××层，地下××层，地面××层。

119指挥中心："市应急局，我是119指挥中心，现接到报警，我市××区发生燃气泄漏爆炸事故，现场已有人员伤亡，多名群众被困。我支队已调派救援力量赶赴现场处置，并通知市住建（燃气）、公安、医疗等应急联动部门前往处置，同时向市政府值班室报告。"

市应急局值班员："市应急局收到，我局立即向市政府值班室报告，并马上派人前往现场，请按要求及时报告现场情况。"

市应急局："市政府值班室，我是市应急局，我××区发生燃气泄漏爆炸事故，现场已有人员伤亡，多名群众被困，119、110、120、燃气公司正赶赴现场。"

市政府值班室："市政府值班室收到，我立即向市领导汇报，请迅速组织相关部门开展救援，并按要求及时上报现场情况。"

市应急局："市应急局收到，我局带班领导、值班员同时紧急通知市住建、区政府、供电、水务等单位部门立即安排救援人员赶赴现场。"

旁白：市应急局同时向市住建、区政府、供电、水务等单位部门发布紧急通知。

市住建局："市住建局收到，我局已接到燃气公司报告，燃气公司已经组织事故救援队伍携带救援设备赶赴现场；我们马上安排××名建筑结构专家携带专业设备前往现场。联系人：×××；电话：××××××。"

××区政府："区政府收到，我区立即组织区政府相关部门、街道、社区工作人员赶赴现场。联系人：×××；电话：××××××。"

市供电公司："市供电公司收到，我们立即组织技术人员携带应急设备赶赴现场救援。联系人：××××××；电话：××××××。"

市水务集团："市水务集团收到，我们立即组织技术人员赶赴现场处置。联系人：××××××；电话：××××××。"

2. 先期处置

旁白：××:××，消防部门5辆消防车、20名消防队员携带救援装备到达现场后，第一时间架设防爆照明灯实施现场照明，同时开展灾情侦察，对临近的建构筑物进行稀释降温，利用破拆器材开辟救生通道，搜救人员在水枪的掩护下开展人员救助。

××:××，110到达现场。

××:××，120××台救护车到达现场。

××:××，燃气公司到达现场。

××:××，市应急局、住建局、城管委、供电公司、水务集团等部门及××区政府相关部门、街道、社区工作人员陆续到达现场。

事故发生后，市委、市政府主要领导第一时间赶赴现场。

各部门迅速开展救援工作并向市委、市政府主要领导报告救援进展。

市住建局："报告书记、市长，我局已安排建筑结构专家对现场建筑结构性能进行评估，并通报建筑受损情况，经专家现场评估确认，可以进入现场开展救援，消防队员、燃气公司专业技术人员正在开展救援。燃气公司使用激光检测仪检测现场燃气浓度，根据浓度进行危险区域划分，同时关闭上下游阀门，放空管道余气。经检测，现场气体浓度在正常区域值内。已查找到燃气泄漏点，泄漏点在事故楼栋一楼的大众餐馆厨房，燃气公司技术人员正迅速开展管道抢修作业。"

市公安局："报告书记、市长，市公安局已对现场进行警戒，紧急疏散被困楼栋内的人员，维持现场秩序。"

市卫健委："报告书记、市长，市卫健委正在现场救助受伤群众，提供医疗保障。

市应急局："报告书记、市长，市应急局正在现场协调各部门有序开展救援工作，并做好后续应急抢险设备及应急物资保障工作。"

供电公司："报告书记、市长，供电公司已安排技术人员关闭受灾楼栋电源，启动应急照明车对现场提供照明。"

××区政府："报告书记、市长，××区政府相关部门、街道、社区工作人员正在现场配合专业救援人员开展事故抢险。"

旁白：各部门、各单位向市主要领导报告后，市主要领导要求各部门、各单位继续抓紧抢险救援，及时报告最新情况，同时要求救援人员在救援中注意保护被困楼内群众安全，并做好自身安全防护，严防二次伤害。

××：××，经消防搜救，120初步诊断，已有8人无生命体征，22人受伤（其中7人昏迷）。经现场会商研判，根据《某市城镇燃气行业事故应急预案》，市政府决定启动Ⅱ级响应。成立燃气爆炸事故指挥部，由市长担任指挥部指挥长，常务副市长担任指挥部副指挥长，指挥部下设抢险救灾组、治安疏导组、医疗卫生组、综合协调组（含物资保障）和新闻宣传组。抢险救灾组由住建、城管、消防、水务、电力、燃气等部门组成，市住建局局长×××任组长；治安疏导组由公安、交通等部门组成，市公安局局长×××任组长；医疗卫生组由卫健委、医院等单位部门组成，市卫健委主任×××任组长；综合协调组由应急、某区政府、电信等单位部门组成，市政府秘书长×××任组长；新闻宣传组由市委宣传部、市融媒体中心等部门组成，市委宣传部副部长、网信办主任×××任组长。各组统筹组织相关部门，全力以赴开展救援工作。指挥部向市委书记进行报告，市委办公室、市政府办公室根据事故现场反馈信息分别向省委办公厅、省政府办公厅初报事故情况，并要求市住建局、市应急局分别向省住建厅、省应急厅上报事故情况。

接到事故初报后，省政府立即派出由省住建厅、省应急厅组成的救援指导组赶赴某市指导救援，与此同时，现场救援正有条不紊地进行。

指挥部："抢险救灾组，请你们立即再增派消防救援车、城管执法车、消防队员和城管队员并携带专业设备赶赴现场增援。"

抢险救灾组："抢险救灾组收到，我们立即协调消防救援支队再增派×辆消防车、×名消防队员携带专业设备前往增援，协调城管委增派×辆城管执法车、×名城管队员前往现场。联系人：×××，电话：××××××。"

指挥部："治安疏导组，请你们立即再增派公安干警赶赴现场维持治安秩序，疏导交通，协助疏散群众。"

治安疏导组："治安疏导组收到，我们立即再增派×名公安干警前往增援。联系人：×××，电话：××××××。"

指挥部："医疗卫生组，请你们调派医护人员，携带医疗设备和药品赶赴现场增援。"

医疗卫生组："医疗卫生组收到，我们马上从全市再安排×名医护人员与×辆救护车前往增援。联系人：×××，电话：××××××。"

指挥部："新闻宣传组，请你们密切关注××地"×·×"燃气爆炸事故，做好舆情管控工作。"

新闻宣传组："新闻宣传组收到，我们正在密切关注事故舆情信息，坚决做好舆情管控。"

旁白：××：××，消防、城管、公安、卫健等部门增援力量和大量应急救灾物资陆续抵达现场。现场已到达消防车 15 辆、医疗救护车 12 辆、城管执法车 10 辆，消防救援人员 70 余人、公安民警 60 余人、医护人员 60 余人、城管队员 50 余人，抢险救灾组根据现场会商结果和职责分工，紧张有序地开展抢险救援工作。

抢险救灾组：“报告指挥部，技术人员已完成管道抢修作业，燃气泄漏点已封堵，楼内天然气浓度在安全范围内。现场搜救工作持续进行中，搜救出的受伤人员已移交医疗卫生组进行救治。”

指挥部：“指挥部收到，请持续监测现场天然气浓度，随时上报救援进展。”

治安疏导组：“报告指挥部，某区政府及街道社区工作人员正与公安民警一同逐户排查疏散楼房内和周边居民，并将受困人员转移至安全地带，等待安置。”

指挥部：“指挥部收到，请有序疏散楼房内和周边居民，随时上报救援进展。”

旁白：××：××，由省住建厅、省应急厅组成的救援指导组到达事故现场，指导事故救援工作。

3. 人员救治与安置

旁白：经现场搜救，此次燃爆事故造成 9 人死亡，21 人受伤(其中 6 名昏迷人员生命体征平稳)，受伤人员已送往某市第一人民医院和市中医医院救治，指挥部分别向某区政府、市直相关部门发出指令，要求做好受灾群众转移安置工作。

指挥部：“××区政府，请你们做好燃气爆炸事故受灾群众的安置、安抚和救助工作。”

××区政府：“××区政府收到，我区已启动应急联动机制，已安排区、街道、社区干部 80 余人协助救援疏导，正在联系征用 5 家酒店安置 330 余名受灾群众。请指挥部协调市交通运输局增援大巴车辆转移受灾群众。”

指挥部：“市交通运输局，这里是市燃气爆炸事故指挥部，请你们迅速安排转运车辆赶赴某小区协助某区政府做好 330 余名受灾人员的转移安置工作。”

市交通运输局：“市交通运输局收到，我局立即安排×辆大巴车赶赴现场转移受灾群众。联系人：×××，联系电话：××××××。”

4. 水电修复

旁白：爆炸事故导致建筑旁边的水管破裂，造成周边小区停水，且大量水流涌向爆炸事故现场，同时爆炸导致电力故障，周边道路照明全部失效，给救援工作带来极大的困难。

抢险救灾组：“指挥部，这里是抢险救灾组，救援现场已到达消防车 15 辆、城管执法车 10 辆、医疗救护车 12 辆，消防队员 70 余人、城管队员 50 余人、民警 80 余人、医护人员 60 余人。此外，燃气爆炸事故导致周边电力故障，周边照明设施失效，急需修复电力系统，并增加应急照明设备。另外，建筑道路旁边的水管发生破裂，大量水流涌向事故现场，事故楼栋地下一楼的积水严重，需要关停供水阀门并抽排积水。”

指挥部：“指挥部收到！立即安排水务、供电维修队伍，调集抢修设备和物资前往。”

指挥部：“供电公司，这里是指挥部。燃气爆炸导致周边小区和附近街道大面积停电，请立即安排维修队伍抢修，恢复电力。”

供电公司：“供电公司收到，我们有 8 名电力工人正在现场，马上再增派 10 名维修工人前往增援。”

指挥部：“水务集团，这里是指挥部，燃气爆炸导致附近水管破裂，大量水流涌向事故现场，事故楼栋地下一楼的积水严重，请派出专业技术人员前往现场抢修、抽排积水。”

水务集团：“水务集团收到！我们有 10 名技术人员在现场，已关闭上下游阀门，正在调派×台泵车前往现场，抢排路面和事故楼栋地下一楼的积水！”

5. 后期处置

旁白：×月×日×时，某地燃气爆炸事故经过 10 个小时的紧张救援，市区两级共投入救援人员 350 余人、车辆 70 余台和大量救援设备，现场救援工作基本结束。抢险救灾组、治安疏导组、医疗卫生组、综合协调组和新闻宣传组分别向指挥部报告事故抢险救援情况。

抢险救灾组："指挥部，我是抢险救灾组，现场救援工作已结束。此事故造成×人死亡，×人受伤。现场漏水管道处置完成，市燃气公司正在检修燃气管道，市供电公司恢复除事故楼栋外的居民生产生活用电。"

治安疏导组："指挥部，我是治安疏导组，事故楼栋已经安排警戒值守，外围道路警戒已撤除，交通恢复正常。"

医疗卫生组："指挥部，我是医疗卫生组，×名死亡人员已送往殡仪馆，死者家属目前情绪稳定，正在进行安抚工作。×名受伤人员(其中×名人员昏迷)已送往××医院，受伤人员生命体征平稳。卫健委对每名死者及伤者成立专班，持续跟进后续情况。"

综合协调组："指挥部，我是综合协调组，经过区、街道、社区工作人员逐户敲门排查，楼栋内无人滞留，×名群众已全部妥善安置在附近××酒店，群众情绪稳定。"

新闻宣传组："指挥部，我是新闻宣传组，舆情得到有效管控，正在筹备新闻发布会，我们将及时做好信息公开工作。"

指挥部："指挥部收到，本次事故的所有伤员已救治，受灾群众安置完毕，受损大楼进行封控管理，抢险救援工作已基本结束。经指挥部会商报指挥长同意，××地"×·×"燃气爆炸事故应急响应终止。指令市直相关部门和××区委、区政府妥善做好伤者救治、死者家属善后安抚和转移群众的后续生活保障工作，做到一名伤者一个医疗小组、一名死者一个工作专班，每个专班由市直部门和××区派出一名副县级干部牵头负责，尽快恢复××小区生活秩序和居民楼修复工作。新闻宣传组要密切关注舆情，公布事实情况，管控好舆情。请相关部门按要求做好事故后续报告，××区委、区政府做好社会稳定工作，及时报告维稳情况。同时，市政府成立事故调查组开展事故调查。"

旁白：×月×日×时×分，指挥部指挥长宣布，××地"×·×"燃气爆炸事故应急响应终止。

第五节　桌面应急演练评估

一、评估方法

前文已给出应急预案以及演练脚本，主要以燃气泄漏爆炸事故为例，通过对燃气事故的危害、特点、应急要点、应急措施等叙述完成桌面应急演练。针对已有的燃气事故应急预案及脚本，在评估方法中选择灰色综合评价法对桌面应急演练进行评估，分析其中存在的不足并提出改进建议。

二、指标体系构建

燃气事故中能够对事件应急能力产生影响的因素是复杂且多方面的，所以应该多角度、全方位地进行应急能力评估体系的构建。参考我国现有的突发事件应急能力评估情况以及燃气事故应急演练现状，本节将应急能力评估体系分为4个一级指标，14个二级指标和36个三级指标。

其中，评估体系中的一级指标是应急任务的四大阶段，二级指标是为了实现一级指标中不同阶段的应急任务所需要关注的几个内容方面，三级指标是对二级指标功能任务的细化，包含各二级指标下具体的应急任务能力。详细的应急评估指标体系如表6-15所示。

表6-15　某市燃气事故桌面应急演练能力评估框架

一级指标	二级指标	三级指标
预防与准备 B_1	应急组织机构与职责 C_1	应急领导机构 D_1
		应急办事机构 D_2
		应急专家组 D_3
	风险识别 C_2	危险源识别与控制 D_4
		风险评估 D_5
	应急预案与演练 C_3	应急预案编制、实施及管理 D_6
		应急演练 D_7
	应急救援队伍与应急物资 C_4	应急救援队伍建设 D_8
		应急救援物资储备 D_9
	宣传教育 C_5	专业培训 D_{10}
		公众宣传 D_{11}
监测预警 B_2	突发事件监测与预警 C_6	事故监测与报警 D_{12}
		区域预警机制 D_{13}
	信息情报融合与发布 C_7	情报信息发布、融合平台 D_{14}
		事件信息报送 D_{15}

续表6-15

一级指标	二级指标	三级指标
应急响应 B_3	事件现场管理与协调 C_8	现场应急指挥 D_{16}
		现场人员疏散与控制 D_{17}
		应急队伍现场协同 D_{18}
	专业救援处置 C_9	专业救援队伍快速到达 D_{19}
		现场环境监测 D_{20}
		现场灭火与防爆 D_{21}
		现场初步清理与人员搜救 D_{22}
	生命抢救与保护 C_{10}	院前急救力量集合 D_{23}
		伤员救治 D_{24}
		专业医院快速响应 D_{25}
	应急保障 C_{11}	应急通道及疏散场所保障 D_{26}
		应急设备物资保障 D_{27}
		应急资金保障 D_{28}
		应急通信保障 D_{29}
	信息沟通与管理 C_{12}	事故信息发布 D_{30}
		情监控与应对 D_{31}
恢复与重建 B_4	灾后影响恢复 C_{13}	现场清理与恢复重建 D_{32}
		社会经济恢复 D_{33}
		受伤人员治疗赔偿 D_{34}
	事故调查 C_{14}	原因调查 D_{35}
		隐患分析与整改 D_{36}

三、指标权重确定

结合 2021 年 11 月 1 日实施的《安全与韧性应急管理能力评估指南》，将评价指标分为四个等级，即“很弱”“较弱”“较强”“很强”，并分别赋予 1、2、3、4 不同的数值。

对于评价目标来说，权重代表了不同指标对评价目标的重要程度。现在可以用于计算权重的方法有很多，采用层次熵权法来确定各指标的复合权重。基于情景构建的方式，通过具体实例对某市燃气事故的桌面应急演练能力进行评估，首先要确定各项指标的权重。针对上文构建的桌面应急能力评估指标体系，邀请相关领域的专家对各个指标的重要度进行两两比较，采用 1～9 标度法得到判断矩阵，来确定每级指标的权向量，详细步骤如下：

1. 求取评估样本矩阵

将第 m 个专家对指标 V 做出评分 V_{ijm}，根据专家的评估结果，求得评价样本矩阵 R。

2. 确定评估灰类

按照前文所定的评价标准和指标特点，确定评价灰类等级、评价灰类灰数以及白化权函数。本文的灰类数为 4，灰类序号为 $e(e=1,2,3,4)$，对应的灰类等级为很强，较强，较弱，很弱，构造白化函数如下：

第一灰类“很强”$(e=1)$，灰数$\otimes 1\in[10,\ \infty]$，白化权函数 F_1 见下式：

$$F_1(d_{ijk})=\begin{cases}\dfrac{d_{ijk}}{10}, & d_{ijk}\in[0,10]\\ 1, & d_{ijk}\in[10,\infty]\\ 0, & d_{ijk}\notin[0,\infty]\end{cases}$$

第二灰类“较强”$(e=2)$，灰数$\otimes 2\in[0,7.5,15]$，白化权函数 F_2 见下式：

$$F_2(d_{ijk})=\begin{cases}\dfrac{2}{15}d_{ijk}, & d_{ijk}\in[0,7.5]\\ 2-\dfrac{2}{15}d_{ijk}, & d_{ijk}\in[7.5,15]\\ 0, & d_{ijk}\notin[0,15]\end{cases}$$

第三灰类“较弱”$(e=3)$，灰数$\otimes 3\in[0,5,10]$，白化权函数 F_3 见下式：

$$F_3(d_{ijk})=\begin{cases}\dfrac{1}{5}d_{ijk}, & d_{ijk}\in[0,5]\\ 2-\dfrac{1}{5}d_{ijk}, & d_{ijk}\in[5,10]\\ 0, & d_{ijk}\notin[0,10]\end{cases}$$

第四灰类“很弱”$(e=4)$，灰数$\otimes 4\in[0,2.5,5]$，白化权函数 F_4 见下式：

$$F_3(d_{ijk})=\begin{cases}1, & d_{ijk}\in[0,2.5]\\ 2-\dfrac{2}{5}d_{ijk}, & d_{ijk}\in[2.5,5]\\ 0, & d_{ijk}\notin[0,5]\end{cases}$$

3. 计算灰色评价系数

将评估指标 V_{ij} 属于第 e 个评估灰类的灰色评估系数记作 X_{ije}，X_{ij} 表示总灰色评估数：

$$X_{ije}=\sum f_e(d_{ijm}),m\in[1,p]$$

$$X_{ij}=\sum X_{ije},e\in[1,4]$$

4. 计算灰色评估权向量和权矩阵

针对评估指标 V_{ij}，邀请专家对目标层的第 e 个灰类的灰色评估权向量记作 r_{ije}：

$$r_{ije}=\frac{X_{ije}}{X_{ij}} \quad e=1,2,3,4$$

评估目标的评估指标 V_{ij} 对于各灰类的灰色评估权向量记作：

$$r_{ij}=(r_{ij1},r_{ij2},r_{ij3},r_{ij4})$$

5. 灰色评估权矩阵

被评价对象 V_i 所属指标 V_{ij} 的灰色评估权矩阵为：

$$R_i=\begin{pmatrix} r_{i1} \\ r_{i2} \\ r_{i3} \\ r_{i4} \end{pmatrix}=\begin{pmatrix} r_{i11} & r_{i12} & r_{i13} & r_{i14} \\ r_{i21} & r_{i22} & r_{i23} & r_{i24} \\ \vdots & \vdots & \vdots & \vdots \\ r_{ij1} & r_{ij2} & r_{ij3} & r_{ij4} \end{pmatrix}$$

如果 r_{ij} 中第 e 个权数最大，即 $r_{ije}=\max(r_{ij1},r_{ij2},r_{ij3},r_{ij4})$，那么评估指标 V_{ij} 就属于第 e 个评估灰类。

6. 综合评估

对被评价主体的一级指标 A 作综合评价，评价结果 A_i 可以表示为：

$$A_i=B_iR_i=(b_{ij1},b_{ij2},b_{ij3},b_{ij4})$$

依据该方法，依次对各级指标进行综合评价，最终得出目标层的灰色综合评分。

根据式计算目标层的评估结果，求综合评估值：

$$V=AE^{\mathrm{T}}$$

其中，$E^{\mathrm{T}}=(10,\ 7.5,\ 5,\ 2.5)^{\mathrm{T}}$，并参考灰类等级对系统进行综合评价（表 6-16），并在评价结果的基础上，结合实际情况做出评价，并提出对策及建议。

表 6-16　评估等级对照表

取值范围	评估等级
[0,2.5]	很弱
(2.5,5]	较弱
(5,7.5]	较强
(7.5,10]	很强

四、评估结果

前文已构建指标体系并给出指标权重的计算方法与步骤，借助已有步骤公式对桌面应急演练进行评估，由 5 位专家根据前文情景构建的某市燃气事故所表现出来的具体应急能力，结合自身经验与对燃气事故的了解进行打分，并共同商议确定各指标的专家评分值，再根据前文公式计算各指标的灰色评价系数与灰色评估权向量，具体数据如表6-17、表6-18所示。

表6-17　应急能力指标专家评分值和灰色评估权向量

三级指标	专家评分					灰色评估权向量			
应急领导机构 D_1	8	7.5	8	9	8.5	0.393	0.434	0.173	0
应急办事机构 D_2	8	8	8.5	8.5	7.5	0.384	0.436	0.180	0
应急专家组 D_3	5	4	6	7	6	0.256	0.341	0.366	0.037
危险源识别与控制 D_4	7	8.5	8	8	7	0.358	0.428	0.214	0
风险评估 D_5	8.5	8	8	7.5	7	0.362	0.433	0.204	0
应急预案编制、实施及管理 D_6	9	8.5	8	8.5	9.5	0.442	0.426	0.132	0
应急演练 D_7	8.5	8.5	8.5	9	9	0.442	0.426	0.132	0
应急救援队伍建设 D_8	8	7	8	8.5	8.5	0.38	0.430	0.19	0
应急救援物资储备 D_9	7.5	8.5	8	8	7	0.362	0.433	0.204	0
专业培训 D_{10}	7.5	8	9	7	8.5	0.38	0.43	0.19	0
公众宣传 D_{11}	7	8	8	6	7.5	0.333	0.42	0.247	0
事故监测与报警 D_{12}	6	6	7.5	5	7	0.285	0.38	0.335	0
区域预警机制 D_{13}	7	4	7	6	7	0.281	0.375	0.308	0.036
情报信息发布、融合平台 D_{14}	7	6	7	6	5	0.281	0.375	0.344	0
事件信息报送 D_{15}	8.5	8	8	8.5	8	0.393	0.435	0.173	0
现场应急指挥 D_{16}	9	8	7	7.5	8	0.371	0.432	0.197	0
现场人员疏散与控制 D_{17}	8	7.5	8.5	7.5	7	0.354	0.435	0.211	0
应急队伍现场协同 D_{18}	9	7.5	8	8	8.5	0.393	0.435	0.173	0
专业救援队伍快速到达 D_{19}	9	7	8.5	8	8	0.389	0.429	0.182	0
现场环境监测 D_{20}	8.5	7	7.5	7	8.5	0.358	0.428	0.214	0
现场灭火与防爆 D_{21}	8.5	8.5	7.5	8	8	0.384	0.436	0.18	0
现场初步清理与人员搜救 D_{22}	7	7.5	8	8	7.5	0.345	0.436	0.218	0
院前急救力量集合 D_{23}	7.5	8	8	7	8	0.354	0.435	0.211	0
伤员救治 D_{24}	8	7	7.5	7.5	8	0.345	0.436	0.218	0

续表6-17

三级指标	专家评分					灰色评估权向量			
专业医院快速响应 D_{25}	7.5	8.5	8.5	8	8	0.384	0.436	0.18	0
应急通道及疏散场所保障 D_{26}	8.5	8	8.5	7	7.5	0.371	0.432	0.197	0
应急设备物资保障 D_{27}	8.5	7	7.5	8	8.5	0.371	0.432	0.197	0
应急通信保障 D_{28}	7	7.5	8.5	8	8.5	0.371	0.432	0.197	0
应急资金保障 D_{29}	7	7.5	8.5	8	8.5	0.264	0.353	0.383	0
事故信息发布 D_{30}	6	5	6	5	7	0.345	0.429	0.221	0
舆情监控与应对 D_{31}	8.5	7	8	7	7.5	0.354	0.435	0.211	0
现场清理与恢复重建 D_{32}	75	8	8.5	7.5	7	0 384	0.437	0.18	0
社会经济恢复 D_{33}	8.5	8.5	75	8	8	0.371	0.432	0.197	0
受伤人员治疗赔偿 D_{34}	8	8.5	7	8.5	7.5	0.309	0.4	0.291	0
原因调查 D_{35}	8	6	7	6	7	0.371	0.432	0.197	0
隐患分析与整改 D_{36}	7.5	9	8.5	7	7.5	0.289	0.386	0.325	0

表 6-18　指标 $D_1 \sim D_{36}$ 的灰色综合得分

指标	D_1	D_2	D_3	D_4	D_5	D_6	D_7	D_8	D_9
得分	8.05	8.01	7.033	7.86	7.888	8.275	8.275	7.975	7.888
指标	D_{10}	D_{11}	D_{12}	D_{13}	D_{14}	D_{15}	D_{16}	D_{17}	D_{18}
得分	7.975	7.715	7.375	7.253	7.343	8.058	7.935	7.858	8.058
指标	D_{19}	D_{20}	D_{21}	D_{22}	D_{23}	D_{24}	D_{25}	D_{26}	D_{27}
得分	8.018	7.86	8.01	7.81	7.858	7.81	8.01	7.935	7.935
指标	D_{28}	D_{29}	D_{30}	D_{31}	D_{32}	D_{33}	D_{34}	D_{35}	D_{36}
得分	7.935	7.203	7.773	7.858	8.018	7.935	7.545	7.935	7.41

由表中数据分析三级指标可知，领导小组对于某市燃气事故的各方面都进行了严格管控，大多数三级指标的综合评分处于很强这一等级，应急预案的编制、实施及管理，应急演练，应急队伍现场协同、事件信息报送、应急领导机构，专业救援队伍快速到达等指标得分较高，其中，应急预案的编制、实施及管理的得分尤其高。

1. 三级指标评价

根据前文灰色综合评估方法步骤可以得到各指标的评价数值，具体数据如表 6-19、表 6-20 所示。

表 6-19 三级指标评价表

应急组织机构与职责	$C_1=W_{C_1}R_{C_1}=(0.385,0.433,0.181,0.001)$
风险识别	$C_2=W_{C_2}R_{C_2}=(0.36,0.431,0.209,0)$
应急预案与演练	$C_3=W_{C_3}R_{C_3}=(0.442,0.426,0.132,0)$
应急救援队伍与应急物资	$C_4=W_{C_4}R_{C_4}=(0.376,0.431,0.193,0)$
宣传教育	$C_5=W_{C_5}R_{C_5}=(0.368,0.428,0.204,0)$
突发事件检测与预警	$C_6=W_{C_6}R_{C_6}=(0.284,0.379,0.328,0.009)$
信息情报融合与发布	$C_7=W_{C_7}R_{C_7}=(0.371,0.423,0.207,0)$
事件现场管理与协调	$C_8=W_{C_8}R_{C_8}=(0.369,0.432,0.98,0)$
专业救援处置	$C_9=W_{C_9}R_{C_9}=(0.365,0.435,0.2,0)$
生命抢救与保护	$C_{10}=W_{C_{10}}R_{C_{10}}=(0.355,0.436,0.208,0)$
应急保障	$C_{11}=W_{C_{11}}R_{C_{11}}=(0.338,0.407,0.255,0)$
信息沟通与管理	$C_{12}=W_{C_{12}}R_{C_{12}}=(0.351,0.431,0.218,0)$
灾后影响恢复	$C_{13}=W_{C_{13}}R_{C_{13}}=(0.381,0.438,0.191,0)$
事故调查	$C_{14}=W_{C_{14}}R_{C_{14}}=(0.33,0.409,0.261,0)$

表 6-20 指标 $C_1 \sim C_{14}$ 的灰色综合得分

指标	C_1	C_2	C_3	C_4	C_5	C_6	C_7
得分	8.01	7.88	8.28	7.96	7.91	7.35	7.92
指标	C_8	C_9	C_{10}	C_{11}	C_{12}	C_{13}	C_{14}
得分	7.92	7.91	7.86	7.71	7.83	8.05	7.67

通过表中数据进行分析可知：所有一级指标得分均属于很强等级，其中预防与准备，应急响应，恢复重建得分均接近 8 分，监测预警得分略低，可以进一步加强改进。

2. 二级指标评价

根据前文灰色综合评估方法步骤可以得到各指标的评价数值，具体数据如表 6-21、表 6-22 所示。

表 6-21 二级指标评价表

预防与准备	$B_1=W_{B_1}R_{B_1}=(0.403,0.43,0.167,0)$
监测预警	$B_2=W_{B_2}R_{B_2}=(0.299,0.386,0.308,0.07)$
应急响应	$B_3=W_{B_3}R_{B_3}=(0.357,0.434,0.208,0)$
恢复重建	$B_4=W_{B_4}R_{B_4}=(0.364,0.428,0.214,0)$

表 6-22 指标 $B_1 \sim B_4$ 的灰色综合得分

指标	B_1	B_2	B_3	B_4
得分	8.09	7.6	7.865	7.946

通过表中数据进行分析可知：二级指标大多属于很强这一等级，只有突发事件监测与预警的评分属于较强，应急预案与演练，应急组织机构与职责，灾后影响恢复等指标得分较高。

3. 一级指标评价

应急能力 $A = W_A R_A = (0.373, 0.426, 0.2, 0.0085)$，

$$V = AE^{\mathrm{T}} = (0.373, 0.426, 0.2, 0.0085) \cdot (10, 7.5, 5, 2.5)^{\mathrm{T}} = 7.946$$

根据评估步骤中所拟定的评估等级对照表，可知燃气事故应急的能力等级为很强。

五、评估报告

完成燃气事故桌面应急演练的评估之后，需依据评估结果，全面总结本次演练的经验，并据此撰写评估报告，本次桌面应急演练评估报告如表 6-23 所示。

表 6-23 “××燃气事故”应急演练评估报告

<table>
<tr><td colspan="4">演练概要</td></tr>
<tr><td>演练时间</td><td>××××年×月×日</td><td>演练地点</td><td>××地</td></tr>
<tr><td>演练目的</td><td colspan="3">确保在真实事故发生时，所有相关人员能够迅速、有序、有效地响应，通过模拟训练提高应急处置能力，检验和完善应急预案，以及增强公众的安全意识和自救互救能力。</td></tr>
<tr><td>情景设置</td><td colspan="3">某市 119 指挥中心接到紧急报警，位于该市某区某小区的一栋 32 层临街楼房发生严重的燃气泄漏爆炸事故，导致一楼房屋门窗被彻底破坏。</td></tr>
<tr><td>演练形式</td><td colspan="2">☑ 桌面推演 □实操演练 □示范演练</td><td>☑ 综合演练 □专项演练</td></tr>
<tr><td>牵头单位</td><td>××单位</td><td>参演机构</td><td>××机构</td></tr>
<tr><td colspan="4">演练评估</td></tr>
<tr><td>演练评估时间</td><td>××××年×月×日</td><td>演练评估地点</td><td>××地</td></tr>
<tr><td>评估专家组成员</td><td colspan="3">行业专家、应急管理领导、燃气事故应急管理研究院、应急演练基层参与者。</td></tr>
<tr><td>评估结论</td><td colspan="3">尽管燃气事故应急演练在预案编制、应急演练执行、现场协调等方面表现出较强的应急能力，但仍存在一些不足之处，如专业技术支持的缺乏、公众参与指引的不足、事故调查与后续改进的具体措施不足等。因此，建议通过加强与专家的合作，定期进行针对性演练，建立全面的监测预警系统和信息共享平台，以及成立事故调查小组等措施，进一步提高燃气事故的应急响应能力，确保在真实事故发生时能够有效地保护人民生命财产安全，并迅速恢复正常社会秩序。</td></tr>
</table>

续表6-23

演练概要	
演练总结及改进措施	
演练总结	演练通过桌面推演等形式，帮助参与者熟悉应急预案、检验预案有效性，并提高实际应对燃气泄漏、火灾、爆炸等紧急情况的能力。演练过程中，各参与单位和角色根据设定的事故情景，执行信息接收、风险评估、现场指挥、人员疏散、资源调配、技术处置等关键应急响应任务，同时，通过专家评分和灰色综合评价法等方法对演练效果进行评估，以识别应急响应中的不足并提出改进建议，确保在真实事故发生时，能够迅速、有序、有效地进行应急处置，最大程度减少事故造成的伤害和损失。
改进措施	(1)鉴于燃气事故的复杂性和潜在的高风险，应急响应过程中必须有专业技术支持。建议领导小组积极与燃气安全领域的专家建立联系，并签订正式的合作协议，确保在应急处置过程中能够迅速获得专家的专业意见和指导。 (2) 定期举行针对性的应急演练，并在每次演练结束后，由组织部门提供详细的书面评估报告。报告应包括对应急预案的评审和改进建议，以及演练过程中发现的潜在问题和改进措施。所有改进措施都应记录并上报领导小组，以供备案和后续改进。 (3) 建议领导小组在现有监测系统的基础上，加快建立一个全面的燃气事故监测预警系统。同时，构建一个统一的信息共享平台，以确保在紧急情况下，各相关部门能够及时获取信息并有效沟通。值得注意的是，北京市劳保所科技发展有限责任公司的胡成博士正在开发的事件监测报警系统，具备监测、报警、任务发布和信息融合传递等功能，虽然该系统尚在开发阶段，但其投入使用后将极大提升应急通信能力。 (4) 燃气事故发生后，领导小组应迅速成立事故调查小组，负责深入调查事故原因，并监督整改措施的实施。同时，应确保对受影响的个人和企业提供及时的赔偿和支持，以促进受影响区域的经济和社会秩序尽快恢复。

六、演练脚本改进

在进行燃气事故应急桌面演练及评估的过程中，发现几个关键领域需要改进，以提高演练的有效性和实际应对能力。以下是对演练脚本的改进意见。

1. 应急资源调配灵活性不足

问题分析：演练脚本中可能没有充分展示资源调配的灵活性，如在紧急情况下，资源调配的效率和效果可能没有得到充分体现。

改进建议：在演练脚本中增加对资源调配灵活性的描述，如模拟一个场景，其中资源调配团队需要迅速调整策略以应对不断变化的事故情况。

2. 公众教育和引导不足

问题分析：演练脚本中缺少对公众进行燃气安全教育和引导的内容，这可能导致公众在燃气事故中的自我保护和应急反应能力不足。

改进建议：在演练脚本中增加公众教育和引导环节，如模拟一个场景，其中社区工作人员向居民提供燃气安全知识，指导居民在燃气泄漏情况下的应对措施。

3. 演练保障中器材、设备应用不到位

问题分析：演练脚本中可能没有详细描述所有必要的器材和设备的应用情况，这可能影响演练的真实性和有效性。

改进建议：在演练脚本中详细描述器材和设备的检查、测试和应用过程，确保演练的模拟真实度。例如，可以增加一个环节，描述技术人员在演练前对通讯设备和救援装备进行检查和测试。

4. 演练解说不够流畅

问题分析：演练脚本中的解说可能存在不流畅、内容简单等问题，这可能影响参演人员对演练情境的理解和响应。

改进建议：在演练脚本中加强解说内容的连贯性和详细性，确保解说内容准确、流畅，并能够根据演练进展及时更新信息。例如，可以增加解说人员对演练进展的实时更新和关键信息的强调。

5. 演练后的总结讲评不到位

问题分析：演练脚本中可能没有充分描述演练结束后的总结讲评过程，未能充分指出演练中的问题和不足。

改进建议：在演练脚本中增加一个详细的总结讲评环节，其中包括对演练中发现的问题的深入分析和改进措施的讨论。例如，可以模拟一个总结会议，其中各参演团队分享他们的观察和建议，共同讨论如何改进未来的演练和实际应急响应。

6. 信息报告流程冗余

问题分析：在演练脚本中，信息报告流程可能存在重复报告的情况，例如市应急局向市政府值班室报告后，市政府值班室再次向市领导汇报相同的事故信息，这可能导致信息处理效率低下。

改进建议：建议在演练脚本中明确信息报告的责任人和报告路径，减少重复报告。例如，可以指定一个统一的信息协调中心，负责收集、筛选和汇总信息，再由该中心统一向决策层报告。

附 件

附 件

附件1 ××市化工安全生产事故应急预案

1 总则

1.1 编制目的

为认真贯彻“安全第一，预防为主，综合治理”的安全生产工作方针，加强对化工安全生产事故的控制，规范化工安全生产事故的应急管理和应急响应，预防和处置各类安全生产事故，及时有效地实施应急救援工作，进一步增强防范和应对化工安全生产事故灾难的能力，最大限度地减少人员伤亡、财产损失，保障人民群众的生命安全和身体健康，维护社会稳定。

1.2 编制依据

①《中华人民共和国安全生产法》；

②《中华人民共和国消防法》；

③《中华人民共和国突发事件应对法》；

④《生产安全事故应急条例》；

⑤《生产安全事故报告和调查处理条例》；

⑥《危险化学品安全管理条例》；

⑦《生产安全事故应急预案管理办法》；

⑧《湖北省安全生产事故灾难应急预案》；

⑨《湖北省安全生产条例》；

⑩《湖北省生产安全事故应急预案管理实施细则》。

1.3 遵循原则

① 以人为本，减少危害。以保障人民生命财产安全作为首要任务，最大限度地减少

化工安全生产事故造成的人员伤亡和社会危害，建立健全应对化工安全生产事故的有效机制。

② 居安思危，预防为主。贯彻落实“安全第一，预防为主，综合治理”的方针，坚持预防与应急相结合，常态与非常态相结合，加强化工安全管理，通过开展全面的风险评估工作，掌握市化工安全生产风险源的分布，增强化工企业和管理部门对化工安全生产事故的预警能力，落实事故预防和消除安全隐患的措施，做好应对化工安全生产事故的人员、技术、物资和设备的应急救援准备工作。

③ 统一领导，分级负责。在市级人民政府统一领导和市安委会组织协调下，化工园区、街道办事处(管委会)、开发区、市行政区及有关部门按照各自职责和权限，负责有关安全生产事故灾难的应急管理和应急处置工作；各生产经营单位要认真落实安全生产主体责任，建立安全生产应急管理机制和救援体系。

④ 依法规范，加强管理。依据有关法律法规和规章，依托应急指挥机构，完善工作措施，提高预防和应对化工安全生产事故的规范化、制度化、专业化和法治化水平。

⑤ 快速反应，协同应对。各级政府及其相关部门应充分依靠和发挥公众力量，采取有效防范措施，健全应急联动机制，形成统一指挥、反应灵敏、功能齐全、协调有序、运转高效的应急管理机制。

⑥ 依靠科技，提高素质。充分利用新技术、新设备和新工具，提高预防和应对化工安全生产事故各项工作的科技含量和装备水平。充分发挥专家和专业人员作用，提高预防和应对化工生产事故的能力。加强对化工企业员工进行化工安全常识和应急抢险知识等技能培训；组织开展专业技术交流和研讨，提高应急处置能力。

⑦ 公开透明，及时发布。遵循“及时准确、公开透明、有序开放、有效管理、正确引导”的方针，按照“以公开为原则，不公开为例外”的要求，及时、真实、准确、有效、主动地发布化工安全生产事故权威信息。

1.4 事故分级

根据安全生产事故造成的人员伤亡或者直接经济损失，一般分为以下等级：

① Ⅰ级(特别重大)事故，是指造成 30 人以上死亡，或者 100 人以上重伤(包括急性工业中毒，下同)，或者 1 亿元以上直接经济损失的事故；

② Ⅱ级(重大)事故，是指造成 10 人以上 30 人以下死亡，或者 50 人以上 100 人以下重伤，或者 5000 万元以上 1 亿元以下直接经济损失的事故；

③ Ⅲ级(较大)事故，是指造成 3 人以上 10 人以下死亡，或者 10 人以上 50 人以下重伤，或者 1000 万元以上 5000 万元以下直接经济损失的事故；

④ Ⅳ级(一般)事故，是指造成 3 人以下死亡，或者 10 人以下重伤，或者 1000 万元以下直接经济损失的事故。

以上有关数量的表述中，“以上”含本数，“以下”不含本数。

1.5 适用范围

本预案适用于发生在市级行政区域内，由市化工安全生产突发事故应急指挥部负责处置的较大化工安全生产事故或参与处置的特别重大、重大化工安全事故，以及需要市化工安全生产事故应急指挥部协调处置的一般化工生产事故。

1.6 预案体系

全市应急预案体系包括政府及其部门应急预案、单位和基层组织应急预案，以及应急预案支撑性文件。

1.6.1 政府及其他部门应急预案

政府及其部门应急预案包括总体应急预案、专项应急预案、部门应急预案等。

总体应急预案是应急预案体系的总纲，是本级人民政府组织应对突发事件的总体制度安排，由应急管理部门牵头编制，经本级人民政府审议通过、发布实施，报送上级人民政府备案，抄送上级应急管理部门。专项应急预案是为应对某一类型或者某几种类型突发事件，预先制订的涉及多个部门(单位)职责的工作方案，由相关类别突发事件防范与处置的牵头部门组织编制，经本级人民政府审批，由本级人民政府办公厅(室)发布实施，抄送上级相关主管部门。部门应急预案是有关部门为应对本部门(行业、领域)突发事件，或者针对应急资源保障等涉及部门工作而预先制订的工作方案，由相关类别突发事件防范与处置的牵头部门组织编制、审议、发布实施，抄送本级应急管理部门和上级主管部门。

1.6.2 单位和基层组织应急预案

单位和基层组织应急预案由机关、企业、事业单位、社会组织和居(村)委会等法人和基层组织制订，主要针对本单位和基层组织面临的风险，规范单位和基层组织内部突发事件应对工作。

1.6.3 应急预案支撑性文件

应急预案支撑性文件包括工作手册和事件行动方案。工作手册是区以上人民政府及其部门应急预案涉及的有关单位对自身承担职责任务进一步分解细化的工作方案。事件行动方案是参与安全生产事故应对的现场指挥机构、救援队伍、专家队伍等按照应急预案、工作手册和上级指挥机构要求，为执行具体任务，根据现场实际情况而制订的工作方案。

2 组织领导机构与职责

2.1 市化工安全生产事故应急指挥部及其职责

2.1.1 市化工安全生产事故应急指挥部

在市应急委的领导下，设立市化工安全生产事故应急指挥部，负责统一领导、指挥协调全市化工安全生产类突发事故的预防和处置工作。市化工安全生产事故应急指挥部由1名总指挥、2名副总指挥、1名执行总指挥兼现场指挥官和成员单位组成。总指挥由市政府分管(市住房建设局的)副市长担任，主持化工生产事故应急指挥部全面工作；1名副总指挥由协助分管(市住房建设局的)市政府副秘书长兼任，负责协助总指挥开展工作;1名副总指挥由协助分管全市应急工作的市政府副秘书长兼任,负责审查突发事件信息报送工作,协调相关应急资源参与处置工作。执行总指挥兼现场指挥官由市住房建设局主要负责同志担任,履行现场决策、指挥、调度职责。

市化工安全生产事故应急指挥部成员单位由市财政委、市规划国土委、市交通运输委、市卫生人口计生委、市公安局、市生态环境局、市民政局、市住房建设局、市水务局、市市场监管局、市气象局、市政府新闻办、市外办(港澳办)、市台办、市应急办、市通信管理局、市公安消防大队(支队)(综合应急救援支队)、各区政府(区管委会)、市供电局有限公司、市内从事化工生产的公司等相关单位组成。

各成员单位须分别指定化工安全生产突发事故应急工作的负责人和联络员。

2.1.2 市化工安全生产事故应急指挥部主要职责

① 贯彻执行预防和应对化工安全生产突发事故的法律法规、规章和政策,制定预防和应对化工安全生产突发事故的政策措施。

② 统一领导全市化工安全生产突发事故的应急处置、事故抢险、社会救援等工作。

③ 负责化工安全应急队伍的建设、管理和应急演练工作。

④ 建立化工安全监测预警体系,开展化工安全生产突发事故的风险隐患排查和监测预警工作。

⑤ 启动和终止本预案,协调市内相关行政区、相关部门与应急处置机构的关系,指挥应急处置机构成员单位按照各自职责开展应急救援工作。

⑥ 承办市应急委交办的其他事项。

2.2 市化工安全生产事故应急指挥部办公室及其职责

市化工安全生产事故应急指挥部下设办公室作为常设办事机构,办公室设在市住房建设局,办公室主任由市住房建设局分管化工生产的局领导担任,成员由市化工安全生产事故应急指挥部成员单位相关人员组成。

市化工安全生产事故应急指挥部办公室履行以下主要职责:

① 组织落实市化工安全生产事故应急指挥部的工作部署,传达上级领导的有关要求。

② 负责化工安全生产事故信息的接收、核实、处理、传递、通报、报告,执行市化工安全生产事故应急指挥部的指令。

③ 负责及时组织发布或配合上级单位发布关于化工安全生产突发事故及其处置情况的信息。

④ 负责对化工安全生产突发事故应急处置工作进行总结,提出改进意见。

⑤ 负责各化工经营企业之间以及其他成员单位与化工企业之间的日常沟通和应急协调工作。

⑥ 其他与化工安全生产突发事故相关的应急管理工作。

2.3 成员单位职责

① 市财政委:负责为化工安全生产突发事故应急管理工作提供资金保障。

② 市规划国土委:负责配合化工安全生产事故的应急处置工作。

③ 市交通运输委:负责在化工安全生产突发事故应急处置工作中交通运输保障工作;负责受损的道路(含桥梁、隧道)等交通工程的抢修与恢复工作;配合化工安全生产事故的应急处置。

④ 市卫生人口计生委:负责组织开展伤病员医疗救治工作,报告事件伤亡情况和伤病员救治信息。

⑤ 市公安局:负责突发事故现场安全保卫、治安秩序和交通疏导、交通管制工作;组织或参与事故调查;协助组织受灾群众迅速疏散。

⑥ 市生态环境局:负责利用先进的监测技术和设备,对化工类突发事件地点环境进行实时监测,掌握污染物的种类、浓度和扩散范围等信息,为应急处置提供科学依据。

⑦ 市民政局:负责组织做好受灾群众的安置、安抚和救助工作。

⑧ 市住房建设局:负责组织制定(修订)本市化工安全生产突发事故应急预案,编制化工专业应急资源分布图谱,统筹化工专业应急物资、装备的储备和调用;负责建立健全化工安全生产突发事故应急抢险专家库和专业抢险队伍联络网络;在突发化工生产事故时,负责协调化工专业抢险救援队伍,负责化工安全生产突发事故中涉及建筑工程方面的抢险工作;本部门工作职责范围内的其他应急处置工作。

⑨ 市水务局:负责组织供排水企业抢修与恢复在突发事故中有关供水、排水设施的抢险工作。

⑩ 市市场监管局:依职责负责有关特种设备的化工安全生产事故的应急处置工作。

⑪ 市气象局:负责提供化工安全生产突发事故区域气象预报和灾害性天气的预警工作;负责按照相关要求通过市突发事件预警信息发布系统转发突发事故预警信息。

⑫ 市政府新闻办:负责指导和协调化工安全生产突发事故新闻报道工作,引导社会舆论,确保信息发布的一致性和权威性。

⑬ 市外办(港澳办):负责向有关外国驻华外交机构和香港澳门有关机构通报本市化工安全生产突发事故的相关信息,并协调相关部门处理上述机构提出的相关问题。

⑭ 市台办:负责协助有关部门按照国家相关政策妥善处置在化工安全生产突发事故中涉及台胞的相关事宜,并负责向省台办、国台办报送涉台化工安全生产突发事故的动态信息和处置情况。

⑮ 市应急办:协助总指挥做好化工安全生产突发事故的应急处置与救援的综合协调和指挥;负责事故抢险救援信息的汇总上报;负责协调相关应急力量、应急资源参与抢险救援工作;负责外援的求助工作。

⑯ 市通信管理局:负责为抢险救援指挥系统提供通信保障;负责组织实施在突发事故中受损通信系统的应急恢复。

⑰ 市公安消防支队(综合应急救援支队):负责组织人员搜救、火灾扑救和抢险救灾工作,会同化工专业抢险队伍进行现场应急抢险工作。

⑱ 各行政区政府:按照属地管理原则,负责组织处置一般化工安全生产事故;负责协助处置较大以上化工安全生产事故,并负责化工安全生产突发事故处置过程的应急保障

工作；必要时组织群众疏散，特殊情况下组织群众进入紧急避难场所，避免次生灾害事件发生；负责实施救助、补偿、抚慰、抚恤及灾后重建等善后处理工作。

⑲ 市供电局有限公司：在化工安全生产突发事故中引发电力系统事故的情况下，负责组织实施管辖范围内的电网恢复及设备抢修工作，为突发事故抢险救援提供电力保障；组织管辖范围内电力设备的停电及事后恢复工作。

⑳ 专业应急队伍：负责职责范围内化工安全生产突发事故的应急处置工作；紧急状态下，听从市化工安全生产事故应急指挥部指令组织实施化工安全生产突发事故现场先期应急处置，协助实施应急抢险，必要时支援辖区外化工安全生产突发事故的应急抢险；负责做好应急物资的储备、维护并及时更新，组织专业应急队伍的培训、训练、演练，确保应急抢险工作需要。

㉑ 市内各化工企业：根据本预案结合自身实际，制定本企业的应急预案；负责建立与企业经营规模相适应的应急抢险队伍并组织预案演练；配备相应的应急装备、设施，及时进行维护更新，确保抢险救援工作需要；必要时服从上级安排协助开展化工安全生产突发事故的应急处置工作。

2.4 现场指挥部组成及其职责

2.4.1 现场指挥部组成

市化工安全生产事故应急指挥部根据化工安全生产突发事故情况成立应急处置现场指挥部（以下简称现场指挥部）。现场指挥部设置现场指挥官和 3 名现场副指挥官，实行现场指挥官负责制。现场指挥官有权决定现场处置方案，指挥调度现场应急救援队伍和应急资源。各有关部门（单位）、公众应当服从和配合现场指挥官的指挥。

现场指挥官由市化工安全生产事故应急指挥部执行总指挥兼任，负责召集各参与抢险救援部门和单位的现场负责人组成现场指挥部，明确各部门和单位的职责分工，负责指挥、协调现场应急处置工作。现场副指挥官由市应急办、市政府新闻办和有关区应急委的负责同志分别担任。其中，市应急办负责同志协调场外有关应急力量和应急资源，配合现场指挥官开展应急处置工作；市政府新闻办的负责同志组织协调新闻发布工作；有关区应急委的负责同志组织区有关应急资源参与处置工作。

市化工安全生产事故现场指挥部下设综合协调组、应急专家组、抢险救灾组、治安疏导组、医疗卫生组、新闻宣传组、后勤保障组、交通运输组、涉外（港澳台）联络组、调查评估组等工作组。

2.4.2 现场指挥部职责

① 执行上级下达的化工安全生产突发事故应急处置任务，指挥、协调现场的应急处置和抢险救援工作，防止事态蔓延和扩大。

② 协调相关成员（处置）单位，确定应急处置具体措施，制定抢险救援工作方案。

③ 负责协调有关部门（现场处置单位）组织调配抢险力量，解决抢险当中遇到的实际问题。

④ 负责及时向市化工安全生产事故应急指挥部报告事故应急处置、抢险救援情况。

⑤ 组织划定事故现场的警戒范围，对人员进行疏散或者隔离，实施必要的交通管制及其他强制性措施。

⑥ 协调拟定并报批有关事故信息发布材料。

⑦ 负责职责范围内的其他应急处置工作。

2.5 应急专家组及其职责

市化工安全生产事故应急指挥部建立由化工、消防、机电、安全工程等相关专业人员组成的应急抢险专家库，根据化工安全生产突发事故应急救援需要召集有关专家组建应急专家组。

应急专家组的主要职责是：

① 对化工安全生产突发事故的发展趋势、抢险救援方案、处置办法等提出意见和建议，为应急抢险救援行动的决策、指挥提供技术支持。

② 对化工安全生产突发事故可能造成的危害进行预测、评估。

③ 参与化工安全生产突发事故应急演练及事故调查。

3 运行机制

3.1 预防、监测与预警

3.1.1 预防

① 各部门、各单位应坚持“预防为主、预防与应急相结合”的原则，将化工安全生产突发事故的预防工作贯穿于城市规划、建设、运行、发展等各个环节，统筹兼顾和综合运用各方面的资源和力量，提升城市防灾减灾能力，预防和减少化工安全生产事故的发生，减轻和消除化工安全生产事故引起的社会危害。

② 在化工设施的规划建设中，合理有效规避突发事故风险，统筹规划合理配套应对化工安全生产事故的设施和应急物资。

③ 切实加强对城市化工安全工作的管理，健全化工安全管理制度，落实安全生产责任制，做到专人负责、分工明确、责任落实。

④ 各化工企业应按有关法律法规的要求，做好化工安全生产突发事故的预防工作，防止重大化工安全生产事故的发生。

3.1.2 监测

（1）在市化工安全生产事故应急指挥部的领导下，由市住房建设局牵头，建立政府部门、化工企业、用户间的信息交流平台，充分利用各种资源优势，搜集、分析各种对化工生产安全可能产生不利影响的信息，组织开展风险分析，建立完善城市化工生产安全监管体系，对城市化工设施运行状况进行评估，做到早发现、早报告、早处置。

① 建立对化工企业和市内各化工类经营企业安全隐患排查信息系统，实现监测本市化工企业动态安全以及预测化工安全生产风险的机制。

② 对化工企业的安全管理情况进行监督检查，实施化工生产安全状况的监测。

③ 建立化工安全生产突发事故信息库，对已发生的各类事故进行记录，将分析和总

结的结果存入信息库，并以此为基础不断完善各项安全生产管理制度及应急预案。

④ 加强重大节假日、重要社会活动、灾害性气候的预测预警工作，建立和健全各类信息报告制度，不断提高应急保障管理水平。

(2) 市、区化工管理部门和化工企业负责建立本区域、本企业重大事故隐患和重大危险源信息监控系统，对重大事故隐患和重大危险源实时监控；与各化工企业保持联络畅通，与街道办事处、社区工作站保持密切联系，随时了解掌握化工企业安全生产状况和动态。

(3) 化工企业应建立健全生产系统日常数据监测、设备维护、安全检查等各项生产管理制度；建立风险预测、系统改造等相关信息数据库，必要时将重要信息上报至市化工安全生产事故应急指挥部办公室。对本行业、本地区以外其他渠道传递来的信息，应密切关注，提前做好应急准备。

3.1.3 预警

1. 预警级别

根据化工安全生产突发事故可能造成的危害程度、紧急程度和发展态势，本市建立化工安全生产突发事故四级预警指标体系，由高到低划分为Ⅰ级、Ⅱ级、Ⅲ级、Ⅳ级四个级别，分别用红色、橙色、黄色、蓝色四种颜色表示，并分别采用不同预防对策。

2. 预警信息发布内容

预警信息发布的内容应包括：发布机构、发布时间、预警级别、起始时间、可能影响范围、警示事项、事态发展、相关措施和咨询电话等。

3. 预警信息发布范围

预警信息发布的范围包括：可能受影响的单位（企业）与个人，以及其他相关的单位（企业）与个人。

4 预警信息发布、解除和变更

(1) 预警信息发布和解除

① 蓝色预警（Ⅳ级）：经各区化工安全生产事故应急指挥机构主要负责人审签后组织对外发布或宣布解除，并及时报市应急办及市化工安全生产事故应急指挥部办公室备案。

② 黄色预警（Ⅲ级）：经市化工安全生产事故应急指挥部主要负责人审签后，由市化工安全生产事故应急指挥部办公室通过市突发事件预警信息发布系统和政府在线网站统一组织对外发布或宣布解除，并及时报市应急办备案存档；特殊情况需报市政府审定的，市化工安全生产事故应急指挥部办公室应及时报送市应急办，市应急办核定意见后报由市政府相关领导签发。

③ 橙色预警（Ⅱ级）：由省级相关应急机构授权相关部门组织对外发布或宣布解除。

④ 红色预警（Ⅰ级）：由国家相关应急机构授权相关部门组织对外发布或宣布解除。

(2) 预警变更

根据市化工安全生产突发事故可能对社会造成影响的严重程度的变化，市化工安全生产事故应急指挥部办公室应适时向市化工安全生产事故应急指挥部提出调整预警级别的建议；市化工安全生产事故应急指挥部依据事态变化情况，适时向上级相关应急机构提出调整橙色、红色预警级别的建议。

5. 预警响应

(1) 蓝色预警响应

① 进入蓝色预警期后，各相关成员单位及相关化工企业应做好应急响应，实行24小时值班制度，加强信息监控与收集；

② 相关化工企业的应急人员立即进行重点部位排查处置；

③ 专业应急救援队伍随时待命，接到命令后迅速出发，视情况采取防止事故发生或事态进一步扩大的相应措施。

(2) 黄色预警响应

① 在蓝色预警响应的基础上，市化工安全生产事故应急指挥部办公室随时掌握情况，及时进行信息报送，并报请市化工安全生产事故应急指挥部启动本预案；

② 市化工安全生产事故应急指挥部及时进行研判，如果达到黄色预警，则启动本预案，并部署相关预警响应工作；

③ 专业应急救援队伍及相关的应急人员全部上岗，并对预警危险区域进行应急处置；

④ 市化工安全生产事故应急指挥部专家组进驻市化工安全生产事故应急指挥部办公室或事故现场，对事态发展作出判断，并提供决策建议。

(3) 橙色预警响应

在黄色预警响应的基础上，由省级相关应急机构统一部署，市相关应急机构积极配合。

(4) 红色预警响应

在橙色预警响应的基础上，由国家相关应急机构统一部署，省、市相关应急机构积极配合。

3.2 应急处置与救援

3.2.1 信息报告和共享

化工安全生产突发事故发生后，应按以下要求迅速、准确、多渠道报送相关信息。

1. 信息报告的内容和要求

化工安全生产突发事故的信息报告要简明扼要、清晰准确。突发事故的信息报告包括首报、续报和总报。对发生时间、地点和影响比较敏感的事件，可特事特办，不受报送分级的限制。

如果化工安全生产突发事故中涉及外籍和港澳台人员伤亡、中毒、失踪等，或者突发事故可能影响到境外，需要向香港、澳门、台湾地区有关机构或有关国家通报时，由市化工安全生产突发事故应急指挥部办公室配合市外办、市台办按相关程序协调处理。

(1) 首报内容

① 事发企业概况：包括事发企业的名称、企业负责人、联系电话、地址等；

② 化工安全生产突发事故发生的时间、地点以及事故现场情况；

③ 初步判定原因、危害程度、影响范围、人员伤亡和直接经济损失情况；

④ 事故发展趋势、初期处置控制措施等信息。

（2）续报内容

应包括事态发展趋势、人员治疗与伤情变化情况、事故原因、已经造成的损失或准备采取的处置措施。

（3）总报内容

应包括事件处理结果等。

2. 信息报告的时间和程序

化工企业及相关应急机构接到化工安全生产突发事故报告后，应迅速确认事故的性质和等级，根据情况启动相应的预案，并在规定时间内向上级应急指挥机构报告。

（1）一般化工安全生产突发事故发生后，化工企业到达突发事故现场核实情况后，30分钟内将现场情况通过电话、传真方式报告市、区化工安全生产事故应急指挥部办公室。市化工安全生产事故应急指挥部办公室接到报告后，根据事态情况分析属一般事件的，督促、指导属地化工主管部门和化工企业进行处置。

（2）较大以上化工安全生产突发事故发生后，化工企业应在30分钟内向市委、市政府、市化工安全生产事故应急指挥部办公室报告，市化工安全生产事故应急指挥部办公室收到报告后，将情况通报事故可能涉及的区政府、有关部门（单位），特别紧急情况可以先电话报告，1小时内向市委、市政府和市化工安全生产事故应急指挥部办公室补报文字材料。当发生较大以上化工安全生产突发事故时，市政府需要在2小时内向省政府和省处置化工安全生产事故指挥部及省住房和城乡建设厅报告，并根据事态发展及时续报应急处置的有关情况。

（3）发生在敏感地区、敏感时间或事件本身敏感的化工安全生产突发事故信息的报送，不受分级标准限制，要立即上报市化工安全生产事故应急指挥部办公室，并由市化工安全生产事故应急指挥部办公室立即上报市化工安全生产事故应急指挥部。

（4）化工安全生产突发事故中涉及的生产安全事故，应在事故发生后立即上报所在区的安全生产监督管理部门，必要时可直接上报市级安全生产监督管理部门。

3.2.2 先期处置

化工安全生产突发事故发生后，化工经营者和使用者及辖区政府作为第一响应单位应立即启动应急响应，开展先期应急处置工作。

① 根据实际情况派相关人员到现场，迅速组织人员疏散，控制事故现场防止次生灾害发生；

② 在企业自身能力范围内，开展抢险和救援工作；

③ 及时向市、区化工安全生产事故应急指挥部办公室报告现场处置进展情况；

④ 其他相应处置措施和行动。

3.2.3 应急响应

对于先期处置未能有效控制事态的化工安全生产突发事故，根据事故的性质、特点、危害程度，市应急委、市化工安全生产事故应急指挥部和所在地的区应急委按照分级响应的原则,采取或启动相应级别的应急响应。应急响应分为Ⅰ级(特大)、Ⅱ级(重大)、Ⅲ级(较大)、Ⅳ级(一般)。

3.2.4 指挥协调及处置措施

各级应急响应启动时,按照“统一指挥,分级负责,属地为主,专业处置”的要求,组织开展应急处置工作。

3.2.5 响应升级

因化工安全生产突发事故次生或衍生出其他突发事件,已经采取的应急措施不足以控制事态发展,需由其他专项应急指挥部、多个部门(单位)增援参与应急处置的,市化工安全生产事故应急指挥部应及时报告市应急委。

如果预计化工安全生产突发事故将要波及周边城市或地区的,市化工安全生产事故应急指挥部应及时报告市应急委,以市政府的名义,协调周边城市启动应急联动机制。

当化工安全生产事故造成的危害程度超出本市自身控制能力,需要省或者国家有关部门(单位)、其他省(自治区、直辖市)提供援助和支持的,依据《××市突发事件总体应急预案》有关规定,市化工安全生产事故应急指挥部应及时报告市应急委,由市委、市政府报请省委、省政府或党中央、国务院协调相关资源和力量参与事故处置。

3.2.6 社会动员

根据化工安全生产突发事故的危险程度、波及范围、人员伤亡等情况和应对工作需要,市化工安全生产事故应急指挥部可报请市应急委批准,由市、区两级政府及各新区管委会发布社会动员令,动员公民、企事业单位、社会团体、基层群众自治组织和其他力量,协助政府及有关部门(单位)做好化工安全生产突发事故灾害防御、自救互救、紧急救援、秩序维护、后勤保障、医疗救助、卫生防疫、恢复重建、心理疏导等处置工作。

3.2.7 信息发布

① 信息发布的要求:统一快速有序规范。

② 信息发布的机构:发生一般化工安全生产突发事故,由事发地区化工安全生产事故应急指挥部发布;发生较大以上化工安全生产突发事故,由市化工安全生产事故应急指挥部按照国家规定的权限在2小时内发布事故简要信息,并在24小时内发布事故处置情况信息。

③ 信息发布的内容:事故发生的地点、性质、人员伤亡、财产损失、救援进展、提示公众注意事项、事故区域的交通管制、临时解决措施以及依法应当予以公开的其他信息等。

④ 信息发布的方式:通过新闻发布会、组织媒体报道、接受记者采访、提供新闻稿、官方网站、授权新闻单位发布等形式有效及时地发布信息。

法律、行政法规另有规定的,依照其规定办理。

3.2.8 应急结束

① 当化工安全生产突发事故处置工作基本完成,次生、衍生等事件危害被基本消除,应急响应工作即告结束。

② 一般化工安全生产突发事故,由区政府宣布应急响应结束。

③ 较大化工安全生产突发事故，由市化工安全生产事故应急指挥部总指挥根据现场处置情况和现场指挥部的建议，宣布应急响应结束。

④ 重大和特别重大化工安全生产突发事故，按省、国家有关规定执行。

⑤ 应急响应终止后，现场指挥部予以撤销，应急救援队伍撤离现场。

3.3 后期处置

3.3.1 善后处置

应急结束后立即开展善后处置工作，具体包括：治安管理、人员安置补偿、征用物资补偿、救援物资及时补充以及恢复生产等事项。同时开展设备设施的修复和现场清理工作，尽快消除化工安全生产事故产生的影响，妥善安置受害和受影响人员，保障社会安定。

3.3.2 社会救助

发生特别重大、重大化工安全生产突发事故或遇到橙色、红色化工安全生产突发事故预警后，由市化工安全生产事故应急指挥部协调民政部门及相关部门，迅速引导群众转移、安置到指定场所，及时组织救灾物资和生活必需品的调拨，保障群众基本生活。民政部门应组织力量，对受灾群众逐户核实登记造册，并组织实施救助工作。

3.3.3 保险

① 鼓励相关单位和化工企业为参加化工安全生产突发事故应急处置的应急志愿者队伍购买人身意外伤害保险。

② 化工安全生产事故发生后保险机构应该及时开展应急人员保险受理和受灾单位、受灾人员的保险理赔工作。

3.3.4 调查评估

发生较大以上化工安全生产突发事故，市化工安全生产事故应急指挥部及相关部门（单位）及时组织开展调查评估，查明突发事故的发生经过和原因，总结突发事故应急处置工作中的经验教训，制定改进措施，评估事故损失。

① 调查机构：较大事故，由市政府或市政府授权的有关部门组织事故调查组进行调查；重大事故，由省政府或省政府授权的有关部门组织事故调查组进行调查；特别重大事故，由国务院或国务院授权的有关部门组织事故调查组进行调查。

② 调查要求：查明事故发生的经过、原因、人员伤亡情况及直接经济损失；认定事故的性质和事故责任；提出对事故责任者的处理建议；总结事故教训，提出防范和整改措施；提交事故调查报告。

③ 总结评估报告内容：事故发生单位概况；事故发生经过和事故救援情况；事故造成的人员伤亡和直接经济损失；事故发生的原因和事故性质；事故责任的认定以及对事故责任者的处理建议；事故防范和整改措施。事故调查报告应当附具有关证据材料。事故调查组成员应当在事故调查报告上签名。

3.3.5 恢复与重建

化工安全生产突发事故处置工作结束后，受到突发事故影响的区政府应结合调查评估情况，立即组织制定恢复与重建计划，及时恢复社会秩序，修复被破坏的城市基础设施。

4 应急保障

4.1 人力资源保障

① 综合应急救援队伍。化工安全生产突发事故依托现有的市、区、街道三级现役消防综合应急救援队伍，应对市发生的化工安全生产突发事故的综合应急救援任务。

② 专业应急处置队伍。根据化工安全生产应急工作需要，市化工安全生产突发事故应急处置的专业队伍，承担本行业突发事件应急处置的任务。各化工企业应加强突发事故抢险队伍建设，通过技能培训和应急演练等手段提高应急抢险队伍的综合素质、技术水平和应急处置能力。

③ 应急专家。市化工安全生产事故应急指挥部办公室负责组建化工行业应急专家库，为处置化工安全生产突发事故决策提供技术支持。

④ 社会应急力量。充分依靠军队、武警和预备役民兵的力量，发挥共青团、义工联、红十字会的作用，鼓励社会团体、企事业单位、基层群众自治组织等参与化工安全生产突发事故应急救援工作。组织相关人员参与防灾避险、疏散安置、急救技能等应急知识的宣传、教育和普及工作，参与化工安全生产突发事故的信息报告、抢险救援、卫生防疫、群众安置、设施抢修和心理疏导等工作。

4.2 经费保障

① 与化工安全生产突发事故应急处置有关的各项费用按规定在市应急专项资金中列支。

② 市化工安全生产事故应急指挥部各成员单位应落实化工安全生产应急救援资金保障。

③ 鼓励公民、法人和其他组织为应对突发事件提供资金捐赠和支持。

4.3 物资保障

市化工安全生产事故应急指挥部各成员单位应根据化工安全生产突发事故抢险救援的需要，在各自职责范围内建立应急物资和技术储备，制定应急物资调拨配送方案，建立紧急调用机制；

本市的各化工企业要根据要求，在管辖范围内配备必需的应急设施、装备、车辆和通讯联络设备，并保持良好状态。

鼓励和引导社区、企事业单位、社会团体、基层群众自治组织和居民家庭储备基本的应急物资和生活必需品。鼓励公民、法人和其他组织为应对突发事件提供物资捐赠和支持。

4.4 医疗卫生保障

市卫人委负责组织化工安全生产突发事故的应急医疗救援工作，对突发事故所引起的直接人员伤亡以及应急救援人员的间接人员伤亡给予积极的救治。

4.5 交通运输保障

① 市交通运输委牵头负责，建立健全交通运输应急联动机制，保障紧急情况下的综合运输能力。必要时，可紧急动员和征用社会交通运输工具。

② 市交通运输委牵头，市公安交警局配合，建立健全应急通行机制，保障紧急情况下应急交通工具的优先安排、优先调度、优先放行，确保运输安全畅通。根据应急处置需要，对突发事件现场及有关道路实行交通管制，开设应急救援“绿色通道”。

③ 处置化工安全生产突发事故期间，配备由市化工安全生产事故应急指挥部办公室制发的应急标志的工作人员和交通工具可以优先通行。

④ 道路及交通设施被破坏或毁坏时，市交通运输委、市住房建设局等部门应迅速组织专业应急队伍，尽快组织抢修，保障交通线路顺畅。

4.6 治安保障

① 公安部门应建立应急状态下维持治安秩序的各项准备方案，包括警力集结、布控方案、执勤方式和行动措施等。

② 对于发生化工安全生产突发事故的区域，属地公安部门应做好现场秩序和社会公共秩序的维护，为化工专业应急救援队进入现场处置事件提供保障。

③ 负责组织设置警戒线，控制和保护现场，并根据需要组织受灾群众迅速疏散，控制事故肇事人员。

4.7 人员防护保障

① 各区政府和各街道办事处、社区工作站应完善紧急疏散管理办法和程序，明确各级责任人，确保在紧急情况下公众安全、有序地转移或疏散到应急避难场所或其他安全地带。

② 在处置化工安全生产突发事故过程中，相关单位应充分考虑化工类事故的类型和特点及对人员造成危害的可能性和所有危害种类，制定科学合理、切实可行的应急救援方案，配备先进适用、安全可靠的安全防护设备，采取必要的防范措施，确保人员安全。

4.8 通信和信息保障

市通信管理局和有关企业配合，建立健全应急通信、应急广播电视保障工作体系，完善公用信息网，建立有线和无线相结合、基础电信网络与机动通信系统相配套的应急通信系统，确保应急处置通信畅通。

4.9 现场救援和工程抢险装备保障

① 市化工安全生产事故应急指挥部、有关部门（单位）及各化工企业根据自身应急管理的需求，按照“平战结合”的原则，配备现场救援和工程抢险装备和器材，建立维护、保养和调用等制度，保障突发事故的抢险和救援。

② 按照统一格式标准建立救援和抢险装备信息数据库并及时维护更新，保障应急指挥调度的准确和高效。

4.10 应急避难场所保障

应急避难场所的归属单位应按照要求配置各种设施设备，划定各类功能区，设置规范的标志牌，储备必要的物资，建立健全应急避难场所维护、管理制度和灾时应急预案。灾时由民政部门统一协调使用和管理应急避难场所。

4.11 科技支撑保障

市住房建设局应研究制定促进化工事故应急产业的政策措施，鼓励支持本地产学研机构和有关企业研究开发用于化工安全生产突发事故预防、监测、预警、应急处置与救援的新技术、新设备和新工具。

4.12 气象服务保障

市气象局负责气象服务保障工作，提供天气预报并加强对极端天气和相关自然灾害的监测和预警。根据预防和应对化工安全生产突发事故的需要，提供局部地区气象监测预警服务。

4.13 法制保障

在突发事件发生和延续期间，市政府根据需要依法制定和发布紧急决定和命令。市法制办按照市政府的要求对突发事件应对工作提供法律意见。

4.14 其他应急保障

① 化工安全技术保障。市住房建设局应关注国内化工生产技术的发展趋势，组织科研单位和化工企业，对先进技术进行研究，结合本市的实际需要，适时对现有化工安全相关的设备、设施及专业抢修装备进行更新，培养高素质的运行管理人员和应急抢修人员，不断提高本市化工安全生产突发事故应急处置能力。

② 指挥系统技术保障。加强应急指挥体系建设，以建立集通信网络、调度指挥中心、移动指挥平台为一体的通信指挥体系，提高化工安全生产突发事故应急指挥系统与专业处置队伍的应急通信质量。

5 监督管理

5.1 应急演练

① 由市化工安全生产事故应急指挥部办公室负责，建立健全本市化工安全生产突发事故应急预案演练制度，适时组织桌面演练和综合性演练，做好各部门之间的协调配合及通信联络，确保紧急状态下的有效沟通和统一指挥。做好演练评估工作，通过应急演练，培训锻炼应急队伍，改进和完善应急预案。演练方案及演练评估情况报市应急办备案。

② 市化工安全生产事故应急指挥部各成员单位负责根据本预案规定的职责，每年至少组织一次相应职责范围内的应急演练工作，演练方案及演练评估情况报市化工安全生产事故应急指挥部办公室备案。

③ 各化工企业应根据国家和本市有关规定，每年至少组织一次化工安全生产突发事故应急演练，不断提高化工行业工作人员的抢险救灾能力，并确保负责应急、抢修的队伍始终保持良好的工作准备状态。

5.2 宣传教育

1. 应急宣传

(1) 由市化工安全生产事故应急指挥部办公室负责，组织制定宣传计划，编制应急宣传资料。

(2) 各成员单位应会同有关部门通过广播、电视、互联网等方式，广泛宣传应急预防、避险、逃生、自救、互救等基本常识，增强公众的安全意识和社会责任意识。

2.应急教育

(1) 市化工安全生产事故应急指挥部办公室应组织各成员单位向公众开展应急教育活动。

(2) 各成员单位结合自身职责范围有组织、有计划向公众提供技能培训和知识讲座，在电视等媒介开辟应急教育公益栏目，让公众掌握避险、自救、逃生等基本知识和技能。

(3) 各化工企业应以安全生产和保护化工生产设施为核心内容，以所有参与化工行业生产的人员为对象，通过安全演练、教育培训以及设立安全应急咨询等渠道切实加强宣传工作的针对性和实效性。

5.3 培训

市化工安全生产事故应急指挥部各成员单位应针对化工安全生产突发事故特点，定期或不定期组织有关人员培训。化工经营企业应将应急教育培训工作纳入日常管理，定期开展相关培训。

1.指挥部成员单位工作人员培训

市化工安全生产事故应急指挥部各成员单位领导干部应加强应急培训，提高应急管理意识、应急统筹能力、应急指挥水平。

各成员单位应急工作人员应加强安全防护技能、安全意识、隐患排查等方面的培训，提升应急救援工作能力。

2. 应急救援队伍人员培训

按照隶属关系和管理责任，由相关部门分别组织培训，提高应急处置救援和安全防护技能，提高实施救援协同作战的能力。

3. 化工企业人员的培训

各化工企业应对员工进行上岗前培训，确保从业人员具备必要的安全生产知识，掌握安全生产规章制度和安全操作规程，具备本岗位安全操作技能和处置化工安全事件的能力；安全管理人员和特种作业人员必须持证上岗。

5.4 责任与奖惩

市化工安全生产事故应急指挥部根据事故调查报告提请市委、市政府对处置事故作出贡献的部门(单位)、个人给予表彰和奖励；对在应急处置工作中拒报、迟报、谎报、瞒报和漏报突发事故重要情况或者在应急处置工作中有失职、渎职行为的有关单位和责任人，依法、依规给予行政处分；构成犯罪的，依法追究刑事责任。

5.5 预案实施

本预案自发布之日起施行。××××年×月×日由市政府印发的《××市化工安全生产安全事故应急救援预案》停止执行。

6 附则

附则 1：应急救援应急通讯录；
附则 2：安全生产事故应急组织体系图；
附则 3：重大危险源统计表；
附则 4：市级专项应急预案和部门应急预案牵头编制部门列表。

附件 2 2H 省防汛抗旱应急预案

1 总则

1.1 编制目的

主动预防、应对水旱及其衍生灾害，规范防汛抗旱应对行为，做好突发洪涝、干旱的防范与处置工作，使水旱灾害处于可控状态，保证抗洪抢险、抗旱救灾工作快速、有序、高效进行，最大限度地减少人员伤亡和财产损失，保障全省经济社会全面、协调、可持续发展。

1.2 编制依据

《中华人民共和国突发事件应对法》《中华人民共和国水法》《中华人民共和国防洪法》、《中华人民共和国防汛条例》《中华人民共和国抗旱条例》《中华人民共和国河道管理条例》《水库大坝安全管理条例》《中华人民共和国蓄滞洪区运用补偿暂行办法》《城市节约用水管理规定》《取水许可制度实施办法》《国家突发事件总体应急预案》《国家防汛抗旱应急预案》《H 省突发事件总体应急预案》以及 H 省相关地方性法规等。

1.3 适用范围

适用于全省范围内突发水旱灾害的预防和应急处置，主要包括：江河洪水、城乡渍涝、山洪灾害(指由降雨引发的山洪、泥石流、滑坡灾害)、干旱灾害、供水危机以及由洪水、地震、恐怖活动等引发的水库垮坝、堤防溃口、涵闸倒塌、供水水质被侵害等衍生灾害。

1.4 工作原则

① 坚持防汛抗旱并举，实现由控制洪水向洪水管理转变、由单一抗旱向全面抗旱转变，提高防汛抗旱的综合能力和现代化水平。

② 防汛抗旱工作实行各级政府行政首长负责制，统一指挥，分级分部门负责。

③ 防汛抗旱以防洪安全和城乡抗旱供水安全、粮食生产安全为首要目标，坚持安全第一，以防为主，防抗结合和城乡统筹，突出重点，兼顾一般，局部服从全局。

④ 坚持依法防洪抗旱，实行公众参与、军民结合、警民结合、专群结合、平战结合。

⑤ 抗旱用水以水资源承载能力为基础，科学调度，优化配置，实行先生活、后生产，先地表、后地下，先节水、后调水，努力保障城乡居民生活用水，尽可能满足生产用水，兼顾生态用水需求。

⑥ 坚持防汛抗旱统筹，在确保安全的前提下，尽可能利用洪水资源；以法规约束人的行为，防止人对水的侵害，实现利用和保护水资源的统一，促进人与自然和谐相处。

2 组织指挥体系及职责

县级以上防汛抗旱指挥机构，负责本行政区域的防汛抗旱突发事件应对工作。有关单位根据需要设立防汛抗旱指挥机构，负责本单位防汛抗旱突发事件应对工作。

2.1 省防汛抗旱指挥部

省防汛抗旱指挥部（以下简称省防指）负责领导组织全省的防汛抗旱工作，省防指办公室设在省水利厅。

省防指由省委书记任政委，省长任指挥长，分管副省长任常务副指挥长，省军区、武警××总队及××市主要领导，省政府分管副秘书长，省水利厅主要负责人任副指挥长，省委宣传部、省发展改革委、省经信委、省公安厅、省民政厅、省财政厅、省自然资源厅、省住建厅、省交通运输厅、省水利厅、省农业农村厅、省卫生厅、省国资委、省应急管理厅、省移民局、省气象局、省通信管理局、省邮政管理局、省供销社、省电力公司、民航××监管局、中石化××石油分公司、××清江水电开发公司、长江海事局主要领导或分管领导为成员。

2.1.1 省防指职责

省防指负责领导、组织指挥全省的防汛抗旱工作。主要职责是拟订全省防汛抗旱的政策、规章和制度，组织制定长江、汉江、沮漳河、府澴河、汉北河、洪湖、长湖、梁子湖、汈汊湖、斧头湖等大江大河大湖和省管50座大型水库防御洪水方案，长江、汉江等27个主要分蓄洪区安全转移预案，××、××、×× 3座全国重点防洪城市预案和跨行政区域的排涝、调水方案，及时掌握全省汛情、旱情、灾情并组织实施抗洪抢险及抗旱减灾措施，统一调控和调度全省水利、水电设施的水量，做好洪水管理工作，组织灾后处置，并做好有关协调工作。

2.1.2 省防指成员单位职责

省军区：负责组织指挥驻鄂部队和民兵、预备役部队参

加抗洪抢险，并根据××军区指示，负责协调指挥参加××地区抗洪抢险部队的

行动。

武警××总队：负责调动和组织指挥驻鄂武警部队，支持抗洪抢险。

省委宣传部：负责指导和协调防汛抗旱新闻宣传工作，协助××市和×××林区防汛抗旱工作。

省发展改革委：负责防汛抗旱资金计划、物资的安排，指导全省防汛抗旱规划工作，负责跨流域、跨县（市）防汛抗旱设施、重点工程除险加固建设项目计划的协调安排和监督管理。协助××市防汛抗旱工作。

省经信委：负责防汛抗旱电力调配。协助××市和×××林区防汛抗旱工作。

省公安厅：负责社会治安和交通秩序保障工作，依法打击造谣惑众和盗窃、哄抢防汛抗旱物资以及破坏水利工程设施的违法犯罪活动，协助有关部门妥善处置因防汛抗旱引发的群体性治安事件，以及危险区群众安全撤离转移工作。协助××市防汛抗旱工作。

省民政厅：组织、协调全省水旱灾害的救灾工作，并组织核实灾情，统一发布救灾工作情况，及时向省防指提供灾情信息，涉及水旱灾情的，由省防指办公室会同省民政厅发布。指导开展生产自救。负责指导事发地民政部门组织、协调灾区救灾和受灾群众的生活救助；管理分配中央和省救灾款物，监督检查其使用情况；组织、指导和开展救灾捐赠等工作。协助××市防汛抗旱工作。

省财政厅：负责防汛抗旱资金的筹集、分配，按照预算级次和程序及时下拨资金，并监督使用；对中央救灾款物及其使用情况实行监督检查。协助××市防汛抗旱工作。

省自然资源厅：组织监测、预防地质灾害，对山体滑坡、崩塌、地面塌陷、泥石流等地质灾害勘察、监测、防治等工作。协助××州防汛抗旱工作。

省住建厅：协助指导全省城市防洪抗旱规划制订工作，配合有关部门组织、指导城市市政设施和民用设施的防洪保安，并负责城市防洪排涝工作。协助××市防汛抗旱工作。

省交通运输厅：做好公路、水运交通设施的防洪安全工作，负责防汛抗旱物资运输、交通保障工作。协助××市、××市、××市、××市防汛抗旱工作。

省水利厅：负责组织、指导全省防洪排涝和抗旱工程的建设与管理，督促事发地政府及时修复水毁水利工程；组织江河湖库洪水的监测、预报和旱情的监测、管理，加强防汛抗旱工程安全的监督管理；按照省防指领导指示，做好检查、督促、协调、落实工作。

省农业农村厅：及时收集、整理和提供农业旱、涝等灾情信息，指导农业防汛抗旱和灾后农业救灾、生产恢复，组织种苗、饲草、农药（兽药）和防汛抗旱机具等物资的储备、调剂工作。协助××市防汛抗旱工作。

省卫生厅：负责灾区疾病预防控制和医疗救护工作，并及时向省防指提供疫情与防治情况，组织医疗卫生人员赴灾区，开展防病治病，预防和控制疫情的发生和流行。协助××市防汛抗旱工作。

省国资委：负责监管省出资企业的防洪安全。协助××市防汛抗旱工作。

省应急管理厅：负责监督、指导协调有关部门的安全生产工作。协助××市、××市防汛抗旱工作。

省移民局：负责三峡库区、清江、汉江上游移民安置等方面的工作。协助××市防汛抗旱工作。

省气象局：负责灾害性天气监测和预报，对影响汛情、旱情的天气形势作出分析和预测，汛期及时对重要天气形势和灾害性天气作出滚动预报，提供气象信息；根据旱情发展情况，适时开展人工增雨(雪)作业。协助××市防汛抗旱工作。

省通信管理局：负责保障水雨情、台风电报和各级防指的通信畅通以及分蓄洪区分洪后的通信恢复工作。协助××市防汛抗旱工作。

省邮政管理局：负责保障各级防指的邮政畅通以及分蓄洪区分洪后的邮政恢复工作。协助××市防汛抗旱工作。

省供销社：负责防汛抗旱物资的组织。协助××市、××市、××市、××市防汛抗旱工作。

省电力公司：负责防汛抗旱供电调度。协助××市防汛抗旱工作。

民航湖北监管局：负责监督检查各民用机场及设施的防洪安全，协调运力，保障防汛抗旱和防疫人员、物资及装备的运输工作。

中石化××石油分公司：负责防汛抗旱燃料的供应。

××清江水电开发公司：负责清江梯级水库与长江干流洪水错峰、削峰调度命令的实施。

长江海事局：负责做好长江××河段洪水、风浪影响船舶、设施及相关人员的安全工作。

以上省防指成员单位协管区域如有变化，以当年省防指文件为准。

2.1.3 省防指办公室职责

承办省防指的日常工作。具体安排全省防汛抗旱和防台风灾害工作，拟订全省有关防汛抗旱的方针政策、发展战略并贯彻实施；组织编制省防汛抗旱应急预案、防御台风灾害应急预案、山洪灾害防御预案、抗旱应急预案和主要江河湖库的防洪预案、洪水调度方案、分蓄洪区安全转移预案，并监督实施；指导、督促市(州)防汛部门制订和实施防汛抗旱相关预案；负责掌握全省防汛抗旱动态、水旱灾情，研究制定宣传工作方案，及时发布权威信息，正确引导舆论，组织、指导防汛抗旱新闻报道工作；指导防汛演练和抗洪抢险工作；督导有关防汛指挥机构清除江河湖库和分蓄洪区范围内行洪障碍；负责中央特大防汛抗旱经费和省应急防汛抗旱经费的分配计划，省防汛抗旱物资储备、调配和管理。组织、指导和检查分蓄洪区安全建设、管理运用和补偿工作；组织汛期防汛值班，全程跟踪雨情水情工情灾情，及时会商，随时提出应急措施，当好决策参谋；组织、指导防汛机动抢险队和抗旱服务组织的建设和管理，组织全省防汛抗旱指挥系统的建设与管理。

2.2 市(州)、县(市、区)防汛抗旱指挥部

市(州)、县(市、区)防汛抗旱指挥部，在上级防汛抗旱指挥机构和本级政府的领导下，组织和指挥本地区的防汛抗旱工作。其办事机构设在同级水行政主管部门。

2.3 其他防汛抗旱指挥机构

水利部门所属的水利工程管理单位、在建工程业主单位以及水文部门等，在汛期成

立相应的专业防汛抗灾组织，负责各自的防汛抗灾工作；省内有防洪任务的重大水电工程、大中型企业单位根据需要成立防汛指挥机构，或针对重大突发事件，组建临时指挥机构，具体负责应急处置工作。

3 预防和预警机制

3.1 预防预警信息

3.1.1 气象水文信息

① 各级气象、水文部门应加强对当地灾害性天气和水雨情的监测和预报，并将相关信息及时报送同级和有关防汛抗旱指挥机构。

② 各级气象、水文部门应当按照职责组织对重大灾害性天气和水雨情的监测、预报，尽可能延长预见期，不断提高精度，对重大水旱灾害趋势作出评估，及时上报本级政府和防汛抗旱指挥机构。

③ 当即将发生严重水旱灾害时，当地防汛抗旱指挥机构应提早预警，立即向可能受到危害的相关地区防指和当地驻军通报，同时向上级防指、政府有关部门报告。当江河发生洪水时，水文部门应加密测验时段，及时上报测验结果，雨情、水情应分别在 1 个小时内报省防指，重要站点的水位应在 30 分钟内报省防指、国家防总，为实时指挥决策提供依据。

3.1.2 工程信息

1. 堤防工程信息

当江河出现设防水位以上洪水时，各级堤防、泵站管理单位应加强工程监测，并将堤防、涵闸等工程设施的运行情况报上级工程管理部门和同级防汛抗旱指挥机构。发生洪水地区的市、州、直管市，防汛抗旱指挥机构应向省防指报告工程险情及防守情况；长江、汉江干流及主要支流堤段、涵闸等发生重大险情应在第一时间上报省防指。

当堤防和涵闸、泵站等穿堤建筑物出现险情或遭遇超标准洪水袭击以及其他不可抗拒因素而可能决口时，工程管理单位应迅速组织抢险，并及时向有关区域预警，同时向上级工程管理部门和同级防汛抗旱指挥机构准确报告出险部位、险情种类、抢护方案、除险情况、通信联络方式以及处理险情的行政、技术责任人名单，以利加强指导或作出进一步的抢险决策。

2. 水库工程信息

在水库水位超过汛限水位时，水库管理单位应对大坝、溢洪道、输水管等关键部位加密监测，并按照有管辖权的防汛抗旱指挥机构批准的洪水调度方案调度，其工程运行状况应向上一级水行政主管部门和同级防汛抗旱指挥机构报告。大型或重点中型水库发生重大险情应在 2 小时内报省防指。

当水库出现险情时，水库管理单位应立即向下游预警，并迅速处置险情，同时向上级主管部门和同级防指报告出险部位、险情种类、抢护方案、除险情况、通信联络方式以及处理险情的行政、技术责任人名单，以便随时联系、掌握情况，进一步采取相应措施。

当水库遭遇超标准洪水或其他不可抗拒因素而可能溃坝时，应在做好抢险各项准备的同时，实施多种手段提早预警，为下游群众安全转移争取时间。

3.1.3 洪涝灾情信息

① 洪涝灾情信息主要包括：灾害发生的时间、地点、范围、受灾人口，以及群众财产、农林牧渔、交通道路、邮电通信、水电设施等方面的损失。

② 洪涝灾情发生后，防汛抗旱指挥机构应及时收集动态灾情，全面掌握抗灾情况，并向同级政府和上级防汛抗旱指挥机构报告。对造成人员伤亡以及财产损失较大的，应在第一时间内向省防指上报初步情况，并对实时灾情组织核实，核实后及时再报，以便为抗灾救灾提供准确依据。

③ 各市(州)防汛抗旱指挥机构应按照《水旱灾害统计报表制度》的规定逐级上报洪涝灾情。

3.1.4 旱情信息

① 旱情信息主要包括：干旱发生的时间、地点、程度、成因、范围以及对人口、工农业生产、农村饮水、城市供水、林牧渔业以及生态环境等方面造成的影响。

② 防汛抗旱指挥机构应掌握水雨情变化、当地蓄水数量及分布、农田土壤墒情和城乡供水情况，加强旱情监测，一旦发生旱情，应逐级上报。发生严重旱情时，当地防汛抗旱指挥机构应及时核实，迅速上报。

③ 各市(州)防汛抗旱指挥机构应按照《水旱灾害统计报表制度》的规定逐级上报旱情。遇旱情急剧变化时应及时加报。

3.1.5 供水水质信息

① 各级水文部门负责监测辖区内的江河湖库供水水质。

② 一旦发现供水水质因素影响城乡生活的较重污染事件时，应在第一时间上报事发地防汛抗旱指挥部。

3.2 预防预警行动

3.2.1 预防预警准备工作

① 水患教育。加强宣传，增强全民预防水旱灾害和自我保护的意识，做好防大汛、抗大旱的思想准备。

② 组织到位。建立健全防汛抗旱组织指挥机构，落实防汛抗旱责任、防汛抗旱队伍和山洪易发重点区域的监测网络及预警措施，加强防汛专业机动抢险队和抗旱服务组织的建设和管理。

③ 工程准备。按时保质保量完成水毁工程修复和水源工程建设任务，对存在病险的堤防、水库、涵闸、泵站等各类水利工程设施实行应急整险加固，有堤防防护的地区做好及时封闭穿越堤防输水涵闸和交通闸口的准备；对在建的水利工程设施和病险工程，落实安全度汛方案。

④ 预案编制。修订完善各类江河湖库和城市防洪预案、洪水预报方案、防洪工程设施调度规程、堤防和水库防洪抢险应急预案、分蓄洪区安全转移预案、山区防御山洪灾害

预案和抗旱预案、城市抗旱预案。研究制订防御超标准洪水的应急方案，主动应对突发大洪水。对江河堤防险工险段，应制订工程抢险方案。长江、汉江干流堤防溃口抢险方案，由现场抢险指挥部研究提出，报省防指批准执行。

⑤ 物料储备。按照分级负责的原则，各级防汛抗旱指挥机构应储备必需的防汛物料，合理配置。重点险工险段的备用抢险物料应运抵现场，以应急需；易旱地区应储备抗旱所需器材。

⑥ 通信保障。对防汛通信专网、分蓄洪区预警反馈系统和水库遥测设施组织分级检查维修，保证处于完好状态。除充分利用社会通信公网外，应建立健全测报站网，确保及时传递雨情、水情、工情、灾情信息和防汛指令。

⑦ 汛前检查。实行以查思想、查组织、查工程、查预案、查物资、查通信为主要内容的分级检查制度，通过检查，发现防汛抗旱工作存在的薄弱环节，明确责任，限时整改。

⑧ 风险排查。加强江河湖库及山洪灾害区域排查，对发现的风险隐患进行登记、评估、发布和整改，消除和控制风险。

⑨ 日常管理。加强防汛日常管理工作，对江河湖库和人工水道、分蓄洪区内建设的非防洪建设项目进行防洪影响评价，并按管辖权限审批或报上级水行政主管部门审批，对未经审批并影响防洪的项目，依法采取补救措施或强行拆除。

3.2.2 江河湖库洪水预警

① 当江河湖库即将发生洪水时，各级水文部门应做好洪水预报工作，及时向同级防汛抗旱指挥机构报告将出现的最高水位和最大流量以及洪水走势等情况，为预警提供依据。

② 各级防汛抗旱指挥机构应按照分级负责的原则，确定洪水预警区域、级别和洪水信息发布范围，按照权限向社会发布。

③ 水文部门应跟踪分析江河湖库洪水的发展趋势，及时滚动预报最新水情，为抗灾救灾提供基本依据。

3.2.3 渍涝灾害预警

当气象预报将出现较大降雨时，各级防汛抗旱指挥机构应确定辖区内渍涝灾害预警范围、级别，按照权限向社会发布渍涝灾害信息，做好抢排有关准备，并根据需要，通知低洼区域居民及企事业单位及时转移财产。

3.2.4 山洪灾害预警

① 凡可能遭受山洪灾害威胁的地方，应根据山洪灾害的成因和特点，主动采取预防和避险措施；水文、气象、国土等部门应密切联系，相互配合，实现信息共享，提高预报水平，协调发布预报警报。

② 凡有山洪灾害的地方，应由防汛抗旱指挥机构组织国土、气象、水利等部门编制山洪灾害防御预案，绘制区域内山洪灾害风险图，划分并确定区域内易发生山洪灾害的地点及范围，制订安全转移方案，明确组织指挥机构的设置及职责。

③ 山洪灾害易发区，应建立专业监测与群测群防相结合的监测体系，降雨期间，加密观测、加强巡逻。每个乡镇、村组和相关单位应确定信号发送员，一旦发现危险征兆，应

立即向周边群众报警，实现快速转移，并报本地政府和防汛抗旱指挥机构，以便及时组织抗灾救灾。

3.2.5 分蓄洪区预警

① 分蓄洪区所在地防汛抗旱指挥机构和分蓄洪区管理单位应拟订群众安全转移方案，按分级管理的权限上报，由有审批权的防汛抗旱指挥机构组织审定执行。

② 分蓄洪区所在地水行政主管部门和分蓄洪工程管理单位应加强工程运行监测，发现问题及时处理，并报告上级主管部门和同级防汛抗旱指挥机构。

③ 当地政府和防汛抗旱指挥机构按照上级防汛抗旱指挥机构命令运用分蓄洪区时，应把人民群众的生命安全放在首位，迅速启动预警系统，按照群众安全转移方案实施转移。

3.2.6 干旱灾害预警

① 各级防汛抗旱指挥机构应针对干旱灾害的成因、特点，因地制宜，采取预警防范措施。

② 各级防汛抗旱指挥机构应建立健全旱情监测网络和干旱灾害统计队伍，随时掌握实时旱情灾情，并预测干旱发展趋势，根据不同干旱等级，提出相应对策，为抗旱指挥决策提供科学依据。

③ 各级防汛抗旱指挥机构应鼓励和支持社会力量开展多种形式的社会化服务组织建设，并加强协调和管理，以增强防范和抗御干旱灾害的能力。

3.2.7 供水危机预警

当供水水源短缺或被破坏、供水线路中断、供水水质被侵害等原因出现供水危机时，由当地防汛抗旱指挥机构向社会公布预警，城乡居民、企事业单位应储备应急用水，有关部门做好应急供水的准备。

3.3 预警支持系统

3.3.1 洪水、干旱风险图

① 各级防汛抗旱指挥机构应组织工程技术人员，研究绘制本地区的城市洪水风险图、分蓄洪区洪水风险图、流域洪水风险图、山洪灾害风险图、水库洪水风险图和干旱风险图。

② 防汛抗旱指挥机构应以各类洪水、干旱风险图作为抗洪抢险救灾、群众安全转移安置和抗旱救灾决策的技术依据。

3.3.2 防御洪水方案

① 防汛抗旱指挥机构应根据需要，编制和修订防御江河洪水方案，主动应对江河洪水。

② 防汛抗旱指挥机构应根据变化的情况，修订和完善防御洪水调度方案，按照各种不同量级的洪水，提出分区分段调度的具体措施。

③ 各类防御江河洪水预案和防洪调度方案，按规定逐级上报审批。凡经政府或防汛抗旱指挥机构审批的防洪预案和调度方案，均具有权威性，有关地区应坚决贯彻执行。

3.3.3 抗旱预案

① 各级防汛抗旱指挥机构应编制抗旱预案，以主动应对不同等级的干旱灾害。

② 各类抗旱预案由当地政府或防汛抗旱指挥机构审批，报上一级防汛抗旱指挥机构备案，凡经审批的各类抗旱预案，各有关地区应贯彻执行。

4 应急处置

4.1 应急响应的总体要求

① 按照洪涝、旱灾的严重程度和范围，将应急响应行动分为四级。

② 进入汛期、旱期，各级防汛抗旱指挥机构应实行 24 小时值班制度，全程跟踪雨情、水情、工情、旱情、灾情，加强水旱灾害管理，并根据不同情况发布一、二、三、四级预警，预警的条件与应急响应的条件相对应，并启动相关应急程序。

③ 省政府和省防指按规程负责事关全局的水利、防洪工程调度；其他水利、防洪工程调度，由所属市(州)、县(市、区)政府和防汛抗旱指挥机构负责，必要时视情况由上一级防汛抗旱指挥机构直接调度。省防指各成员单位应按照指挥部的统一安排和职责分工，做好相关工作，并及时报告情况。

④ 洪涝、干旱灾害发生后，应按照分级负责的原则，事发地政府和防汛抗旱指挥机构应先期处置，并同时上报，由履行统一领导职责的防汛抗旱指挥机构负责实施辖区内的抗洪抢险、排涝、抗旱减灾和抗灾救灾等方面工作。

⑤ 洪涝、干旱等灾害发生后，由事发地防汛抗旱指挥机构向同级政府和上级防汛抗旱指挥机构报告情况。造成人员伤亡的突发事件，可越级上报，并同时报上一级防汛抗旱指挥机构。任何单位和个人发现堤防、水库发生险情时，应立即向有关部门报告。

⑥ 对跨区域发生的水旱灾害，或者将影响到邻近行政区域的突发事件，在报告同级政府和上级防汛抗旱指挥机构的同时，应向受影响地区的防汛抗旱指挥机构通报情况。

⑦ 因水旱灾害而衍生的疾病流行、水陆交通事故等次生灾害，当地防汛抗旱指挥机构应组织有关部门全力抢救和处置，采取有效措施，防止次生或衍生灾害的蔓延，并及时向同级政府和上级防汛抗旱指挥机构报告。

4.2 Ⅰ级响应

4.2.1 符合下列情况之一的，为Ⅰ级响应

① 长江中游或汉江中下游发生特大洪水(参考主要站点水位超保证水位)；

② 长江中游和汉江中下游同时发生大洪水(参考主要站点水位接近保证水位)；

③ 6 条以上中型河流同时发生特大洪水(参考主要站点水位超保证水位)；

④ 长江、汉江干流重要河段堤防发生决口；

⑤ 大型或重点中型水库发生垮坝；

⑥ 洪水造成铁路繁忙干线、国家高速公路网和主要航道中断，48 小时无法恢复通行；

⑦ 5 个以上市(州)发生严重洪涝灾害；

⑧ 5个以上市(州)发生特大干旱;

⑨ 1个以上大城市或3个以上中型城市发生特大干旱。

4.2.2 Ⅰ级响应行动

① 由省防指办公室提出Ⅰ级响应行动建议,省防指政委或指挥长决定启动Ⅰ级响应程序。省防指政委或指挥长主持会商,副指挥长协助坐镇指挥,召开省防指全体成员会议,紧急动员部署,强化相应工作措施,强化防汛抗旱工作的指导,并将情况上报党中央、国务院和国家防汛抗旱总指挥部,同时向省委、省人大、省政府、省政协、省军区和省防指成员单位通报。省防指应在24小时内派工作组、专家组赴一线具体指导防汛抗旱工作。省防办负责人带班,增加值班人员,强化值班,随时掌握汛情或旱情、工情和灾情的变化,做好预测预报,加强协调、督导事关全局的防汛抗旱调度。由省防汛抗旱指挥机构及时发布应急响应行动信息,按照相关规定通过省电视台等媒体发布汛情、旱情。紧急时刻,提请省委、省政府研究部署防汛抗旱工作,带领工作专班分赴一线指导防汛抗旱工作。

② 相关市(州)的防汛抗旱指挥机构,启动Ⅰ级响应,按照《中华人民共和国防洪法》和本省实施办法的相关规定,行使权力。防汛抗旱指挥机构的主要领导主持会商,坐镇指挥,紧急动员部署防汛抗旱工作,同时增加值班人员,加强值班,掌握情况。按照分管权限,调度水利、防洪工程。根据预案,转移险区群众,组织强化防守巡查,及时控制险情,或组织强化抗旱工作。受灾地区的各级防汛抗旱指挥机构负责人、成员单位负责人,应按照职责到分管的区域组织指挥防汛抗旱工作,或驻点具体帮助重灾区做好防汛抗旱工作。防汛抗旱指挥机构应将工作情况随时上报当地政府和省防指。

③ 省委、省人大、省政府、省政协、省军区、武警××总队领导和省防指成员应率领专家组或工作组到相关责任区域驻守。省防指成员单位坚持急事急办、特事特办,全力支持抗灾救灾工作。省经信委和电力部门确保防汛抗旱用电需要。省财政厅为灾区及时提供资金帮助。省防指办公室为灾区紧急调拨防汛抗旱物资。铁路、交通、民航部门为防汛抗旱物资运输提供保障。省民政厅及时组织指导救助受灾群众。省卫生厅及时派出医疗队,赴各灾区开展医疗救治和疾病防控工作。省气象局加强灾害天气监测预报,视抗旱工作需要,及时组织实施飞机、火箭、高炮人工增雨(雪)作业。省防指其他成员单位按照职责分工,做好有关工作。相关市(州)、县(市)防汛抗旱指挥机构成员单位应全力配合做好防汛抗旱和抗灾救灾工作。

4.3 Ⅱ级响应

4.3.1 符合下列情况之一者,为Ⅱ级响应

① 长江中游或汉江中下游发生大洪水(参考主要站点水位接近保证水位);

② 长江中游和汉江中下游同时发生中洪水(参考主要站点水位超警戒,低于保证水位);

③ 1条中型河流发生特大洪水和多条中小河流同时发生大洪水(参考主要站点水位接近保证水位);

④ 长江、汉江干流一般河段或主要支流堤防发生决口；

⑤ 大型或重要中型水库出现重大险情，或一般中型水库发生溃坝并造成重大灾害；

⑥ 洪水造成铁路干线、国家高速公路网和航道通行中断，24 小时无法恢复通行；

⑦ 3 个以上市(州)发生严重洪涝灾害；

⑧ 5 个以上市(州)大部分地方发生严重干旱；

⑨ 1 个以上大城市，或 3 个以上中型城市发生严重干旱。

4.3.2 Ⅱ级响应行动

① 由省防指办公室提出Ⅱ级响应行动建议，省防指指挥长决定启动Ⅱ级响应程序。省防指指挥长或常务副指挥长主持会商，副指挥长协助坐镇指挥，作出相应工作部署，并向省委、省人大、省政府、省政协、省军区相关责任领导作出通报。省防办负责人带班，增加值班人员，随时掌握汛情或旱情、工情和灾情的变化，做好预测预报，加强协调和督导，搞好重点工程的调度。加强防汛抗旱工作的指导，在 24 小时内派出省防指成员单位组成的工作组、专家组赴一线指导防汛抗旱，并将情况上报国家防汛抗旱总指挥部。省防汛抗旱指挥机构不定期发布汛、旱情通报。

② 相关市(州)、县(市)防汛抗旱指挥机构，可依法宣布本地区进入紧急防汛期，按照《中华人民共和国防洪法》和本省实施办法的规定，行使相关权力。防汛抗旱机构主要负责同志主持会商，具体安排防汛抗旱工作。增加值班人员，加强值班，按照分管权限，调度水利、防洪工程。根据预案，转移险区群众，组织加强防守巡查，及时控制险情，或组织加强抗旱工作。受灾地区的各级防汛抗旱指挥机构负责人、成员单位负责人，应按照职责到分管的区域组织指挥防汛抗旱工作。防汛抗旱指挥机构应将工作情况上报当地党委、政府主要领导和省防指。

③ 省防指成员单位应启动应急响应，加派工作组分赴抗灾一线，具体帮助防汛抗旱工作。省民政厅及时组织指导救助受灾群众。省卫生厅派出医疗队赴一线帮助医疗救护。省气象局加强灾害性天气预测，并视抗旱工作需要，及时组织实施飞机、火箭、高炮人工增雨(雪)作业。省防指其他成员单位按照职责分工，做好相关工作。相关市(州)防汛抗旱指挥机构成员单位全力配合，做好防汛抗旱和抗灾救灾工作。

4.4 Ⅲ级响应

4.4.1 符合下列情况之一者，为Ⅲ级响应

① 长江中游或汉江中下游发生中洪水(参考主要站点水位超警戒，低于保证水位)；

② 1 条中型河流发生大洪水和 3 条以上中小河流同时发生中洪水(参考主要站点水位超警戒，低于保证水位)；

③ 长江、汉江干流重要河段堤防出现重大险情；

④ 一般中型水库出现重大险情，或重点小型水库发生垮坝造成较重灾害；

⑤ 洪水造成铁路干线、国家高速公路网和航道通行中断，12 小时无法恢复通行；

⑥ 5 个以上市(州)同时发生较重洪涝灾害；

⑦ 5 个以上市(州)大部分地方发生中度干旱；

⑧ 1个以上大城市或3个以上中型城市发生中度干旱。

4.4.2 Ⅲ级响应行动

① 由省防指办公室提出Ⅲ级响应行动建议，省防指常务副指挥长决定启动Ⅲ级响应程序。常务副指挥长或副指挥长主持会商，并坐镇指挥，作出相应工作部署，加强防汛抗旱工作的指导，并将情况上报省委、省政府主要领导和国家防汛抗旱总指挥部。省防指办公室加强值班，掌握情况，搞好协调、督导重点工程调度。省防指应派出专家组和工作组分赴一线帮助指导防汛抗旱工作。省防汛抗旱指挥机构发布汛、旱情通报。

② 相关市(州)防汛指挥机构的负责同志主持会商，具体安排防汛抗旱工作。按照分管权限，调度水利、防洪工程。根据预案，组织布防、抢险或组织抗旱，派出工作组到一线具体帮助防汛抗旱工作，并将防汛抗旱的工作情况上报省防指，并由省防指上报国家防汛抗旱总指挥部办公室。

③ 相关市(州)防汛抗旱指挥机构成员单位按照分工做好防汛抗旱和抗灾救灾工作。民政厅及时组织救助灾民。卫生厅组织医疗队赴一线开展卫生防疫工作。省气象局做好灾害性天气预报，视抗旱工作需要，及时组织实施飞机、火箭、高炮人工增雨(雪)作业。省防指相关成员单位应根据需要，主动对口落实任务，为防汛抗旱排忧解难。

4.5 Ⅳ级响应

4.5.1 符合下列情况之一者，为Ⅳ级响应

① 长江中游或汉江中下游发生小洪水(参考主要站点水位接近警戒水位)；

② 1条中型河流发生中洪水和3条以上中小河流同时发生小洪水(参考主要站点水位接近警戒水位)；

③ 长江、汉江干流一般河段或主要支流堤防出现重大险情；

④ 重点小型水库出现重大险情，或一般小型水库发生垮坝造成一定灾害；

⑤ 洪水造成铁路干线、国家高速公路网和航道通行中断，6小时无法恢复通行；

⑥ 3个以上市(州)同时发生较重洪涝灾害；

⑦ 5个以上市(州)大部分地方发生轻度干旱；

⑧ 1个以上大城市或3个以上中型城市发生轻度干旱。

4.5.2 Ⅳ级响应行动

① 由省防指办公室提出Ⅳ级响应行动建议，省防指办公室主任决定启动Ⅳ级响应程序，并报常务副指挥长。省防指办公室主任或委托专职副主任主持会商，作出相应工作安排。严格执行值班制度，密切注意汛情、旱情和水旱灾情的变化，加强防汛抗旱工作的具体协调和指导，抓好重点工程调度，并将情况上报省委、省政府领导。省气象局做好灾害性天气预报，并视抗旱工作需要，及时组织实施飞机、火箭、高炮人工增雨(雪)作业。省防汛抗旱指挥部办公室发布汛、旱情通报。

② 相关市(州)的防汛抗旱指挥机构，按照省防指办公室的具体安排和分管权限，调度水利、防洪工程。按照预案，做出相应布防、抢险或组织防汛抗旱，并将工作情况上报省防指办公室。

4.6 不同灾害的应急响应措施

4.6.1 江河湖库洪水

① 当江河湖库水位超过设防、汛限水位时，当地防汛抗旱指挥机构应组织堤防管理单位干部职工巡堤巡坝查险。

② 当江河湖库水位超过警戒水位、设计洪水位时，当地防汛抗旱指挥机构应按照批准的防洪预案和防汛责任制的要求，组织专业和群众防汛队伍巡堤巡坝查险，严密布防，必要时，可申请动用军队、武警部队和预备役部队参加重要堤段、重点工程的防守或突击抢险。

③ 当江河湖库洪水位继续上涨，危及重点保护对象时，各级防汛抗旱指挥机构和承担防汛任务的部门、单位，应根据江河湖库水情和洪水预报，强化巡查布防措施，并按照规定的权限和防御洪水方案适时调度运用防洪工程，必要时上级防汛抗旱指挥机构可以直接调度。防洪调度主要包括：调节水库拦洪错峰，开启节制闸泄洪，启动泵站抢排，启用分洪河道、分蓄洪区行蓄洪水，清除河道阻水障碍物、临时抢护加高堤防增加河道泄洪能力等。

④ 在实施分蓄洪区调度运用时，根据洪水预报和批准的洪水调度方案，由防汛抗旱指挥机构决定做好分蓄洪区启用的准备工作，主要包括：组织分蓄洪区内人员转移、安置，分洪设施的启用和无闸分洪口门爆破准备。当江河水情达到洪水调度方案规定的条件时，按照启用程序和管理权限由相应的防汛抗旱指挥机构批准下达命令实施分洪。

⑤ 在江河、湖泊水情接近保证水位或者安全流量，水库水位接近校核洪水位，或者防洪工程设施发生重大险情时，按照《中华人民共和国防洪法》等有关规定，县级以上防汛抗旱指挥机构宣布进入紧急防汛期，可在其管辖范围内调用物资、设备、交通运输工具和人力，采取占地取土、砍伐林木、清除阻水障碍物和其他紧急措施，必要时，公安、交通等有关部门按照防汛抗旱指挥机构的决定，实施陆地和水面交通管制，以保障抗洪抢险的顺利实施。

4.6.2 渍涝灾害

① 当发生一般渍涝灾害时，当地防汛抗旱指挥机构应按照“先田后湖、等高截流，高水高排、低水低排”的原则，按照规程调度水利工程设施，充分运用泵站提排和涵闸自排，尽快排水入江，恢复正常生产生活秩序。当发生大的渍涝灾害时，要按照规程，统筹调度，处理好田湖关系。

② 当江河防汛形势紧张时，要正确处理排涝与防洪的关系，视情况及时减少排水量或停止排水，以减缓防洪压力。

4.6.3 山洪灾害

① 山洪灾害应急处理由当地防汛抗旱指挥机构负责，水利、国土、气象、民政、建设、环保等有关部门应按照职责分工做好相关工作。

② 当山洪灾害易发区雨量观测点降雨量达到一定数量或观测山体发生变形有滑动趋势时，由当地防汛抗旱指挥机构或相关部门及时发出警报，如需紧急转移群众时，应立

即通知相关乡镇或村组按预案组织人员安全撤离。

③ 转移受威胁地区的群众，应按照就近、迅速、安全、有序的原则进行，先人员后财产，先老幼病残后其他人员，先危险区人员后警戒区人员，防止道路堵塞和意外事件的发生。

④ 发生山洪灾害后，如导致人员伤亡，应立即组织人员或搜救突击队紧急抢救，发生重大人员伤亡的应向当地驻军、武警部队和上级政府请求支援。

⑤ 当发生山洪灾害时，当地防汛抗旱指挥机构应组织水利、国土、气象、民政等有关部门的专家和技术人员，及时赶赴现场，加强观测，采取应急措施，防止滑坡等山洪灾害进一步恶化。

⑥ 当山洪泥石流、滑坡体堵塞河道时，当地防汛抗旱指挥机构应召集有关部门、专家研究处理方案，尽快组织实施，避免发生更大灾害。

4.6.4 堤防溃口、涵闸垮塌、水库溃坝

① 当出现堤防溃口、涵闸垮塌、水库溃坝的前期征兆时，工程管理单位应迅速调集人力、物力全力组织抢险，尽可能控制险情，并及时向下游预警。

② 堤防溃口、涵闸垮塌、水库溃坝的应急处理，由当地防汛抗旱指挥机构负责，首先应迅速组织受威胁地区群众转移，并视情况组织实施堵口或抢筑阻水二道防线等措施，尽可能减少灾害损失。

③ 实施堤防、涵闸、水库堵口，应明确行政、技术责任人，及时调集人力、物力，严密组织，快速行动。上级防汛抗旱指挥机构负责同志应立即带领专家赶赴现场指导。

4.6.5 干旱灾害

县级以上防汛抗旱指挥机构根据本地区实际情况，按特大、严重、中度、轻度 4 个干旱等级，制定相应的应急抗旱措施，并负责组织抗旱工作。

1. 特大干旱

强化地方行政首长抗旱目标责任制，确保城乡居民生活和重点企业用水安全，维护灾区社会稳定。

防汛抗旱指挥机构加强抗旱工作的统一指挥和组织协调，加强会商，强化抗旱水源的科学调度和用水管理，各有关部门按照统一部署，协调联动，做好抗旱工作。

启动相关抗旱预案，并报上一级指挥机构备案。必要时经本级政府批准，宣布进入紧急抗旱期，启动各项特殊应急抗旱措施，如应急开源、应急限水、应急调水、应急送水等。

密切监测旱情、及时分析旱情变化发展趋势，随时掌握旱情灾情及抗旱工作情况，及时分析旱情灾情对经济社会发展的影响，适时向社会通报信息。

防汛抗旱指挥机构成员单位应当按照预案规定落实抗旱职责，并动员社会力量支援抗旱救灾工作。

加强旱情灾情及抗旱工作的宣传。

2. 严重干旱

进一步加强旱情监测和分析预报工作，随时掌握旱情灾情及其发展变化趋势，通报

旱情信息和抗旱情况。

防汛抗旱指挥机构及时组织抗旱会商，研究部署抗旱工作。

视旱情变化，启动相关抗旱预案，并报上级防汛抗旱指挥机构备案。

防汛抗旱指挥机构的各成员单位落实部门抗旱职责，做好抗旱水源的统一管理和调度，落实应急抗旱资金和抗旱物资。

做好抗旱工作的宣传。

3. 中度干旱

加强旱情监测，密切关注旱情的发展，及时分析预测旱情变化趋势，通报旱情信息和抗旱情况。

及时分析预测水量供求变化形势，加强抗旱水源的统一管理和调度。

根据旱情发展趋势，及时会商，适时进行抗旱工作动员部署，并做好相关宣传工作。

4. 轻度干旱

掌握旱情变化情况，做好旱情监测、预报工作。

及时了解分析社会各方面的用水需求。

算好水账，提出防旱抗旱的具体措施，并做好抗旱水源的管理调度工作。

4.6.6 供水危机

① 当发生供水危机时，有关防汛抗旱指挥机构应加强对城市地表水、地下水和外调水实行统一调度和管理，严格实施应急限水，合理调配有限水源；采取辖区内、跨地区、跨流域应急调水，补充供水水源，协同水质检测部门，加强供水水质的监测，保证城乡居民生活和重点单位用水安全。

② 针对供水危机出现的原因，采取措施，尽快恢复供水水源，使供水量和水质处于正常状态。

4.6.7 供水水质被侵害

① 当发生供水水质因洪水等因素影响城乡生活的较重污染事件时，当地防汛抗旱指挥部应迅速研究措施，及时通知水质污染范围内的群众，力争避免水质污染影响生活。

② 当地防汛抗旱指挥部应利用一切有利条件，搞好调水冲污，置换水质，尽力将水质污染的影响减少到最低限度。

应急响应结束后，将其处置结果报同级人大常委会备案。

4.7 信息报送和处理

① 汛情、旱情、工情、险情、灾情等防汛抗旱信息实行分级上报，归口处理，同级共享。

② 防汛抗旱信息的报送和处理，应快速、准确、详实，重要信息应在第一时间上报，因客观原因一时难以准确掌握的信息，应及时报告基本情况，同时抓紧了解情况，随后补报详情。

③ 属一般性汛情、旱情、工情、险情、灾情，按分管权限，分别报送本级防汛抗旱指挥机构和信息部门负责处理。因险情、灾情较重，按分管权限上报一时难以处理，需上级帮助、指导处理的，经本级防汛抗旱指挥机构负责同志审批后，可向上一级防汛抗旱指挥机

构和信息部门上报。

④ 凡经本级或上级防汛抗旱指挥机构、新闻媒体采用和发布的水旱灾害、工程抢险等信息，当地防汛抗旱指挥机构应立即调查核实，对存在的问题，及时采取措施加以解决。凡属本级或上级领导对发布的信息作出批示的，有关部门和单位应立即传达贯彻，并组织专班核实，研究具体落实措施，认真加以解决。

⑤ 省防指办公室接到重大汛情、旱情、险情、灾情报告后，应立即报告省政府，抄送有关部门，并及时续报。特别重大、重大事件的信息必须在事发 3 小时内报省政府和国家防办，抄送有关部门。

4.8 指挥和调度

① 出现水旱灾害后，事发地的防汛抗旱指挥机构应立即启动应急预案，并根据需要成立现场指挥部。在采取紧急措施的同时，向上一级防汛抗旱指挥机构报告。根据现场情况，及时收集、掌握相关信息，判明事件的性质和危害程度，并及时上报事态的发展变化情况。

② 事发地的防汛抗旱指挥机构负责人应迅速进岗到位，分析事件的性质，预测事态趋势和可能造成的危害程度，并按规定的处置程序，组织指挥有关单位或部门按照职责分工，迅速采取处置措施，控制事态发展。

③ 发生重大水旱灾害后，上一级防汛抗旱指挥机构应派出由领导带队的工作组赶赴现场，加强领导，指导工作，必要时成立前线指挥部。

4.9 抢险救灾

① 出现水旱灾害或防洪工程发生重大险情后，事发地的防汛抗旱指挥机构应根据事件的性质，迅速对事件进行监控、追踪，并立即与相关部门联系。

② 事发地的防汛抗旱指挥机构应根据事件具体情况和专家咨询意见，深入分析，按照预案，研究提出紧急处置措施，供当地政府或上一级相关部门指挥决策。

③ 事发地防汛抗旱指挥机构应迅速调集本部门或社会的资源和力量，提供技术支持；组织当地有关部门和人员，迅速开展现场处置或救援工作。堤防、水库险情的抢护，应按事先制订的抢险预案进行。长江、汉江堤防决口的堵复，水库重大险情的抢护，应严格执行抢险预案，并由防汛机动抢险队或抗洪抢险专业部队等实施。

④ 处置水旱灾害和工程重大险情时，应按照职能分工，由防汛抗旱指挥机构统一指挥，各部门应各司其职，团结协作，快速反应，高效处置，最大限度地减少损失。

4.10 安全防护和医疗救护

① 各级政府和防汛抗旱指挥机构应高度重视应急人员的安全，调集和储备必要的防护器材、消毒药品，以备随时应用。

② 应急人员进入和撤出现场由防汛抗旱指挥机构视情况作出决定。应急人员进入受威胁的现场前，应采取防护措施以保证自身安全。当现场受到污染时，应按要求为应急人员配备防护设施，撤离时应进行消毒、去污处理。

③ 出现水旱灾害后，事发地防汛抗旱指挥机构应及时做好群众的救援、转移和疏散

工作。

④ 事发地防汛抗旱指挥机构应按照当地政府和上级领导机构的指令，及时发布通告，防止人、畜进入危险区域或饮用被污染的水源。

⑤ 事发地和有关地方的政府负责对转移的群众提供紧急避难场所，并妥善安置灾区群众，保证基本生活。

⑥ 出现水旱灾害后，事发地政府和防汛抗旱指挥机构应组织卫生部门加强受影响地区的突发公共卫生事件监测、报告工作，落实各项疾病预防控制措施；派出医疗队，对受伤人员进行紧急救护；必要时，可紧急动员当地医疗机构在现场设立紧急救护所。

4.11 社会力量动员

① 出现水旱灾害后，事发地的防汛抗旱指挥机构可根据事件的性质和危害程度，报经当地政府批准，对重点地区和重点部位实施紧急控制，防止事态及其危害的进一步扩大。

② 必要时可通过当地政府调动社会力量参与应急突发事件的处置，紧急情况下可依法征调车辆、物资、人员等，全力投入抗洪抢险。

4.12 信息发布

① 防汛抗旱的信息发布实行分级管理。事发地防汛抗旱指挥机构应及时准确地发布应急处置工作的情况及事态发展方面的信息，并对新闻报道进行管理；重大信息可由事发地人民政府或上级人民政府发布。信息发布可采取举行新闻发布会、组织媒体报道、接受记者采访、提供新闻稿、授权新闻单位发布等方式。

② 全省性或重大的汛情、旱情及其防汛抗旱动态等信息，由省防指统一审核和发布；涉及水旱灾情的，由省防办会同省民政厅审核和发布；涉及部队和武警的，由省军区、武警××总队有关部门审核。

③ 市(州)、县(市)防汛抗旱指挥机构负责辖区内汛情、旱情及防汛抗旱动态等信息的审核和发布，涉及水旱灾情的，由当地防汛指挥部办公室会同民政部门审核和发布。

4.13 应急结束

① 当严重的水旱灾害趋势减缓，并得到有效控制时，省防指和事发地的防汛抗旱指挥机构可视汛情、旱情，通过媒体宣布结束应急响应程序或紧急防汛期、紧急抗旱期。同时采取措施，防止或处置水旱灾害衍生事件。

② 依照有关紧急防汛、抗旱期间规定征调的物资、设备、交通运输工具等，在突发水旱灾害处置结束后应及时归还；被征用或征用后毁损、灭失的，按照国家有关规定给予补偿。取土占地、砍伐林木的，在汛期结束后依法向有关部门补办手续；有关地方政府对取土后的土地组织复垦，对砍伐的林木组织补种。

③ 紧急处置工作结束后，事发地防汛抗旱指挥机构应协助当地政府进一步恢复正常生活、生产、工作秩序，修复水毁基础设施，尽可能减少突发事件带来的损失和影响。

5 应急保障

5.1 通信与信息保障

① 任何通信运营部门都有依法保障防汛抗旱信息畅通的责任。

② 防汛抗旱指挥机构应按照公用通信网为主的原则，合理组建防汛专用通信网络，确保信息畅通。堤防及水库管理单位必须配备通信设施。

③ 防汛抗旱指挥机构应协调通信管理部门，将防汛抗旱通信保障的要求纳入应急预案。发生突发事件后，通信部门应启动应急预案，迅速调集力量抢修损坏的通信设施，同时尽可能利用现有设施，保证防汛抗旱通信畅通。必要时，应调度应急通信设备，为防汛通信和现场指挥提供通信保障。

④ 在紧急情况下，应充分利用公共广播、电视、手机短信等手段发布信息，通知群众快速撤离，确保群众生命安全。

5.2 应急支援与装备保障

5.2.1 现场救援和工程抢险保障

① 对重点险工险段或易出险的水利工程设施，应提前编制工程应急抢险预案，以备紧急情况下因险施策；当出现新的险情时，应派工程技术人员赶赴现场，研究优化除险方案，并由防汛行政首长负责组织实施。

② 防汛抗旱指挥机构和水利工程管理单位以及受洪水威胁的其他单位储备的抢险机械、抗旱设备、物资和救生器材，应能满足抢险或抗旱急需。

5.2.2 应急队伍保障

1. 防汛队伍

任何单位和个人都有依法参加防汛抗洪的义务。驻鄂解放军、武警部队和民兵、预备役部队按照有关规定执行抗洪抢险任务。

防汛抢险队伍分为：群众抢险队伍、非专业部队抢险队伍和专业抢险队伍（省和部分市组织建设的防汛机动抢险队和解放军组建的抗洪抢险专业应急部队）。群众抢险队伍主要为抢险提供劳动力，非专业部队抢险队主要完成对抢险技术设备要求不高的抢险任务，专业抢险队伍主要完成急、难、险、重的抢险任务。

调动防汛机动抢险队程序：本级防汛抗旱指挥部管理的机动抢险队，由本级防汛抗旱指挥部负责调动；上级防汛抗旱指挥部管理的机动抢险队，由本级防汛抗旱指挥部提出调动申请，由上级防汛抗旱指挥部批准；同级其他区域防汛抗旱指挥部管理的机动抢险队，由本级防汛抗旱指挥部提出调动申请，上级防汛抗旱指挥部协商调动。

调动部队参加抢险程序：原则按国务院、中央军委颁布的《军队参加抢险救灾条例》办理。省防指组织抢险救灾需军队参加时，由省防指向省军区提出，按规定办理相关手续。县级以上防汛抗旱指挥部组织抢险救灾需军队参加时，应通过当地同级军事机关提出，报省防指、省军区按程序办理相关手续。紧急情况下，部队可以边行动边报告，省防指应及时向省军区补办申请手续。组织抢险救灾需武警参加时，应由省防指或当地防汛抗旱指挥机构与武警湖北总队或当地武警联系，办理相关手续。

所在地政府应为参加抗洪抢险的部队、武警和民兵、预备役部队提供必要的生活和物资保障。

申请调动部队或武警参加抢险救灾的文件内容包括：灾害种类、发生时间、受灾地域和程度、采取的救灾措施及需要使用的兵力、装备等。

2. 抗旱队伍

在抗旱期间，各级政府和防汛抗旱指挥机构应组织动员社会力量投入抗旱救灾工作。有关单位和个人都有承担防汛抗旱指挥机构分配抗旱任务的责任。

抗旱服务组织是农业社会化服务体系的重要组成部分，在干旱时期应直接为受旱地区农民提供生活用水、流动灌溉，维修保养抗旱机具，租赁、销售抗旱物资，提供抗旱信息和技术咨询等方面的服务。

5.2.3 供电保障

电力部门主要负责抗洪抢险、抢排渍涝、抗旱救灾等方面的电力供应和应急救援现场的临时供电。

5.2.4 交通运输保障

交通运输部门主要负责优先保障防汛抢险人员和防汛抗旱救灾物资的运输；分蓄洪区分洪时，负责群众安全转移所需地方车辆、船舶的调配；负责分泄大洪水时河道航行和渡口的安全监管工作；负责大洪水时用于抢险、救灾车辆、船舶的及时调配。

5.2.5 医疗保障

医疗卫生部门主要负责灾区疾病防治的业务技术指导；组织医疗卫生队赴灾区巡医问诊，负责灾区防疫消毒、抢救伤员等工作。

5.2.6 治安保障

公安部门主要负责做好灾区的社会治安保卫工作，依法严厉打击破坏分子，维护工程设施安全，保证抗灾救灾工作的顺利进行；负责组织爆破专家对分洪爆破设计施工方案的评审和审批，做好防汛抢险、分洪爆破时的戒严、警卫工作，维护分蓄洪区的社会秩序。

5.2.7 物资保障

1. 物资储备

防汛抗旱指挥机构、重点防洪工程管理单位以及受洪水威胁的其他单位应按规范储备防汛抢险物资。省防指办公室应及时掌握防汛物资新材料、新设备的应用情况，及时调整物资品种，提高抗洪抢险的科技含量。

省防指办公室储备的省级防汛物资，主要用于解决遭受洪水灾害地区防汛抢险物资的不足，重点支持遭受洪涝灾害地区防汛抢险救生物资的应急需要。

省级防汛物资储备的品种应包括拦挡洪水、导渗堵漏、堵口复堤等所需的抢险物料，救助、转移被洪水围困的群众及抗洪抢险人员所需的救生器材，抢险施工、查险排险所需常用的机具。

市(州)、县(市)防汛抗旱指挥机构储备防汛物资的品种及定额,由各级防汛抗旱指挥机构根据抗洪抢险的需要和具体情况确定。

易旱地区县级以上地方政府应组织有关部门贮备一定数量的抗旱物资,由本级防汛抗旱指挥机构负责调用。

严重缺水的城市应当建立应急供水机制,建设应急供水备用水源工程。

2. 物资调拨

省防汛物资调拨原则:在抗洪斗争中,如发生险情,应由险情所在地防汛抗旱指挥部就地调拨本级防汛抢险物资,在不能满足需要的情况下,可申请调用省级防汛储备物资或者其他地区的防汛储备物资。当有多处申请调用省级防汛物资时,应优先保证重点地区的防汛抢险物资需要。

省级防汛物资调拨程序:省级防汛物资的调用,由各市(州)防汛抗旱指挥机构向省防汛抗旱指挥部提出申请,经批准同意后,由省防汛抗旱指挥部办公室向代储单位下达调令。

5.2.8 资金保障

① 中央和省财政筹集安排的防汛抗旱资金,用于国家明确的重要江河、湖泊、水库的堤坝抗大洪抢大险和水毁工程修复,以及遭受严重干旱地区为兴建应急抗旱设施、添置提运水设备和运行费用的补助。各市(州)、县(市)财政筹集安排的防汛抗旱资金,用于本区域的防汛抗旱和水利工程修复补助。

② 按照国务院和省政府的有关规定,省水行政主管部门可以在防洪保护区范围内征收河道工程修建维护管理费、防汛费,以加强保护区内的防洪工程建设,提高抗洪能力。

5.2.9 社会动员保障

① 防汛抗旱是社会公益性事业,任何单位和个人都有保护水利工程设施的责任。

② 汛期或旱季,各级防汛抗旱指挥机构应在各种新闻媒体发布水雨工情信息。根据水旱灾害的发展,各级政府和防汛抗旱指挥机构应搞好动员工作,组织社会力量投入防汛抗旱。

③ 各级防汛抗旱指挥机构成员单位,在严重水旱灾害期间,应在做好本行业本系统抗灾工作的同时,按照分工,解决防汛抗旱的实际问题,同时充分调动本系统的力量,全力支持抗灾救灾和灾后重建工作。

④ 各级政府应加强对防汛抗旱工作的统一领导,组织有关部门和单位,动员全社会力量,做好防汛抗旱工作。在防汛抗旱的关键时刻,各级行政首长应靠前指挥,组织广大干部群众抗灾减灾。

5.3 技术保障

5.3.1 决策支持系统

① 逐步建立全省县级以上防指与国家防总、长江防总互联互通的计算机网络系统,提高信息传输的质量和速度。

② 改进水情信息采集系统,扩大信息采集范围,实现水文测站的水情信息在 30 分钟

内传到国家防总。

③ 建立和完善长江、汉江、沮漳河、府环河、汉北河等重要河段的洪水预报系统，提高预报精度，延长有效预见期。

④ 建立工程数据库及长江、汉江、沮漳河、府环河、汉北河等重点河流地区的地理和社会经济数据库，实现重要防洪工程的基本信息和社经信息的快速查询。

⑤ 建立长江、汉江和沮漳河、府环河、汉北河等重要河段的防洪调度系统，并实时制定和优化洪水调度方案，为防洪调度决策提供支持。

⑥ 建立与国家防总、长江防总和全省县级以上防指之间的异地会商系统。

⑦ 开发全省旱情监测预警和评估系统，开展旱情信息采集试点建设，为宏观分析全省抗旱形势和作出抗旱决策提供支持。

⑧ 合理加密山洪灾害预测与防治水雨情监测站网，增加预警信息量，提高预测水平和防治能力。

5.3.2 建立专家库

各级防汛抗旱指挥机构应建立专家库，由气象、水文、水利、防洪、抗旱、地质、通信、信息、爆破等方面专家组成，具体负责提供相关专业的技术咨询。当发生水旱灾害时，由防汛抗旱指挥机构统一调度，及时派出专家组，分类指导防汛抗旱工作。

5.4 宣传、培训和演练

5.4.1 宣传教育

① 汛情、旱情、工情、灾情及防汛抗旱工作等方面的公众信息交流，实行分级负责制，一般公众信息由本级防指办公室负责同志审批后，可通过媒体向社会发布。

② 当主要江河发生超警戒水位以上洪水并呈上涨趋势，山区发生暴雨山洪造成较为严重影响，出现大范围的严重旱情并呈发展趋势时，按分管权限，由本区域的防汛抗旱指挥部统一发布汛情、旱情、灾情通报，以引起社会公众关注，参与防汛抗旱救灾工作。

③ 防汛抗旱的重要公众信息交流，实行新闻发言人制度。经本级政府同意后，报同级党委宣传部，由防汛抗旱指挥部指定的发言人，按规定通过本地新闻网站、媒体统一向社会发布，可采取散发新闻稿、组织报道、接受记者采访、举行新闻发布会等形式。

5.4.2 培训

① 采取分级负责的原则，由各级防汛抗旱指挥机构统一组织培训。

② 培训工作应做到规范课程、分类施教、严格考核、结业发证，保证培训工作质量。

③ 培训工作应结合实际，采取多种组织形式，定期与不定期相结合，每年汛前至少组织一次培训。

④ 部队、武警抗洪抢险应急队伍的培训，分别由省军区、武警湖北总队统一安排，省政府及有关部门给予必要的支持和协助。

5.4.3 演练

① 各级防汛抗旱指挥机构应定期举行不同类型的应急演练，以检验、改善和强化应急准备和应急响应能力。

② 专业抢险队伍必须每年进行抗洪抢险演练。

③ 多个部门联合进行的专业演练，一般2～3年举行一次，由省防汛抗旱指挥部负责组织协调。

6 善后工作

发生水旱灾害地方的市(州)、县(市)政府应组织有关部门做好灾区生活供给、卫生防疫、救灾物资供应、治安管理、学校复课、水毁修复、恢复生产和重建家园等善后工作。

6.1 救灾

① 发生重大灾情时，事发地政府应成立救灾指挥部，负责灾害救助的组织、协调和指挥工作。根据救灾工作实际需要，各有关部门和单位可派联络员参加指挥部办公室工作。

② 民政部门负责受灾群众生活救助，应及时调拨救灾款物，组织安置灾民，保证灾民有饭吃、有干净水喝、有衣穿、有临时住所、有病能医，做好灾民临时生活安排工作，并负责灾民倒塌房屋的恢复重建，解决灾民的基本生活问题。

③ 卫生部门负责调配医务技术力量，抢救因灾伤病人员，对传染源和污染源进行消毒处理，对灾区重大疫情、病情实施紧急处理，防止疫病的传播和蔓延。

6.2 防汛抢险物料补充

针对当年防汛抢险物料消耗情况，省、市、县防汛抗旱指挥机构应按照分级筹措和常规防汛的要求，及时补充防汛抢险物资。

6.3 水毁工程修复

① 对影响当年防洪安全和城乡供水安全的水毁工程，应组织突击施工，尽快修复。水毁恢复项目及抗旱水源工程，分级列入财政预算；属于工程量大的水毁恢复项目，分级列入基建计划。防洪工程应力争下次洪水到来之前恢复主体功能，抗旱水源工程应尽快恢复功能。

② 遭到毁坏的交通、电力、通信、水文以及防汛专用通信等基础设施，有关部门应按照职责，尽快组织修复，投入正常运用。

6.4 分蓄洪区补偿

荆江、洪湖、杜家台等11个重点分蓄洪区分洪运用后，按照《中华人民共和国分蓄洪区补偿暂行办法》进行补偿。其他分蓄洪区的分洪运用补偿由省政府制定《××省分蓄洪区补偿暂行办法》后，按规定执行。

6.5 灾后重建

各相关部门应尽快组织灾后重建工作。灾后重建原则上按原标准恢复，在条件允许情况下，可提高标准重建。

6.6 防汛抗旱工作评价

各级防汛抗旱指挥机构应实行防汛抗旱工作年评价制度。当年防汛抗旱工作结束后，应对各个方面和环节进行定性和定量的总结、分析、评估，总结经验，找出问题，从防洪抗旱工程的规划、设计、运行、管理以及防汛抗旱工作的各个方面提出改进建议，以进一步做好防汛抗旱工作。

7 国内外沟通与协作

加强省（区、市）之间的交流，按照国家有关外事规定，积极开展国际防汛抗旱减灾交流，借鉴先进的防汛抗旱减灾工作经验，进一步做好我省水旱灾害的防范与处置工作。

8 奖励与责任追究

对抗洪抢险和抗旱减灾作出突出贡献的先进集体和个人，由省政府或由省人社厅、省防指联合表彰；对抗洪抢险和抗旱减灾中英勇献身的人员，按有关规定追认烈士；对防汛抗旱工作中玩忽职守造成损失的，依据国家有关法律法规和本省有关规定，追究当事人的责任，并依法予以处理。

9 附则

9.1 名词术语解释

洪水风险图：是融合地理、社会经济信息、洪水特征信息，通过资料调查、洪水计算和成果整理，以地图形式直观反映某一地区发生洪水后可能淹没的范围和水深，用以分析和预评估不同量级洪水可能造成的风险和危害的工具。

干旱风险图：是融合地理、社会经济信息、水资源特征信息，通过资料调查、水资源计算和成果整理，以地图形式直观反映某一地区发生干旱后可能影响的范围，用以分析和预评估不同干旱等级造成的风险和危害的工具。

防御洪水方案：是有防汛抗洪任务的县级以上地方政府根据流域综合规划、防洪工程实际状况和国家规定的防洪标准，制定的防御江河洪水（包括对特大洪水）、山洪灾害（山洪、泥石流、滑坡等）、台风暴潮灾害等方案的统称。长江、黄河、淮河、海河的防御洪水方案，由国家防汛指挥机构制定，报国务院批准；跨省、自治区、直辖市的其他江河的防御洪水方案，由有关流域管理机构会同有关省、自治区、直辖市政府制定，报国务院或者国务院授权的有关部门批准。汉江、东荆河、府环河、汉北河、清江、举水、富水等江河防洪预案，由省政府批准。防御洪水方案经批准后，有关地方政府必须执行。各级防汛指挥机构和承担防汛抗洪任务的部门和单位，必须根据防御洪水方案做好防汛抗洪工作。

抗旱预案：是在现有工程设施条件和抗旱能力下，针对不同等级、程度的干旱，而预先制定的对策和措施，是各级防汛抗旱指挥部门实施指挥决策的依据。

抗旱服务组织：是由水利部门组建的事业性服务实体，以抗旱减灾为宗旨，围绕群众饮水安全、粮食用水安全、经济发展用水安全和生态环境用水安全开展抗旱服务工作。抗旱服务组织包括省、市、县、乡四级，分别为省抗旱服务总站、市抗旱服务中心站、县抗旱服务站（队）和乡镇分站（队），其业务工作受同级水行政主管部门领导和上一级抗旱服务组织的指导。

小洪水：水文要素的重现期小于5年一遇的洪水。

中洪水：水文要素的重现期5～20年一遇的洪水。

大洪水：水文要素的重现期20～50年一遇的洪水。

特大洪水：水文要素的重现期大于50年一遇的洪水。

水文要素：包括洪峰水位（流量）或时段最大洪量，可依据河段的水文特性选择。

轻度干旱：受旱区域作物受旱面积占播种面积的比例在30％以下；以及因旱造成农（牧）区临时性饮水困难人口占所在地区人口比例在20％以下。

中度干旱：受旱区域作物受旱面积占播种面积的比例为31％～50％；以及因旱造成农（牧）区临时性饮水困难人口占所在地区人口比例为21％～40％。

严重干旱：受旱区域作物受旱面积占播种面积的比例达51％～80％；以及因旱造成农（牧）区临时性饮水困难人口占所在地区人口比例达41％～60％。

特大干旱：受旱区域作物受旱面积占播种面积的比例在80％以上；以及因旱造成农（牧）区临时性饮水困难人口占所在地区人口比例高于60％。

城市干旱：因旱造成城市供水水源不足，实际供水量低于正常供水量，居民生活和生产受到影响。

城市轻度干旱：因旱城市实际供水量低于正常供水量5％～10％，出现缺水现象，居民生活、生产用水受到一定程度影响。

城市中度干旱：因旱城市实际供水量低于正常供水量10％～20％，出现明显的缺水现象，居民生活、生产用水受到较大影响。

城市重度干旱：因旱城市实际供水量低于正常供水量20％～30％，出现明显缺水现象，居民生活、生产用水受到严重影响。

城市极度干旱：因旱城市实际供水量低于正常供水量30％以上，出现极为严重的缺水局面，居民生活、生产用水受到极大影响。

紧急防汛期：根据《中华人民共和国防洪法》和省实施办法的规定，当江河、湖泊的水情接近保证或者安全流量，水库水位接近设计洪水位，或者防洪工程设施发生重大险情时，有关县级以上防汛抗洪指挥机构报请省防汛抗旱指挥机构批准后，可以宣布进入紧急防汛期。在紧急防汛期，县级以上防汛抗旱指挥机构可以对壅水、阻水严重的桥梁、引道、码头和其他跨河工程设施作出紧急处置。防汛抗洪指挥机构根据防汛抗洪需要，有权在其管辖范围内调用物资、设备、交通运输工具和人力，决定采取取土占地、砍伐林木、清除阻水障碍物和其他必要的紧急措施；必要时，公安、交通等有关部门按照防汛抗旱指挥机构的决定，依法实行陆地和水面交通管制。

9.2 预案管理

本预案由省防汛抗旱指挥部办公室负责组织管理和实施，视情况变化作出相应修改，组织专家评审，报省政府批准。各市（州）防汛抗旱指挥机构根据本预案制定相关江河湖库、区域防汛抗旱应急预案。

本预案自印发之日起实施。

附件3 ××市突发地质灾害应急预案

1 总则

1.1 编制目的

为了提高地质灾害应急反应能力和防御工作水平，高效有序地做好防灾和抢险救灾工作，避免或者减轻地质灾害造成的损失，确保人民生命、财产安全，维护社会稳定。

1.2 编制依据

《中华人民共和国突发事件应对法》《地质灾害防治条例》《国家突发地质灾害应急预案》《省突发地质灾害应急预案》和《市突发事件总体应急预案》等。

1.3 适用范围

本预案适用于发生在本市行政区域内，由自然因素或者人为活动引发的，危害人民生命和财产安全的山体崩塌、滑坡、泥石流、地面塌陷等与地质作用有关的突发地质灾害预防与应急准备、监测与预警、应急处置与救援、恢复重建等应对工作。

1.4 工作原则

① 以人为本，预防为主。把保障人民生命、财产安全作为应急工作的首要任务，建立健全群测群防机制，监测和预防各类地质灾害。

② 统一领导，分工负责。在市委、市人民政府统一领导下，有关部门各司其职、密切配合，共同做好突发地质灾害应对工作。

③ 分级管理，属地为主。建立健全按灾害级别分级管理、条块结合、以当地人民政府为主的管理体制。

④ 依法应对，科学处置。依法做好地质灾害防范和应对工作，加强防灾知识宣传教育，提高科学处置地质灾害能力，提高全民防灾减灾和自救互救的能力。

2 组织体系和职责任务

2.1 组织体系

市地质灾害应急指挥部（市地质灾害抢险救灾指挥部，以下简称市指挥部），是市地质灾害抢险救灾指挥和综合协调机构，在市突发事件应急委员会（以下简称市应急委）领导下开展工作，其组成如下：

指挥长：市人民政府分管副市长

副指挥长：市人民政府分管副秘书长

市国土规划局局长

成员单位：市委宣传部，警备区，市发展改革委、市城乡建设委、交通运输委、市卫生计生委、城管委，市民防办、信息产业办，市教育局、公安局、民政局、财政局、国土规划局、环保局、水务局、商务局、气象局，供电公司等。

市指挥部下设办公室，在市国土规划局办公。办公室主任由市国土规划局局长兼任，各成员单位派联络员参加办公室工作。

各区人民政府（含开发区、风景区、化工区管委会，下同）应当参照本预案，制订本辖区内的突发地质灾害应急预案（方案）。

2.2 职责

2.2.1 指挥部职责

统一指挥和协调全市重大地质灾害抢险救灾工作；组织分析、判断成灾原因，确定应急处置与救灾工作方案；组织有关部门和单位对受灾地区进行紧急救援；协调驻军、武警、公安消防和民兵预备役部队参加抢险救灾；指导各区做好地质灾害的应急防治与救灾工作；向市应急委提出启动本级应急预案建议，贯彻落实市应急委的工作要求等。

2.2.2 指挥部办公室职责

做好应急值守工作，汇总上报险情灾情和应急处置情况；提出具体应急处置与救灾方案以及相关措施建议；贯彻指挥部的指示和部署，协调各区地质灾害应急指挥部、市指挥部成员单位之间的应急工作，并督促落实；组织有关部门和专家分析灾害发展趋势，对灾害损失及影响进行评估，为指挥部决策提供依据；组织应急处置与救灾的新闻发布；起草市指挥部文件、简报，负责市指挥部各类文书资料的整理归档；承担市指挥部交办的其他工作任务和日常事务。

2.2.3 各成员单位职责

市委宣传部：把握抢险救灾应急宣传工作导向；负责组织、指导、协调各新闻单位做好有关宣传工作。

警备区：负责组织部队、武警和民兵预备役人员，帮助灾区抢险救灾、转移灾民，协助公安机关维护灾区社会治安。

市发展改革委：负责组织编制灾后重建规划，负责重建项目的审批。

市住房城乡建设委：负责协调本市城市道路、路灯设施的抢修，参与制订和实施灾区重建工作方案。

市交通运输委：负责组织维修我市境内中断的国、省干线公路，协调调度内河交通安全和救助打捞工作；组织车辆运送救灾抢险应急物资，安排转移灾民所需的交通工具。

市卫生计生委：负责组织卫生应急处置队伍，抢救因灾伤病人员，对灾区重大疫情实施紧急处置，防止疫情传播和蔓延。

市城管委：负责灾区的环境卫生和综合执法工作；负责燃气供应系统的抢险维修和燃气供应。

市教育局：负责指导受灾学校做好教职员工和学生的转移工作；会同有关部门共同做好灾后校舍恢复重建工作。

市公安局：负责组织公安民警、消防队员参与抢险救援，维护灾区治安、交通秩序，依法查处各类违法犯罪活动，确保重点目标安全和救灾抢险物资运输畅通。

市民政局：负责组织核查报告灾情，申请、管理、分配救灾款物；组织救灾捐赠；组织转移安置灾民；做好灾民临时生活安排以及灾民倒塌房屋的恢复重建工作。

市财政局：负责按照财政体制落实地质灾害应急资金。

市国土规划局：负责救灾工作的综合协调；组织应急调查、灾情核查和灾害监测工作，并对灾害的发展趋势进行预测；组织协调现场应急处理工作；组织专家提出应急防治措施并起草应急调查报告。

市环保局：负责做好灾区环境污染的应急监测工作，提出降低和防治环境污染的建议并监督实施，公布灾情造成环境污染的有关信息。

市水务局：负责水利防洪工程的协调、调度以及水情、汛情的监测、预警；组织修复毁坏的水务工程、排水设施。

市商务局：负责做好应急抢险人员及灾区灾民急需商品的供应工作。

市气象局：负责对灾区气象要素进行监测，开展天气气候分析，适时发布灾害性天气预警预测预报；协助国土规划部门做好地质灾害气象风险预警工作。

市民防办：负责提供相关地震信息资料，并对地质灾害有关的地震活动进行监测和趋势判断。

市信息产业办：负责组织通信运营企业对受损通信线路、设施进行紧急抢修，保障临时应急通信畅通；做好应急无线通信保障工作。

供电公司：负责灾区电力设施的抢修和恢复，保证灾区电力供应。

3 地质灾害分级

根据《地质灾害防治条例》，按照危害程度和经济损失大小将地质灾害分为特别重大（Ⅰ级）、重大（Ⅱ级）、较大（Ⅲ级）、一般（Ⅳ级）地质灾害等四级。

3.1 特别重大地质灾害（Ⅰ级）

① 因山体崩塌、滑坡、泥石流、地面塌陷等灾害造成30人以上死亡，或者直接经济损失1000万元以上的地质灾害。

② 受地质灾害威胁，需转移人数在500人以上，或者潜在可能造成的经济损失在3000万元以上的灾害险情。

③ 造成铁路繁忙干线、国家高速公路网线路、民航和航道长时间中断，或者特别严重威胁人民生命财产安全、有特别严重社会影响的地质灾害。

④ 因地质灾害造成大江大河干流或者支流被阻断，对人民生命财产安全造成特别重大影响。

3.2 重大地质灾害（Ⅱ级）

① 因山体崩塌、滑坡、泥石流、地面塌陷等灾害造成 10 人以上、30 人以下死亡，或者直接经济损失 500 万元以上、1000 万元以下的地质灾害。

② 受地质灾害威胁，需转移人数在 200 人以上、500 人以下，或者潜在可能造成的经济损失在 1000 万元以上、3000 万元以下的灾害险情。

③ 造成铁路繁忙干线、国家高速公路网线路、民航和航道较长时间中断，或者严重威胁人民生命财产安全、有严重社会影响的地质灾害。

④ 因地质灾害造成大江大河支流被阻断，对人民生命财产安全造成重大影响。

3.3 较大地质灾害（Ⅲ级）

① 因山体崩塌、滑坡、泥石流、地面塌陷等灾害造成 3 人以上、10 人以下死亡，或者直接经济损失 100 万元以上、500 万元以下的地质灾害。

② 受地质灾害威胁，需转移人数在 50 人以上、200 人以下，或者潜在可能造成的经济损失在 300 万元以上、1000 万元以下的地质灾害险情。

③ 造成铁路繁忙干线、国家高速公路网线路、民航和航道短时中断，或者较严重威胁人民生命财产安全、有较大社会影响的地质灾害。

3.4 一般地质灾害（Ⅳ级）

① 因山体崩塌、滑坡、泥石流、地面塌陷等灾害造成 3 人以下死亡，或者直接经济损失 100 万元以下的地质灾害。

② 受地质灾害威胁，需转移人数在 50 人以下，或者潜在可能造成的经济损失在 300 万元以下的地质灾害险情。

③ 造成交通运输中段，或者威胁人民生命财产安全、有一定社会影响的地质灾害。

4 监测预警

4.1 监测预报预警体系建设

各有关部门要加快以预防为主的地质灾害监测、预报、预警体系建设，开展地质灾害调查，编制地质灾害防治规划，建立地质灾害群测群防网络和专业监测网络，形成覆盖全市的地质灾害监测网络。

市水务、气象、民防等部门要密切合作，逐步建成与全市防汛监测网络、气象监测网络、地震监测网络互联互通的地质灾害信息系统，及时传送地质灾害险情、汛情和气象信息。

要分年度安排收集、整理、分析与突发地质灾害预防预警有关的数据资料和相关信息（包括气象雨情信息、河流水库水情信息、地震活动信息、人类工程活动信息、地质灾害隐患变形监测数据等），进行地质灾害中、短期趋势预测，建立地质灾害监测、预报、预警等资料数据库，实现各部门间的信息共享。

4.2 预防与预警

4.2.1 编制年度地质灾害防治方案

市指挥部办公室要会同成员单位，依据地质灾害防治规划，拟订年度地质灾害防治方案。年度地质灾害防治方案要表明辖区内主要灾害点的分布，说明主要灾害点的威胁对象和范围，明确重点防范期，制订具体有效的地质灾害防治措施，确定地质灾害的监测、预防责任人。

4.2.2 加强地质灾害监测网络建设

市国土规划局要建立地质灾害群测群防和专业监测网络，进行定期和不定期的检查，发现问题要及时纠正。

4.2.3 及时组织发放“防灾明白卡”

为提高群众的防灾意识和能力，市指挥部要根据已查出的地质灾害危险点、隐患点，将群测群防工作落实到具体单位，落实到街（乡、镇）和社区（村），制订紧急防灾方案，并将涉及地质灾害防治内容的“明白卡”发放到相关单位和受地质灾害隐患点威胁的群众手中。

4.2.4 汛期24小时值班制度

汛期是我市地质灾害高发期，市指挥部办公室实行24小时值班制度。市指挥部和市指挥部办公室工作人员不得关闭移动通信工具，确保通信畅通，并保持待命状态。

4.3 地质灾害气象风险预警级别划分

4.3.1 地质灾害气象风险1级预警（红色）

标准：风险很高。

防御措施：管理部门应当无条件紧急疏散灾害易发地点附近的人员，关闭有关道路，组织人员准备抢险，密切注意临灾迹象。

4.3.2 地质灾害气象风险2级预警（橙色）

标准：风险高。

防御措施：暂停灾害易发地点附近的户外作业，各有关单位人员到岗准备应急措施。视当地情况，组织抢险队伍，转移危险地带居民。对地质灾害隐患点加强巡查，密切注意雨情变化。

4.3.3 地质灾害气象风险3级预警（黄色）

标准：风险较高。

防御措施：对地质灾害隐患点加强巡查。采取预防措施，提醒灾害易发地点附近的居民，厂矿、学校、企事业等单位密切关注天气预报，以防天气突然恶发。

4.3.4 地质灾害气象风险4级预警（蓝色）

标准：有一定风险。

防御措施：对地质灾害隐患点加强巡查。采取预防措施，提醒灾害易发地点附近的居民，厂矿、学校、企事业等单位密切关注天气预报，以防天气突然恶发。

5 应急处置

5.1 灾害速报

5.1.1 速报程序及时限要求

发生地质灾害后，所在地的街道办事处（乡、镇人民政府）必须立即核查情况，速报区人民政府。区人民政府应当在1小时内报告市指挥部（办公室）和市人民政府（应急办）。

属特别重大、重大的地质灾害，应当在事件发生后30分钟内上报市人民政府（应急办）。

地质灾害信息应当逐级上报。特殊情况下可越级上报，但越级上报必须同时报告上一级政府。

5.1.2 速报的内容

地质灾害速报的内容主要包括：

地质灾害险情或者灾情出现的地点和时间、地质灾害类型、灾害体的规模、可能的诱发因素、发展趋势、受威胁的人数、可能造成的损失和已采取的措施等。

对已发生的地质灾害，速报内容还要包括伤亡和失踪的人数以及造成的直接经济损失。

对一时难以完全了解清楚的紧急情况，可先报送初步情况，随着对情况的全面了解和事件的处理，再不断补充报告；对一次报不详尽的，可分几次续报；对发生的紧急信息报送把握不准的，可边处理边沟通，把好报送关。

5.2 先期处置

发生地质灾害险情和灾情所在地的区、街（乡、镇）和有关单位，应当立即对灾害现场采取必要的现场警戒、人员财产撤离、应急工程排险等措施，实施先期处置，防止灾害进一步扩大。

5.3 应急响应

5.3.1 Ⅰ级应急响应（特别重大地质灾害）

发生特别重大地质灾害险情或者灾情后，市、区人民政府立即启动相关应急预案，并及时上报省人民政府。

地质灾害发生地的区人民政府应当立即将有关信息通知到地质灾害危险点的防灾责任人、监测人和该区域内的群众；及时划定地质灾害危险区，设立明显的危险区警示标志，确定撤离路线，组织群众转移或者采取排险处置措施，情况危急时可强制受威胁群众避灾疏散。

特别重大地质灾害险情或者灾情的应急防治工作，在省人民政府的领导下，组织城乡建设、交通运输、民政、财政、国土规划、水务、通讯、气象、供电等有关部门的专家和人员，及时赶赴现场，采取应急措施，防止灾害进一步扩大，避免抢险救灾可能造成的二次人员伤亡。

5.3.2 Ⅱ级应急响应(重大地质灾害)

发生重大地质灾害险情或者灾情后,市、区人民政府应当立即启动相关的应急预案,部署本行政区域内的地质灾害应急防治与救灾工作措施。

地质灾害发生地的区人民政府应当立即将有关信息通知到地质灾害危险点的防灾责任人、监测人和该区域内的群众,及时划定地质灾害危险区,设立明显的危险区警示标志,确定撤离路线,组织群众转移避让或者采取排险防治措施。

重大地质灾害险情或者灾情的应急防治工作,在市人民政府的领导下,组织城乡建设、交通运输、民政、财政、国土规划、水务、通讯、气象、供电等有关部门的专家和人员,及时赶赴现场,采取应急措施,防止灾害进一步扩大。

5.3.3 Ⅲ级应急响应(较大地质灾害)

发生较大地质灾害险情或者灾情后,市、区人民政府应当立即启动应急预案和应急指挥系统。

地质灾害发生地的区人民政府应当立即将有关信息通知到地质灾害危险点的防灾责任人、监测人和该区域内的群众,及时划定地质灾害危险区,设立明显的危险区警示标志,确定撤离路线,组织群众转移避让或者采取排险防治措施。

较大地质灾害险情或者灾情的应急防治工作,在市人民政府的领导下,组织城乡建设、交通运输、民政、财政、国土规划、水务、通讯、气象、供电等有关部门的专家和人员,及时赶赴现场,采取应急措施,防止灾害进一步扩大。

5.3.4 Ⅳ级应急响应(一般地质灾害)

出现一般地质灾害险情或者灾情后,区人民政府应当立即启动应急预案,采取应急响应措施,组织或者协助街(乡、镇)做好现场处置工作,防止灾害进一步扩大。

6 应急保障

6.1 应急队伍保障

由市国土规划局组织成立地质灾害应急专家组,为地质灾害应急防治和应急工作提供技术咨询服务。

加强地质灾害专业应急防治与救灾队伍建设,成立专业或者委托企业单位成立兼职的应急防治与救灾队伍,鼓励和支持社会组织、志愿者参与应急救援工作。

6.2 应急资金保障

各级政府必须将地质灾害应急防治与救灾费用纳入同级财政预算。

6.3 应急物资保障

市民政、卫生计生、交通运输等部门要适当储备灾民安置、医疗卫生、生活必需品等抢险救灾专用物资,保障抢险救灾物资的供应。

6.4 应急技术保障

市国土规划局组织有关单位开展地质灾害应急防治与救灾方法、技术的研究,开展应急调查、应急评估、地质灾害趋势预测、地质灾害气象预报预警技术的研究和开发。

6.5 应急通信保障

加强地质灾害监测、预报、预警信息系统建设，充分利用现代通讯手段，把有线电话、移动手机、无线电台及互联网等有机结合起来，建立覆盖全市的地质灾害应急防治信息网，并实现各部门间的信息共享。

地质灾害灾情和险情的发布按照《市突发事件总体应急预案》等有关规定执行。

7 宣传与培训

加强对公众防灾、减灾知识的宣传和培训，进行多层次全方位的地质灾害防治知识教育，增强公众的防灾意识和自救互救能力。

8 监督检查

市国土规划局会同有关部门对上述各项地质灾害应急防治工作进行有效的督导和检查，及时总结地质灾害应急防治实践经验和教训，确保应急预案落实。

9 表彰奖励

对在地质灾害应急工作中做出突出贡献的单位和个人，按照《中华人民共和国突发事件应对法》《地质灾害防治条例》以及省、市突发事件总体应急预案等有关规定给予表彰和奖励。

公民参加应急救援或者协助维护社会秩序期间，其在本单位的工资待遇和福利不变。

10 责任追究

对因过失引发地质灾害的单位和个人，按照《中华人民共和国突发事件应对法》《地质灾害防治条例》以及省、市突发事件总体应急预案等有关规定处理；对地质灾害应急防治中失职、渎职人员，按照国家有关法律法规追究责任。

11 附则

11.1 数量关系

本预案有关数量的表述中，“以上”含本数，“以下”不含本数。

11.2 预案管理

本预案由市国土规划局负责组织修订或者更新，修订或者更新后报市人民政府批准。突发地质灾害应急预案的修订期限最长为 3 年。

附件4 ××市燃气突发事故应急预案

1 总则

1.1 编制目的

为有效预防、及时控制和迅速消除燃气突发事故的危害，保护人民生命财产安全，高效、有序地进行燃气突发事故应急处置工作，最大限度减少燃气突发事故造成的损失，维护社会稳定，并确保在处置过程中充分、合理地利用各种资源，建立政府、行业及企业之间分工明确、职责清晰、优势互补、常备不懈的应急体系，提高本市燃气行业防灾、减灾的综合管理能力和抗御风险能力，结合本市燃气行业实际，制定本预案。

1.2 编制依据

本预案根据《中华人民共和国突发事件应对法》《省突发事件应对条例》《市突发事件应急预案管理办法》等有关法律法规和规章，以及《国家突发公共事件总体应急预案》《省突发事件总体应急预案》《市突发事件总体应急预案》和《市突发事件专项应急预案框架指南》等要求编制。

1.3 遵循原则

① 以人为本，减少危害。以保障人民生命财产安全作为首要任务，最大限度地减少燃气突发事故造成的人员伤亡和社会危害，建立健全应对燃气突发事故的有效机制。

② 居安思危，预防为主。贯彻落实“安全第一，预防为主，综合治理”的方针，坚持预防与应急相结合，常态与非常态相结合，加强燃气安全管理，通过开展全面的风险评估工作，掌握本市燃气风险源的分布，增强燃气企业和管理部门对燃气突发事故的预警能力，落实事故预防和消除安全隐患的措施，做好应对燃气突发事故的人员、技术、物资和设备的应急救援准备工作。

③ 统一领导，分级负责。在政府领导下，实行行政领导负责制，按照国家对突发事件实行分类管理、分级负责、条块结合、属地为主的应急管理体制要求，市相关部门和各区政府(以下统称各区)及各新区管委会(以下统称各新区)分别负责相应级别燃气突发事故应急处置工作的统一领导和指挥，各相关部门在各自职责范围内做好燃气突发事故的应急处置工作。

④ 依法规范，加强管理。依据有关法律法规和规章，依托应急指挥机构，完善工作措施，提高预防和应对燃气突发事故的规范化、制度化、专业化和法治化水平。

⑤ 快速反应，协同应对。各级政府及其相关部门应充分依靠和发挥公众力量，采取有效防范措施，健全应急联动机制，形成统一指挥、反应灵敏、功能齐全、协调有序、运转高效的应急管理机制。

⑥ 依靠科技，提高素质。充分利用新技术、新设备和新工具，提高预防和应对燃气突发事故各项工作的科技含量和装备水平。充分发挥专家和专业人员作用，提高预防和应对燃气突发事故的能力。加强对燃气企业员工进行燃气安全常识和应急抢险知识等技能培训；组织开展专业技术交流和研讨，提高应急处置能力。

⑦ 公开透明，及时发布。遵循"及时准确、公开透明、有序开放、有效管理、正确引导"的方针，按照"以公开为原则，不公开为例外"的要求，及时、真实、准确、有效、主动地发布燃气突发事故权威信息。

1.4 突发事故定义与分级

燃气突发事故，是指在生产、储存、输配、使用燃气的过程中突然发生的泄漏、火灾、爆炸及供气中断等突发事故，造成或可能造成人身安全、重大财物损失、城市公共安全等需要立即处置的危险、紧急状况。按照事故的性质、严重程度、可控性和影响范围等因素，由高到低划分为特别重大（Ⅰ级）、重大（Ⅱ级）、较大（Ⅲ级）、一般（Ⅳ级）等四个级别。

1.5 适用范围

本预案适用于发生在本市行政区域内，由市燃气突发事故应急指挥部负责处置的较大燃气突发事故或参与处置的特别重大、重大燃气突发事故，以及需要市燃气突发事故应急指挥部协调处置的一般燃气突发事故。

本预案指导各区（新区）燃气突发事故应急预案的编制。

海上船舶载运燃气突发事故应急处置依据《市海上突发事件应急处置预案》执行。

燃气设施在遭受恐怖袭击时，应急处置依据有关反恐应急预案执行。

1.6 燃气突发事故现状和发展趋势

燃气作为一种清洁、便利、广泛使用的能源，日益广泛地运用于工业生产和居民生活等很多领域，与城市发展密切相关。随着燃气的广泛运用，已形成瓶装配送和管道输送的燃气供应格局，各类燃气基础设施，遍布全市的所有区域。由于燃气属于易燃、易爆和压力输送气体，在生产、储存、输配、使用等各环节可能导致燃气事故的发生。一旦发生燃气突发事故，将威胁城市公共安全及社会和谐稳定，造成较大的负面影响。综合分析国内外燃气事故案例，主要原因是使用燃气方法不当、燃气设施故障以及第三方损坏燃气设施等因素导致发生燃气泄漏、火灾、爆炸事故。燃气突发事故往往会引发其他突发事件，呈现连锁性、复杂性和放大性的特点。

近年来，燃气企业和政府部门加强了管理和监督以及科技手段的运用，各类燃气事故稳中有降。

2 组织领导机构与职责

2.1 市燃气事故应急指挥部及其职责

2.1.1 市燃气事故应急指挥部

在市应急委的领导下，本市设立市燃气突发事故应急指挥部，负责统一领导、指挥协调全市燃气突发事故的预防和处置工作。市燃气事故应急指挥部由1名总指挥、2名副总指挥、1名执行总指挥兼现场指挥官和成员单位组成。总指挥由市政府分管（市住房建设局的）副市长担任，主持燃气事故应急指挥部全面工作；1名副总指挥由协助分管（市住房建设局的）市政府副秘书长兼任，负责协助总指挥开展工作；1名副总指挥由协助分管全市应急工作的市政府副秘书长兼任，负责审查突发事件信息报送工作，协调相关应急资源参与处置工作。执行总指挥兼现场指挥官由市住房建设局主要负责同志担任，履行现场决策、指挥、调度职责。

市燃气事故应急指挥部成员单位由市财政委、市规划国土委（海洋局）、市交通运输委、市卫生人口计生委、市公安局、市民政局、市住房建设局、市水务局、市市场监管局、市气象局、市政府新闻办、市应急办、市通信管理局、市公安消防支队（综合应急救援支队）、各区政府（新区管委会）、市供电局有限公司、市燃气集团股份有限公司、燃气有限公司等相关单位组成。

各成员单位须分别指定燃气突发事故应急工作的负责人和联络员。

2.1.2 市燃气事故应急指挥部主要职责

① 贯彻执行预防和应对燃气突发事故的法律法规、规章和政策，制定预防和应对燃气突发事故的政策措施。

② 统一领导全市燃气突发事故的应急处置、事故抢险、社会救援等工作。

③ 负责燃气应急队伍的建设、管理和应急演练工作。

④ 建立燃气监测预警体系，开展燃气突发事故的风险隐患排查和监测预警工作。

⑤ 启动和终止本预案，协调相关区（新区）、相关部门与应急处置机构的关系，指挥应急处置机构成员单位按照各自职责开展应急救援工作。

⑥ 承办市应急委交办的其他事项。

2.2 市燃气事故应急指挥部办公室及其职责

市燃气事故应急指挥部下设办公室作为常设办事机构，办公室设在市住房建设局，办公室主任由市住房建设局分管燃气的局领导担任，成员由市燃气事故应急指挥部成员单位相关人员组成。

市燃气事故应急指挥部办公室履行以下主要职责：

① 组织落实市燃气事故应急指挥部的工作部署，传达上级领导的有关要求。

② 负责燃气事故信息的接收、核实、处理、传递、通报、报告，执行市燃气事故应急指

挥部的指令。

③ 负责及时组织发布或配合上级单位发布关于燃气突发事故及其处置情况信息。

④ 负责对燃气突发事故应急处置工作进行总结提出改进意见。

⑤ 负责各燃气经营企业之间以及其他成员单位与燃气企业之间的日常沟通和应急协调工作。

⑥ 其他与燃气突发事故相关的应急管理工作。

2.3 成员单位职责

市财政委:负责为燃气突发事故应急管理工作提供资金保障。

市交通运输委:负责在燃气突发事故应急处置工作中交通运输保障工作;负责受损的道路(含桥梁、隧道)等交通工程的抢修与恢复工作;配合海上燃气事故的应急处置。

市卫生人口计生委:负责组织开展伤病员医疗救治工作,报告事件伤亡情况和伤病员救治信息。

市公安局:负责突发事故现场安全保卫、治安秩序和交通疏导、交通管制工作;组织或参与事故调查;协助组织受灾群众迅速疏散。

市民政局:负责组织做好受灾群众的安置、安抚和救助工作。

市住房建设局:负责组织制定(修订)本市燃气突发事故应急预案,编制燃气专业应急资源分布图谱,统筹燃气专业应急物资、装备的储备和调用;负责建立健全燃气突发事故应急抢险专家库和专业抢险队伍联络网络;在突发燃气事故时,负责协调燃气专业抢险救援队伍,负责燃气突发事故中涉及建筑工程方面的抢险工作;本部门工作职责范围内的其他应急处置工作。

市水务局:负责组织供排水企业抢修与恢复在燃气突发事故中有关供水、排水设施的抢险工作。

市市场监管局:依职责负责有关特种设备的燃气事故的应急处置工作。

市气象局:负责提供燃气突发事故区域气象预报和灾害性天气的预警工作;负责按照相关要求通过市突发事件预警信息发布系统转发燃气突发事故预警信息。

市政府新闻办:负责指导和协调燃气突发事故新闻报道工作,引导社会舆论,确保信息发布的一致性和权威性。

市应急办:协助总指挥做好燃气突发事故的应急处置与救援的综合协调和指挥;负责事故抢险救援信息的汇总上报;负责协调相关应急力量、应急资源参与抢险救援工作;负责外援的求助工作。

市通信管理局:负责为抢险救援指挥系统提供通信保障;负责组织实施在燃气突发事故中受损通信系统的应急恢复。

市公安消防支队(综合应急救援支队):负责组织人员搜救、火灾扑救和抢险救灾工作,会同燃气专业抢险队伍进行现场应急抢险工作。

各区政府(新区管委会):按照属地管理原则,负责组织处置一般燃气突发事故;负责协助处置较大以上燃气突发事故，并负责燃气突发事故处置过程的应急保障工作；必要时组织群众疏散，特殊情况下组织群众进入紧急避难场所，避免次生灾害事件发生；负责实施救助、补偿、抚慰、抚恤及灾后重建等善后处理工作。

市供电局有限公司：在燃气突发事故中引发电力系统事故的情况下，负责组织实施管辖范围内的电网恢复及设备抢修工作，为燃气突发事故抢险救援提供电力保障；组织管辖范围内电力设备的停电及事后恢复工作。

专业应急队伍：政府依托市燃气集团股份有限公司企业组建本市燃气专业应急队伍，负责职责范围内燃气突发事故的应急处置工作；紧急状态下，听从市燃气事故应急指挥部指令组织实施燃气突发事故现场先期应急处置，协助实施应急抢险，必要时支援辖区外燃气突发事故的应急抢险；负责做好燃气应急物资的储备、维护并及时更新，组织专业应急队伍的培训、训练、演练，确保应急抢险工作需要。

各燃气企业：根据本预案结合自身实际，制定本企业的应急预案；负责建立与企业经营规模相适应的应急抢险队伍并组织预案演练；配备相应的应急装备、设施，及时进行维护更新，确保抢险救援工作需要；必要时服从上级安排协助开展燃气突发事故的应急处置工作。

2.4 现场指挥部组成及其职责

2.4.1 现场指挥部组成

市燃气事故应急指挥部根据燃气突发事故情况成立应急处置现场指挥部（以下简称现场指挥部）。现场指挥部设置现场指挥官和 3 名现场副指挥官，实行现场指挥官负责制。现场指挥官有权决定现场处置方案，指挥调度现场应急救援队伍和应急资源。各有关部门（单位）、公众应当服从和配合现场指挥官的指挥。

现场指挥官由市燃气事故应急指挥部执行总指挥兼任，负责召集各参与抢险救援部门和单位的现场负责人组成现场指挥部，明确各部门和单位的职责分工，负责指挥、协调现场应急处置工作。现场副指挥官由市应急办、市政府新闻办和有关区（新区）应急委的负责同志分别担任。其中，市应急办负责同志协调场外有关应急力量和应急资源，配合现场指挥官开展应急处置工作；市政府新闻办的负责同志组织协调新闻发布工作；有关区（新区）应急委的负责同志组织区（新区）有关应急资源参与处置工作。

市燃气事故现场指挥部下设综合协调组、应急专家组、抢险救灾组、治安疏导组、医疗卫生组、新闻宣传组、后勤保障组、交通运输组、调查评估组等工作组。

2.4.2 现场指挥部职责

① 执行上级下达的燃气突发事故应急处置任务，指挥、协调现场的应急处置和抢险救援工作，防止事态蔓延和扩大。

② 协调相关成员（处置）单位，确定应急处置具体措施，制定抢险救援工作方案。

③ 负责协调有关部门（现场处置单位）组织调配抢险力量，解决抢险当中遇到的实际问题；

④ 负责及时向市燃气事故应急指挥部报告事故应急处置、抢险救援情况。

⑤ 组织划定事故现场的警戒范围，对人员进行疏散或者隔离，实施必要的交通管制及其他强制性措施。

⑥ 协调拟定并报批有关事故信息发布材料。

⑦ 负责职责范围内的其他应急处置工作。

2.5 应急专家组及其职责

市燃气事故应急指挥部建立由燃气、消防、机电、安全工程等相关专业人员组成的应急抢险专家库，根据燃气突发事故应急救援需要召集有关专家组建应急专家组。

应急专家组的主要职责是：

① 对燃气突发事故的发展趋势、抢险救援方案、处置办法等提出意见和建议，为应急抢险救援行动的决策、指挥提供技术支持。

② 对燃气突发事故可能造成的危害进行预测、评估。

③ 参与燃气突发事故应急演练及燃气事故调查。

3 运行机制

3.1 预防、监测与预警

3.1.1 预防

① 各部门、各单位应坚持“预防为主、预防与应急相结合”的原则，将燃气突发事故的预防工作贯穿于城市规划、建设、运行、发展等各个环节，统筹兼顾和综合运用各方面的资源和力量，提升城市防灾减灾能力，预防和减少燃气突发事故的发生，减轻和消除燃气突发事故引起的社会危害；

② 在燃气设施的规划建设中，合理有效规避突发事故风险，统筹规划合理配套应对燃气事故的设施和应急物资；

③ 切实加强对城市燃气安全工作的管理，健全燃气安全管理制度，落实安全生产责任制，做到专人负责、分工明确、责任落实；

④ 各燃气企业应按有关法律法规的要求，做好燃气突发事故的预防工作，防止重大燃气安全事故的发生。

3.1.2 监测

(1) 在市燃气事故应急指挥部的领导下，由市住房建设局牵头，建立政府部门、燃气企业、用户间的信息交流平台，充分利用各种资源优势，搜集、分析各种对燃气安全可能产生不利影响的信息，组织开展风险分析，建立完善城市燃气安全监管体系，对城市燃气设施运行状况进行评估，做到早发现、早报告、早处置。

① 建立对上游燃气供应企业和市内各燃气经营企业安全隐患排查信息系统，实现监测本市燃气企业动态安全以及预测燃气风险的机制。

② 对燃气企业的安全管理情况进行监督检查，实施燃气安全状况的监测。

③ 建立燃气突发事故信息库，对已发生的各类事故进行记录，将分析和总结的结果存入信息库，并以此为基础不断完善各项安全生产管理制度及应急预案。

④ 加强重大节假日、重要社会活动、灾害性气候和夏季高峰供应期间的预测预警工作，建立和健全各类信息报告制度，不断提高应急保障管理水平。

(2) 市、区(新区)燃气管理部门和燃气企业负责建立本区域、本企业重大事故隐患和重大危险源信息监控系统，对重大事故隐患和重大危险源实时监控；与各燃气企业保持联络畅通，与街道办事处、社区工作站保持密切联系，随时了解掌握燃气使用情况和动态。

(3) 燃气企业应建立健全燃气供应系统的日常数据监测、设备维护、安全检查等各项生产管理制度；建立用气预测、系统改造等相关信息数据库，必要时将重要信息上报至市燃气事故应急指挥部办公室。对本行业、本地区以外其他渠道传递来的信息，应密切关注，提前做好应急准备。

3.1.3 预警

1. 预警级别

根据燃气突发事故可能造成的危害程度、紧急程度和发展态势，本市建立燃气突发事故四级预警指标体系，由高到低划分为Ⅰ级、Ⅱ级、Ⅲ级、Ⅳ级四个级别，分别用红色、橙色、黄色、蓝色四种颜色表示，并分别采用不同预防对策。

2. 预警信息发布内容

预警信息发布的内容应包括：发布机构、发布时间、预警级别、起始时间、可能影响范围、警示事项、事态发展、相关措施和咨询电话等。

3. 预警信息发布范围

预警信息发布的范围包括：可能受影响的单位(企业)与个人，以及其他相关的单位(企业)与个人。

4. 预警信息发布、解除和变更

(1) 预警信息发布和解除

① 蓝色预警(Ⅳ级)：经各区(新区)燃气事故应急指挥机构主要负责人审签后组织对外发布或宣布解除，并及时报市应急办及市燃气事故应急指挥部办公室备案。

② 黄色预警(Ⅲ级)：经市燃气事故应急指挥部主要负责人审签后，由市燃气事故应急指挥部办公室通过××市突发事件预警信息发布系统和××政府在线网站统一组织对外发布或宣布解除，并及时报市应急办备案存档；特殊情况需报市政府审定的，市燃气事故应急指挥部办公室应及时报送市应急办，市应急办核定意见后报由市政府相关领导签发。

③ 橙色预警(Ⅱ级)：由省级相关应急机构授权相关部门组织对外发布或宣布解除。

④ 红色预警(Ⅰ级)：由国家相关应急机构授权相关部门组织对外发布或宣布解除。

(2) 预警变更

根据本市燃气突发事故可能对社会造成影响的严重程度的变化，市燃气事故应急指挥部办公室应适时向市燃气事故应急指挥部提出调整预警级别的建议;市燃气事故应急指挥部依据事态变化情况,适时向上级相关应急机构提出调整橙色、红色预警级别的建议。

5. 预警响应

(1) 蓝色预警响应

① 进入蓝色预警期后,各相关成员单位及相关燃气企业应做好应急响应,实行 24 小时值班制度,加强信息监控与收集。

② 相关燃气企业的应急人员立即进行重点部位排查处置。

③ 专业应急救援队伍随时待命,接到命令后迅速出发,视情况采取防止事故发生或事态进一步扩大的相应措施。

(2) 黄色预警响应

① 在蓝色预警响应的基础上,市燃气事故应急指挥部办公室随时掌握情况,及时进行信息报送,并报请市燃气事故应急指挥部启动本预案。

② 市燃气事故应急指挥部及时进行研判,如果达到黄色预警,则启动本预案,并部署相关预警响应工作。

③ 专业应急救援队伍及相关的应急人员全部上岗,并对预警危险区域进行应急处置。

④ 市燃气事故应急指挥部专家组进驻市燃气事故应急指挥部办公室或事故现场,对事态发展作出判断,并提供决策建议。

(3) 橙色预警响应

在黄色预警响应的基础上,由省级相关应急机构统一部署,市相关应急机构积极配合。

(4) 红色预警响应

在橙色预警响应的基础上,由国家相关应急机构统一部署,省、市相关应急机构积极配合。

3.2 应急处置与救援

3.2.1 信息报告和共享

燃气突发事故发生后,应按以下要求迅速、准确、多渠道报送相关信息。

1. 信息报告的内容和要求

燃气突发事故的信息报告要简明扼要、清晰准确。燃气突发事故的信息报告包括首报、续报和总报。对发生时间、地点和影响比较敏感的事件,可特事特办,不受报送分级的限制。

(1) 首报内容

① 事发企业概况:包括事发企业的名称、企业负责人、联系电话、地址等。

② 燃气突发事故发生的时间、地点以及事故现场情况。

③ 初步判定原因、危害程度、影响范围、人员伤亡和直接经济损失情况。

④ 事故发展趋势、初期处置控制措施等信息。

(2) 续报内容

应包括事态发展趋势、人员治疗与伤情变化情况、事故原因、已经造成的损失或准备采取的处置措施。

(3) 总报内容

应包括事件处理结果等。

2. 信息报告的时间和程序

燃气企业及相关应急机构接到燃气突发事故报告后,应迅速确认事故的性质和等级,根据情况启动相应的预案,并在规定时间内向上级应急指挥机构报告。

① 一般燃气突发事故发生后,燃气企业到达突发事故现场核实情况后,30 分钟内将现场情况通过电话、传真方式报告市、区(新区)燃气事故应急指挥部办公室。市燃气事故应急指挥部办公室接到报告后,根据事态情况分析属一般事件的,督促、指导属地燃气主管部门和燃气企业进行处置。

② 较大以上燃气突发事故发生后,燃气企业应在 30 分钟内向市委、市政府、市燃气事故应急指挥部办公室报告,市燃气事故应急指挥部办公室收到报告后,将情况通报事故可能涉及的区政府(新区管委会)、有关部门(单位),特别紧急情况可以先电话报告,1 小时内向市委、市政府和市燃气事故应急指挥部办公室补报文字材料。当发生较大以上燃气突发事故时,市政府需要在 2 小时内向省政府和省处置燃气事故指挥部及省住房和城乡建设厅报告,并根据事态发展及时续报应急处置的有关情况。

③ 发生在敏感地区、敏感时间或事件本身敏感的燃气突发事故信息的报送,不受分级标准限制,要立即上报市燃气事故应急指挥部办公室,并由市燃气事故应急指挥部办公室立即上报市燃气事故应急指挥部。

④ 燃气突发事故中涉及的生产安全事故,应在事故发生后立即上报所在区(新区)的安全生产监督管理部门,必要时可直接上报市级安全生产监督管理部门。

3.2.2 先期处置

燃气突发事故发生后,燃气经营者和使用者及辖区政府作为第一响应单位应立即启动应急响应,开展先期应急处置工作。

① 根据实际情况派相关人员到现场,迅速组织人员疏散,控制事故现场防止次生灾害发生。

② 在企业自身能力范围内,开展抢险和救援工作。

③ 及时向市、区(新区)燃气事故应急指挥部办公室报告现场处置进展情况。

④ 其他相应处置措施和行动。

3.2.3 应急响应

对于先期处置未能有效控制事态的燃气突发事故,根据事故的性质、特点、危害程度,市应急委、市燃气事故应急指挥部和所在地的区(新区)应急委按照分级响应的原则,采取或启动相应级别的应急响应。应急响应分为Ⅰ级(特大)、Ⅱ级(重大)、Ⅲ级(较大)、Ⅳ级(一般)。

3.2.4 指挥协调及处置措施

各级应急响应启动时,按照“统一指挥,分级负责,属地为主,专业处置”的要求,组织开展应急处置工作。

3.2.5 响应升级

因燃气突发事故次生或衍生出其他突发事件,已经采取的应急措施不足以控制事态发展,需由其他专项应急指挥部、多个部门(单位)增援参与应急处置的,市燃气事故应急指挥部应及时报告市应急委。

如果预计燃气突发事故将要波及周边城市或地区的,市燃气事故应急指挥部应及时报告市应急委,以市政府的名义,协调周边城市启动应急联动机制。

当燃气突发事故造成的危害程度超出本市自身控制能力,需要省或者国家有关部门(单位)、其他省(自治区、直辖市)提供援助和支持的,依据《××市突发事件总体应急预案》有关规定,市燃气事故应急指挥部应及时报告市应急委,由市委、市政府报请省委、省政府或党中央、国务院协调相关资源和力量参与事故处置。

3.2.6 社会动员

根据燃气突发事故的危险程度、波及范围、人员伤亡等情况和应对工作需要,市燃气事故应急指挥部可报请市应急委批准,由市、区两级政府及各新区管委会发布社会动员令,动员公民、企事业单位、社会团体、基层群众自治组织和其他力量,协助政府及有关部门(单位)做好燃气突发事故灾害防御、自救互救、紧急救援、秩序维护、后勤保障、医疗救助、卫生防疫、恢复重建、心理疏导等处置工作。

3.2.7 信息发布

① 信息发布的要求:统一快速有序规范。

② 信息发布的机构:发生一般燃气突发事故,由事发地区(新区)燃气事故应急指挥部发布;发生较大以上燃气突发事故,由市燃气事故应急指挥部按照国家规定的权限在2小时内发布事故简要信息,并在24小时内发布事故处置情况信息。

③ 信息发布的内容:事故发生的地点、性质、人员伤亡、财产损失、救援进展、提示公众注意事项、事故区域的交通管制、燃气停供信息、临时解决措施以及依法应当予以公开的其他信息等。

④ 信息发布的方式:通过新闻发布会、组织媒体报道、接受记者采访、提供新闻稿、官方网站、授权新闻单位发布等形式有效及时地发布信息。

法律、行政法规另有规定的,依照其规定办理。

3.2.8 应急结束

① 当燃气突发事故处置工作基本完成,次生、衍生等事件危害被基本消除,应急响应工作即告结束。

② 一般燃气突发事故，由区政府（新区管委会）宣布应急响应结束。

③ 较大燃气突发事故，由市燃气事故应急指挥部总指挥根据现场处置情况和现场指挥部的建议，宣布应急响应结束。

④ 重大和特别重大燃气突发事故，按省、国家有关规定执行。

⑤ 应急响应终止后，现场指挥部予以撤销，应急救援队伍撤离现场。

3.3 后期处置

3.3.1 善后处置

应急结束后立即开展善后处置工作，具体包括：治安管理、人员安置补偿、征用物资补偿、救援物资及时补充以及恢复生产等事项。同时开展设备设施的修复和现场清理工作，尽快消除燃气事故产生的影响，妥善安置受害和受影响人员，保障社会安定。

3.3.2 社会救助

发生特别重大、重大燃气突发事故或遇到橙色、红色燃气突发事故预警后，由市燃气事故应急指挥部协调民政部门及相关部门，迅速引导群众转移、安置到指定场所，及时组织救灾物资和生活必需品的调拨，保障群众基本生活。民政部门应组织力量，对受灾群众逐户核实登记造册，并组织实施救助工作。

3.3.3 保险

① 鼓励相关单位和燃气企业为参加燃气突发事故应急处置的应急志愿者队伍购买人身意外伤害保险。

② 燃气事故发生后保险机构应该及时开展应急人员保险受理和受灾单位、受灾人员的保险理赔工作。

3.3.4 调查评估

发生较大以上燃气突发事故，市燃气事故应急指挥部及相关部门（单位）及时组织开展调查评估，查明突发事故的发生经过和原因，总结突发事故应急处置工作中的经验教训，制定改进措施，评估事故损失。

① 调查机构：较大事故，由市政府或市政府授权的有关部门组织事故调查组进行调查；重大事故，由省政府或省政府授权的有关部门组织事故调查组进行调查；特别重大事故，由国务院或国务院授权的有关部门组织事故调查组进行调查。

② 调查要求：查明事故发生的经过、原因、人员伤亡情况及直接经济损失；认定事故的性质和事故责任；提出对事故责任者的处理建议；总结事故教训，提出防范和整改措施；提交事故调查报告。

③ 总结评估报告内容：事故发生单位概况；事故发生经过和事故救援情况；事故造成的人员伤亡和直接经济损失；事故发生的原因和事故性质；事故责任的认定以及对事故责任者的处理建议；事故防范和整改措施。事故调查报告应当附具有关证据材料，事故调查组成员应当在事故调查报告上签名。

3.3.5 恢复与重建

燃气突发事故处置工作结束后，受到突发事故影响的区政府（新区管委会）应结合调查评估情况，立即组织制定恢复与重建计划，及时恢复社会秩序，修复被破坏的城市基础设施。

4 应急保障

4.1 人力资源保障

① 综合应急救援队伍。燃气突发事故依托现有的市、区、街道三级现役消防综合应急救援队伍，应对本市发生的燃气突发事故的综合应急救援任务。

② 专业应急处置队伍。根据燃气应急工作需要，市燃气集团股份有限公司专业应急队伍、天然气有限公司专业应急队伍是本市燃气突发事故应急处置的专业队伍，承担本行业突发事件应急处置的任务。各燃气企业应加强燃气抢险队伍建设，通过技能培训和应急演练等手段提高燃气抢险队伍的综合素质、技术水平和应急处置能力。

③ 应急专家。市燃气事故应急指挥部办公室负责组建燃气行业应急专家库，为处置燃气突发事故决策提供技术支持。

④ 社会应急力量。充分依靠军队、武警和预备役民兵的力量，发挥共青团、义工联、红十字会的作用，鼓励社会团体、企事业单位、基层群众自治组织等参与燃气突发事故应急救援工作。组织相关人员参与防灾避险、疏散安置、急救技能等应急知识的宣传、教育和普及工作，参与燃气突发事故的信息报告、抢险救援、卫生防疫、群众安置、设施抢修和心理疏导等工作。

4.2 经费保障

① 与燃气突发事故应急处置有关的各项费用按规定在市应急专项资金中列支。

② 市燃气事故应急指挥部各成员单位应落实燃气应急救援资金保障。

③ 鼓励公民、法人和其他组织为应对突发事件提供资金捐赠和支持。

4.3 物资保障

市燃气事故应急指挥部各成员单位应根据燃气突发事故抢险救援的需要，在各自职责范围内建立应急物资和技术储备，制定应急物资调拨配送方案，建立紧急调用机制。

本市的各燃气企业要根据要求，在管辖范围内配备必需的应急设施、装备、车辆和通讯联络设备，并保持良好状态。

鼓励和引导社区、企事业单位、社会团体、基层群众自治组织和居民家庭储备基本的应急物资和生活必需品。鼓励公民、法人和其他组织为应对突发事件提供物资捐赠和支持。

4.4 医疗卫生保障

市卫人委负责组织燃气突发事故的应急医疗救援工作，对燃气突发事故所引起的直接人员伤亡以及应急救援人员的间接人员伤亡给予积极的救治。

4.5 交通运输保障

① 市交通运输委牵头负责，建立健全交通运输应急联动机制，保障紧急情况下的综合运输能力。必要时，可紧急动员和征用社会交通运输工具。

② 市交通运输委牵头，市公安交警局配合，建立健全应急通行机制，保障紧急情况下应急交通工具的优先安排、优先调度、优先放行，确保运输安全畅通。根据应急处置需要，对突发事件现场及有关道路实行交通管制，开设应急救援"绿色通道"。

③ 处置燃气突发事故期间，配备由市燃气事故应急指挥部办公室制发的应急标志的工作人员和交通工具可以优先通行。

④ 道路及交通设施被破坏或毁坏时，市交通运输委、市住房建设局等部门应迅速组织专业应急队伍，尽快组织抢修，保障交通线路顺畅。

4.6 治安保障

① 公安部门应建立应急状态下维持治安秩序的各项准备方案，包括警力集结、布控方案、执勤方式和行动措施等。

② 对于发生燃气突发事故的区域，属地公安部门应做好现场秩序和社会公共秩序的维护，为燃气专业应急救援队进入现场处置事件提供保障。

③ 负责组织设置警戒线，控制和保护现场，并根据需要组织受灾群众迅速疏散，控制事故肇事人员。

4.7 人员防护保障

① 各区政府(新区管委会)和各街道办事处、社区工作站应完善紧急疏散管理办法和程序，明确各级责任人，确保在紧急情况下公众安全、有序地转移或疏散到应急避难场所或其他安全地带。

② 在处置燃气突发事故过程中，相关单位应充分考虑燃气事故的类型和特点及对人员造成危害的可能性和所有危害种类，制定科学合理、切实可行的应急救援方案，配备先进适用、安全可靠的安全防护设备，采取必要的防范措施，确保人员安全。

4.8 通信和信息保障

市通信管理局和有关企业配合，建立健全应急通信、应急广播电视保障工作体系，完善公用信息网，建立有线和无线相结合、基础电信网络与机动通信系统相配套的应急通信系统，确保应急处置通信畅通。

4.9 现场救援和工程抢险装备保障

① 市燃气事故应急指挥部、有关部门(单位)及各燃气企业根据自身应急管理的需求，按照"平战结合"的原则，配备现场救援和工程抢险装备和器材，建立维护、保养和调用等制度，保障燃气突发事故的抢险和救援。

② 按照统一格式标准建立救援和抢险装备信息数据库并及时维护更新，保障应急指

挥调度的准确和高效。

4.10 应急避难场所保障

应急避难场所的归属单位应按照要求配置各种设施设备，划定各类功能区，设置规范的标志牌，储备必要的物资，建立健全应急避难场所维护、管理制度和灾时应急预案。灾时由民政部门统一协调使用和管理应急避难场所。

4.11 科技支撑保障

市住房建设局应研究制定促进燃气应急产业的政策措施，鼓励支持本地产学研机构和有关企业研究开发用于燃气突发事故预防、监测、预警、应急处置与救援的新技术、新设备和新工具。

4.12 气象服务保障

市气象局负责气象服务保障工作，提供天气预报并加强对极端天气和相关自然灾害的监测和预警。根据预防和应对燃气突发事故的需要，提供局部地区气象监测预警服务。

4.13 法制保障

在突发事件发生和延续期间，市政府根据需要依法制定和发布紧急决定和命令。市法制办按照市政府的要求对突发事件应对工作提供法律意见。

4.14 其他应急保障

4.14.1 燃气安全技术保障

市住房建设局应关注国内燃气技术的发展趋势，组织科研单位和燃气企业，对先进技术进行研究，结合本市的实际需要，适时对现有燃气安全相关的设备、设施及专业抢修装备进行更新，培养高素质的运行管理人员和应急抢修人员，不断提高本市燃气突发事故应急处置能力。

4.14.2 指挥系统技术保障

加强应急指挥体系建设，以建立集通信网络、调度指挥中心、移动指挥平台为一体的通信指挥体系，提高燃气突发事故应急指挥系统与专业处置队伍的应急通信质量。

5 监督管理

5.1 应急演练

① 由市燃气事故应急指挥部办公室负责，建立健全本市燃气突发事故应急预案演练制度，适时组织桌面演练和综合性演练，做好各部门之间的协调配合及通信联络，确保紧急状态下的有效沟通和统一指挥。做好演练评估工作，通过应急演练，培训锻炼应急队伍，改进和完善应急预案。演练方案及演练评估情况报市应急办备案。

② 市燃气事故应急指挥部各成员单位负责根据本预案规定的职责，每年至少组织一

次相应职责范围内的应急演练工作，演练方案及演练评估情况报市燃气事故应急指挥部办公室备案。

③ 各燃气企业应根据国家和本市有关规定，每年至少组织一次燃气突发事故应急演练，不断提高燃气工作人员的抢险救灾能力，并确保负责应急、抢修的队伍始终保持良好的工作准备状态。

5.2 宣传教育

5.2.1 应急宣传

① 由市燃气事故应急指挥部办公室负责，组织制定宣传计划，编制应急宣传资料。

② 各成员单位应会同有关部门通过广播、电视、互联网等方式，广泛宣传应急预防、避险、逃生、自救、互救等基本常识，增强公众的安全意识和社会责任意识。

5.2.2 应急教育

① 市燃气事故应急指挥部办公室应组织各成员单位向公众开展应急教育活动。

② 各成员单位结合自身职责范围有组织、有计划向公众提供技能培训和知识讲座，在电视等媒介开辟应急教育公益栏目，让公众掌握避险、自救、逃生等基本知识和技能。

③ 各燃气企业应以安全用气和保护燃气设施为核心内容，以燃气用户、中、小学生等社会公众为对象，通过燃气销售、服务环节以及设立安全应急咨询等渠道切实加强宣传工作的针对性和实效性。

5.3 培训

市燃气事故应急指挥部各成员单位应针对燃气突发事故特点，定期或不定期组织有关人员培训。燃气经营企业应将应急教育培训工作纳入日常管理，定期开展相关培训。

5.3.1 指挥部成员单位工作人员培训

市燃气事故应急指挥部各成员单位领导干部应加强应急培训，提高应急管理意识、应急统筹能力、应急指挥水平。

各成员单位应急工作人员应加强安全防护技能、安全意识、隐患排查等方面的培训，提升应急救援工作能力。

5.3.2 应急救援队伍人员培训

按照隶属关系和管理责任，由相关部门分别组织培训，提高应急处置救援和安全防护技能，提高实施救援协同作战的能力。

5.3.3 燃气企业人员的培训

各燃气企业应加强对员工进行上岗前培训，确保从业人员具备必要的安全生产知识，掌握安全生产规章制度和安全操作规程，具备本岗位安全操作技能和处置燃气安全事件的能力；安全管理人员和特种作业人员必须持证上岗。

5.4 责任与奖惩

燃气事故应急指挥部根据事故调查报告提请市委、市政府对处置事故作出贡献的部门(单位)、个人给予表彰和奖励;对在应急处置工作中拒报、迟报、谎报、瞒报和漏报燃气突发事故重要情况或者在应急处置工作中有失职、渎职行为的有关单位和责任人,依法、依规给予行政处分;构成犯罪的,依法追究刑事责任。

5.5 预案实施

本预案自发布之日起施行。